智慧校园建设与应用方案

孙林 王华◎著

光明日报出版社

图书在版编目（CIP）数据

智慧校园建设与应用方案 / 孙林，王华著. -- 北京：光明日报出版社，2024.7. -- ISBN 978-7-5194-8128-5

Ⅰ.G47

中国国家版本馆 CIP 数据核字第 2024SG8476 号

智慧校园建设与应用方案
ZHIHUI XIAOYUAN JIANSHE YU YINGYONG FANGAN

著　　者：孙　林　王　华	
责任编辑：刘兴华	责任校对：宋　悦　乔宇佳
封面设计：中联华文	责任印制：曹　净

出版发行：光明日报出版社

地　　址：北京市西城区永安路 106 号，100050

电　　话：010-63169890（咨询），010-63131930（邮购）

传　　真：010-63131930

网　　址：http://book.gmw.cn

E - mail：gmrbcbs@gmw.cn

法律顾问：北京市兰台律师事务所龚柳方律师

印　　刷：三河市华东印刷有限公司

装　　订：三河市华东印刷有限公司

本书如有破损、缺页、装订错误，请与本社联系调换，电话：010-63131930

开　　本：170mm×240mm

字　　数：314 千字　　　　　　　　印　　张：17.5

版　　次：2024 年 7 月第 1 版　　　　印　　次：2024 年 7 月第 1 次印刷

书　　号：ISBN 978-7-5194-8128-5

定　　价：78.00 元

版权所有　　翻印必究

前　言

中共中央、国务院印发的《中国教育现代化2035》中重点部署了面向教育现代化的十大战略任务，其中第八项是关于加快信息化时代教育变革，其中提出了如下要求：信息化是教育现代化的重要内容，也是推进教育现代化的关键途径。要适应信息化不断发展带来的知识获取方式和传授方式、教和学关系的革命性变化，推动信息技术在教学、管理、学习、评价等方面的应用，全面提升教育信息化水平和师生信息素养，推动教育组织形式和管理模式的变革创新，以教育信息化带动教育现代化。

充分利用大数据、物联网、人工智能等技术支持，加快信息化时代教育变革，建设智能化校园，统筹建设一体化智能化教学、管理与服务平台，推动信息技术与教学深度融合，加强对信息时代学习者认知和学习行为规律的研究，利用现代技术加快推动人才培养模式改革，鼓励基于大数据分析，制订符合学生发展需求的个性化培养方案。创新优质教学资源研发方式，鼓励建立高水平专业化团队，开发适应不同师生需求的优质课件和学习辅助材料，实现规模化教育与个性化培养有机结合。充分利用虚拟现实和增强现实技术，建设智能学习空间和学习体验中心等，推行场景式、体验式、沉浸式学习。开发智能教育助理，对教师教学和学生学习、实践的全过程进行分析评价，协助学校和教师及时改进教学，探索用于学生综合素质评价。

按照"服务教学，数据融通，融合创新，适度超前"的指导原则，参照教育部发布的《中小学数字校园建设规范（试行）》，山东省补充制定了《智慧校园第1部分：基础教育阶段建设指标》，其中明确提出和表示，智慧校园是数字校园的升级版，要保证中小学校园信息化建设与应用的兼容并蓄，创新发展。

在智慧校园建设过程中，文件中提出了很多可参考的建议。如智慧校园基础教育建设总体架构图中，提出基础设施分为网络基础设施、数据基础设施、基础支撑三部分。学校在具体投入建设时需要考虑多种因素，第一，要考虑可支配的资金情况。目前，公办中小学校都是全额财政资金来源，资金有限性可想而知，必须把有限的资金用到关键的地方。第二，要考虑学校师生的信息技术水平情况，即使资金宽裕，也要保证适度超前，分项推进，不要过于追求"高大上""全精尖"，避免因使用不充分而造成浪费。

在智慧校园教学应用平台建设过程中，应考虑国家、省级、市县级平台的建设情况，要与国家、省、市、县平台实现功能继承和数据衔接，避免出现重复建设和"信息孤岛"。智慧教学应用应满足实用性、易用性及安全性要求，同时各应用间的数据应基于数据管理要求，保证数据融会贯通，形成智慧高效的教育教学数据资产。

智慧教学是教师在智慧教学环境下，利用各种先进信息化技术和丰富的教学资源开展的教学活动。教育教学是学校的主责主业，是国家的未来，社会的需要，也是家庭的期望，寄托着全人类发展的希望，世界各国都投入大量资本和技术在研究未来教育的发展。

基于电子书包支持下的智慧课堂，是近年来国内各级各类学校正在轰轰烈烈进行的智慧教育项目，受信息技术发展日新月异的影响，受参与智慧教育硬件供应商和智慧教育平台提供商的带动，可以说智慧教育目前正处在"百花齐放""百家争鸣"的关键发展阶段，对于参与其中和准备加入的学校，如何正确地选择和取舍？

2017年，受学校推荐把该项目以课题研究方式向市教科所提请立项，并获得审批立项。在上级教育主管部门的关心下，在学校领导的大力支持下，笔者带领团队不断探索研究，从智慧教育教学实践中总结出了一套行之有效的智慧课堂教学模式，根据教育阶段和教育内容特点，命名为"三段十步"智慧课堂教学法，研究团队于2019年12月对课题研究成果进行了全面梳理总结，形成了结题材料，并于当年年底通过专家组评审并完成结题。

本书的主要内容以所负责的课题《基于电子书包支持下的智慧课堂构建及实践》研究成果为主，对中小学智慧校园的建设与应用展开研究与探索，书中提供了丰富的智慧校园建设与应用案例，期望能为正在参与其中和准备加入的中小学校提供可参考的智慧教育解决方案和思路，为智慧教育工作者及智慧教育参与商、智慧教育政策制定等，提供在智慧校园基础建设、智慧教学应用平台开发与应用、智慧教学模式探索与实践、智慧教育管理与应用等多方面的借鉴和参考。

山东省淄博第一中学　孙林
2023年1月

目 录
CONTENTS

第一章　建智慧校园，启智慧教育梦之航 ·············· 1
　第一节　智慧教育梦的缘起 ·························· 1
　第二节　智慧教育的理论基础 ························ 1
　第三节　智慧教育的研究目标与研究方法 ·············· 3
　第四节　智慧教育的研究内容 ························ 5

第二章　建智慧校园环境，筑智慧教育梦之基 ·········· 8
　第一节　智慧教室建设是重中之重 ···················· 8
　第二节　全自动录播教室的建设 ······················ 11
　第三节　网络中心是智慧校园建设的核心 ·············· 13

第三章　探智慧教育改革，行智慧教育梦之路 ·········· 20
　第一节　"三平台三系统"搭建学校智慧教育平台 ········ 21
　第二节　基于电子书包支持下智慧课堂研究与实践 ······ 75
　第三节　智慧教育曲折前进路上的收获 ················ 90
　第四节　智慧教育改革需要制度保障 ·················· 100
　第五节　中小学智慧教育发展中的问题 ················ 104

第四章　中小学智慧教育网范例 ······················ 108
　第一节　智慧教育网建设依据 ························ 108
　第二节　智慧教育网需求分析 ························ 111
　第三节　智慧教育网建设目标 ························ 118

第四节　智慧教育网建设方案 …………………………………… 121

第五节　教师信息技术能力提升工程 …………………………… 153

第六节　智慧教育网实施和运维 ………………………………… 159

第七节　智慧教育网应用培训 …………………………………… 162

第八节　智慧教育网风险及把控 ………………………………… 172

第九节　智慧教育网项目效益 …………………………………… 173

第五章　智慧班牌教学应用范例 …………………………………… 176

第一节　智慧班牌建设需求分析 ………………………………… 176

第二节　智慧班牌教学应用研究 ………………………………… 177

第三节　智慧班牌教学应用研究基础 …………………………… 179

第四节　智慧班牌教学应用研究内容 …………………………… 180

第五节　智慧班牌教学应用研究思路方法 ……………………… 183

第六节　智慧班牌教学应用创新 ………………………………… 184

第七节　智慧班牌教学应用研究保障 …………………………… 185

第八节　智慧班牌教学应用研究成果 …………………………… 185

第六章　大数据精准教学系统范例 ………………………………… 186

第一节　大数据精准教学系统建设 ……………………………… 186

第二节　大数据精准教学系统概述 ……………………………… 188

第三节　大数据精准教学系统主要内容 ………………………… 191

第四节　大数据精准教学系统应用方法 ………………………… 195

第五节　大数据精准教学系统利弊分析 ………………………… 211

第六节　大数据精准教学系统未来展望 ………………………… 212

第七章　中小学校园电视台建设与应用案例 ……………………… 214

第一节　中小学校园电视台的发展阶段 ………………………… 214

第二节　学生活动促校园电视台发展 …………………………… 219

第三节　校园电视台培养学生的综合素质 ……………………… 221

第四节　举办校园"红石榴"微电影节 ………………………… 223

第五节　校园电视台建立全景演播室 …………………………… 223

第八章　中小学智慧教研系统案例 ········· 225
 第一节　智慧教研系统基础 ········· 225
 第二节　智慧教研系统总体思路 ········· 228
 第三节　智慧教研系统方案总体设计 ········· 230
 第四节　智慧教研方案系统建设 ········· 233
 第五节　智慧教研教育应用 ········· 236

第九章　智慧教育保障制度建设 ········· 246
 第一节　电脑及平板使用管理制度 ········· 246
 第二节　智慧教学资源建设及教学评测考核方案 ········· 247
 第三节　信息技术应用带头人培养对象评选实施办法 ········· 248
 第四节　教师智慧课堂应用考核方案 ········· 250
 第五节　智慧课堂教学评优方案 ········· 251
 第六节　智慧教学名师工作室建设及评选方案 ········· 251
 第七节　智慧课堂教学评优评价指标 ········· 253

结语　智慧教育的未来发展 ········· 255
后记　我的教育信息化之路 ········· 262

第一章

建智慧校园，启智慧教育梦之航

第一节 智慧教育梦的缘起

随着人类社会进入 21 世纪，信息技术在教育方面的应用日趋成熟，正如《中国教育现代化 2035》中所述，信息技术对教育的发展产生了革命性影响。近年来，随着物联网、云计算、大数据等技术的发展，"互联网+"教育的创新应用席卷了高等教育、职业教育、基础教育、学前教育等教育领域。"互联网+"教育在中小学教育领域的落地，推动了智慧教育在中小学校的快速发展。

面对当前迅猛发展的信息技术新形势和教育发展大趋势，智慧教育在中小学落地实施势在必行，教学改革是中小学快速健康发展的出路，构建智慧学习环境是通往智慧教育的必经之路。为防止出现"数据鸿沟"与"信息孤岛"，避免基础设施重复建设导致资金大量浪费，各中小学校要坚持顶层设计理念，结合学校实际情况，从智慧学习环境入手，立足教师"备、研、评、导"和学生"学、思、问、练"各环节，探索符合本校教学生态发展的智慧教育环境体系建设，全面打造智慧校园中的智慧教育愿景，让每一位学生得到公平、优质、高效的智慧教育，为其幸福人生奠基。[①]

第二节 智慧教育的理论基础

在教育信息化和创新教育理念的背景下，传统的教学模式瓶颈凸显，智慧

---

① 李强. 基于 AI 智能卡的中小学智慧校园系统的构建与研究 [J]. 软件, 2021, 42 (1): 5-7, 1.

学习环境已成为新时代学习环境变革的趋势,开展智慧课堂应用研究是推进教育信息化深度发展的重要切入点。特别是 21 世纪以来,国内外都在教育领域推行一对一数字化学习、翻转课堂等教学模式,探索与实践教与学的新模式新路径,时代发展要求教育领域要加快构建,面向未来的数字化智慧化学习环境。

一、我国对智慧教育领域的研究

（一）智慧教育理论研究

全面分析教育信息化环境下智慧教育的内涵及特征,从教育文化视角分析智慧教育建设框架,指导智慧学习环境建设及智慧教育教学改革实践。

（二）智慧课堂系统构建研究

在智慧教育理论指导下,界定智慧课堂的内涵及特征,分析智慧课堂涉及要素及相互关系,构建智慧课堂系统框架。

（三）数据驱动的教学评估与决策研究

借助信息技术手段,在不同的场景下收集教师和学生的教学信息,利用学习分析技术对教学信息进行处理和分析,及时反馈结果以支持教学评估与教学策略。

（四）智慧课堂的应用研究

结合一对一数字化学习、翻转课堂教学实践、创新智能教室等,聚焦学科教学,在学科教学中坚持问题导向,全面构建智慧学习环境,打造智慧教育课堂。

二、国内外智慧教育的研究差异分析

（一）智慧教育的研究者与机构不同

国外研究者是公司和高校合作开展研究,理论与实践相结合。国内研究主要集中在高校和企业,但两者相互独立,没有实现资源共享、优势互补。同时,国外关注智慧教育的建设,如英国政府 2002 年启动未来教室计划,美国宾夕法尼亚州教育部门实施未来课堂计划,这些对促进智慧课堂的发展有很好的引导作用。

（二）智慧教育研究方式不同

国内主要是进行实践研究,提出具体的实现方法和策略。国外主要通过实验研究和对比研究,通过数据验证智慧教育的教学效果。

（三）智慧教育的应用对象不同

国内智慧教育的建设与开展大部分在中小学，国外主要分布在中小学和大学，如麻省理工学院基于技术的学习 TEAL 项目、加拿大多伦多大学的未来课堂项目。

三、国内智慧教育的研究展望

（一）理论研究

智慧教育的建构实施以及教学评价等支撑理论还有待深入，特别是智慧教育过程中教与学的理论，以及指导智慧教育过程中的教与学方式的设计和活动开展的相关理论。

（二）技术研究

《新媒体联盟地平线报告》指出，增强现实技术、可穿戴技术、3D 打印技术将会越来越多地被应用到艺术、设计、制造、科学等领域。如何在智慧教育领域中应用这些新技术，促进社会与人工智能的有效结合，促进人的全面发展、高效发展、健康发展成为智慧教育和人工智能领域的重要问题。

（三）设计研究

如何在智慧教育理论的指导下，应用最新的信息技术，并结合脑科学和智慧教育科学的研究成果，设计和开发智慧教育环境，探索智慧教育实践方式将成为重要研究方向。

（四）实践研究

目前的文献研究还没有发现较有影响力、较成熟的智慧校园建设与应用案例。在智慧教育中，关注智慧教学活动的设计，提高学为主体的参与度，记录学生的学习状态和变化，分析学生能力与学习兴趣点与困难点，构建适合的学科教学模式和评价依据等都有待深入探究。

第三节　智慧教育的研究目标与研究方法

一、智慧教育的研究目标

在教育信息化和创新教育理念的背景下，传统的教学模式瓶颈凸显，而把电子书包和智慧课堂系统应用于传统课堂教学上，是一种创新的混合式教学策略。面对全新的教学模式和教学工具，很多老师都无从下手。如何帮助老师尽快地适应新思维、新课堂和新模式，保证"一对一"学习的顺利推进，打造高效的智慧课堂？如何让电子书包与课堂教学形成有效互动、学生课后的自主学习得到深度融合，教学达到可持续发展之目的？这正是智慧教育在现阶段亟须研究与解决的实践问题，也是我们在智慧教学实验改革中亟待解决的问题。

随着科学技术的不断进步与发展，国家对传统教学的改革已经提上日程，《教育信息化2.0》的相关文件中描述了，在新的教育形势下我们需要输出更加全面的信息技术、教学活动、教学方法、教师运用产品的能力，教学和数据管理等，教育要主动"拥抱"技术，信息技术与教育教学要深度融合。

传统教学主要表现为：课堂教学模式单一、教学行为无法分析、异地教学无法实现、学生考勤统计烦琐、学生听课状态完全凭教师的主观判断、教师对现代化教学参与度不高、管理者缺乏有效直观的手段来进行教学监督管理；而要探究实现具体的转变过程，需要从课堂本身出发，如何促进"传统课堂"向"智慧课堂"转变，是我们需要思考的迫切问题。显然目前的传统教学已逐渐不能满足现代化教学需求，学生及老师需要的是交互式互动课堂的打造，完成学生的"双减"目标，实现教育教学的提质增效。

智慧课堂是从教与学的实际出发，实现促进学习的智慧，基于先进的教学理念和真实的教学情境，结合云计算、大数据、物联网等技术，以软硬件一体化的方式实现集中智能录制、远程互动以及常态化的直播录播，为教学决策提供大数据支撑，实现教学决策数据化、评价反馈即时化、交流互动立体化、资源推送智能化，打造智能、高效的学习生态环境和教学方式。[①]

综合国内外研究现状，研究主要结合中小学校本数字化资源建设和智慧课堂推进过程中的问题，探讨和解决如下主要问题：

（1）构建智慧课堂教学模式，促进学校固有教学方式的转变，提高课堂效率和质量。

（2）搭建"一课一网"智慧教育课程资源体系。

（3）培养学生自主学习能力。落实教学过程中教师的主导地位和学生的主体地位，充分发挥学生的自主学习能力，实现不同起点学生的个性化学习，促进学生全面成长。

（4）改革教学评价。探索现代信息技术条件下智慧化课堂教学及智慧化教

---

① 马立. 中小学智慧校园建设矛盾分析与模型构建：以陕西师范大学附属中学为例［J］. 中国教育信息化，2018（17）：67-70.

学评价的内容和方式，促进师生智慧的教与学、发展与成长。

二、智慧教育的研究方法

（一）观察法

观察法是指研究者根据一定的研究目的、研究提纲或观察表，用自己的感官和研究工具去观察被研究对象，从而获得数据的一种方法。课题组成员作为学校信息化建设的参与者和智慧课堂构建的服务者，从日常的点滴中观察教师、学生的行为，总结提炼出了智慧课堂的"三段十步"教学模式。

（二）案例研究法

案例研究法是认定研究对象中的某一特定对象，加以调查分析，弄清其特点及其形成过程的一种研究方法。案例研究的对象是学校的全体师生，是一项以团体为案例的研究，通过对全校教师课前、课中、课后等教学行为和学生使用电子书包的学习行为的总结，完善了基于电子书包支持下智慧课堂的"三段十步"教学模式。

（三）经验总结法

经验总结法是通过对实践活动中的具体情况进行归纳与分析，使之系统化、理论化，上升为经验的一种方法，也是本研究主要采用的研究方法。研究组成员梳理了学校 2013 年以来信息化建设和智慧教育发展的过程，在此基础上进一步总结提炼丰富智慧教学的模式，丰富了学校提出的有学校特色的基于电子书包支持下智慧课堂的"三段十步"教学模式。

第四节　智慧教育的研究内容

随着智慧教育工作的推进，梳理智慧课堂的实施过程，提升教师的信息素养，促进信息技术与课堂的深度融合。在教学过程中，充分体现了学生的主体地位，在智慧平台的大数据支撑下，促进了学生的个性化成长，提升了师生教学互动和教学成效。

一、基于电子书包支持下的智慧教育特征

（一）创新课堂

教学模式走向多元化，呈现出新的教室布局与教学模式，混合型、导授型、研讨型、远程互动多种教学方式将会并存。

（二）学情分析

基于人脸识别技术，自动统计教室使用率，课堂出勤情况以及学生上课状态，为课堂教学提供直观的数据技术分析。

（三）课内互动

借助移动终端可方便地开展课堂交互活动，促进教育公平开展，提高教学质量。

（四）移动应用

应用转向移动端，利用手机或者PAD完成教师教学行为"去讲台化"，拉近师生关系，且操作方便。

（五）智能录制

多场景、多种教学模式的全自动智能化采集，既保证了教学视频资源的充足，又真正地解放人力成本，使名师的优质课堂教学在无须干扰教学的情况下轻松完成录制。

（六）可视化管理

提供了可视化集中控制管理系统，可全面监控课堂情况，结合动态的数据呈现，方便教学管理者日常监控、督导、巡课、评课等工作的开展。

智慧教育环境是智慧教育实施的基础和保障，是泛在学习、入境学习、群智学习、探究性学习、大单元项目学习等多种创新学习方式的环境支撑。在建设过程中需要创新应用物联网、云计算、大数据、移动通信等信息技术的支持。

二、智慧教育的主要内容

（一）智慧校园

智慧校园即智慧化的校园，是指按智慧化标准进行的校园建设，国家标准GB/T 36342《智慧校园总体框架》中对智慧校园的标准定义是：物理空间和信息空间的有机衔接，使任何人、任何时间、任何地点都能便捷地获取资源和服务。智慧校园包含了智慧教室、智慧备课室、智慧语音室、智慧图书馆、智慧探究实验室等智慧型功能室。

（二）智慧课堂

教学是学校的主要功能，智慧课堂是智慧校园的重中之重，其中包含了智慧硬件、智慧软件和智慧教学数字化资源及智慧教学应用平台等，智慧学习资源库建设是教师智慧教学和学习者智慧学习所需资源的基本来源，包含了学案、课件、试题、素材等数字化学习资源。在智慧教室多种设备、技术和平台的支持下，以创新融合、师生交互、学生自主、教师主导、优质高效的教学方式改革，是本书具体呈现和研究的重点内容。①

（三）智慧教育云

智慧教育云的建设是智慧教育发展的基础，对突破教育信息化中普遍存在的"资金难筹备""应用难推进""资源难建设""共享难实施"等瓶颈问题的解决有着至关重要的作用。智慧教育云的建设要合理定位，适度超前规划，构建基于人、财、物、教学资源等基础数据库的大集中方式的应用系统平台，使其成为教育数据存储、数据交换、数据运算、网络服务、应用服务的中心和枢纽。

在数字化学校建设阶段学校配备和使用了一些系统，有自主开发的，如教学文件中转站系统、学生成绩分析管理系统、学生评教系统等；有自主购买或上级通配的，如学校办公平台、财务管理系统、固定资产管理系统等。这些系统在使用过程中存在一些缺点，比如，各系统相互独立，数据无法共享共用，另外还有部分工作没有实现数字化，出现了数据不能共享、数据重复录入问题，严重影响了教学工作和管理工作效率。

学校各系统之间数据无法共享共用，无法形成大数据留存和支持，工作效率不高，工作质量提升存在瓶颈。而要改变这种现状，为学校教育教学管理配备一套系统完整的智慧化校园平台系统迫在眉睫。

目前来看，基础条件已经基本具备，原有部分系统的长期使用和完善，基础数据的积累，还有使用人员技能的养成等条件都已具备。硬件支持到位，宽带外网连接，服务器存储能力，高速有线与无线网络覆盖技术，电子书包一对一的普及等。智慧校园软件系统平台已经在北京、上海、深圳等大城市先行先试，并取得了非常好的试用效果。

当然，我们也应该认识到智慧校园建设工程是一项系统工程，需要经过较长时间的试用和磨合，领先一步，未来将收获巨大。智慧校园建设投入较大，一定要有预算机制，要在专家团队的指导下、在典型应用案例考虑和评审下进行，并且要有长期发展规划才可考虑实施。

面对学校智慧教育发展中的每一项工作，学校领导班子都要认真考察研究，广泛听取意见，在上级教育部门的大力支持下，在专家团队的指引下，在学校师生的共同努力下，相信我们的智慧教育梦一定会行稳致远。

---

① 王勇宏，左明章，贺相春. 以"课程"为驱动：中小学智慧校园建设认知框架、基本原则与关键路径探析 [J]. 现代教育技术，2022，32（10）：61-67.

第二章

建智慧校园环境，筑智慧教育梦之基

智慧校园是数字校园的进一步发展和提升，是教育信息化的更高级形态。通过物理空间和信息空间的有机衔接，使任何人、任何时间、任何地点都能便捷地获取资源和服务。要实现校园的教育教学管理各方面的智慧化，必须先建设校园智慧环境。校园智慧环境包含硬件基础设施设备环境、软件平台环境、教学资源平台等，也就是大家常说的"三通两平台"校园基础建设。

第一节 智慧教室建设是重中之重

俗话说"工欲善其事，必先利其器"，学校要做智慧教育，开展智慧教育课堂，师生活动的主阵地在教室。根据各中小学校的实际需求、师生素养、资金投入、发展特色、实现目标等各种因素，按照"服务教学，数据融通，融合创新，适度超前"的指导原则，由一线教师、教育专家、技术专家等人员组成专家团队，广泛考察论证和征求意见，形成适合本地区本校特色的智慧教室方案，建设好智慧教室是建设智慧校园的重中之重。

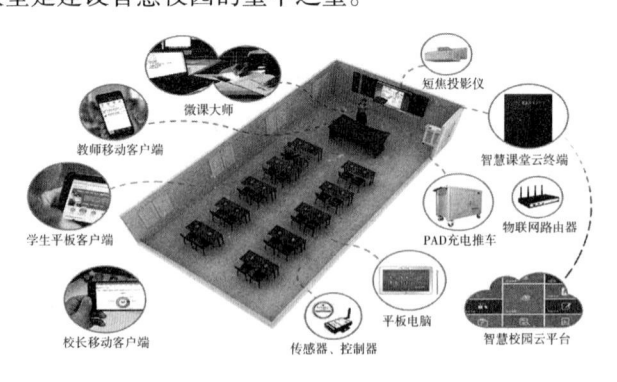

图 2-1 智慧教室模型图

如图 2-1 所示智慧教室中的设备可谓五花八门，十八般兵器样样都有，但智慧学校建设之初一定要根据学校的实际情况来选取，不要因盲目追求"高大上"和"大而全"而造成严重浪费。所以必须由专家团队来提出建议，最后经过多方论证后再投资招标建设。其中，有些是必选项，有些是可选项，随着师生水平的提升和应用推进，再补充添加。

一、智慧黑板是智慧教室中的重要设备

根据目前教育技术发展情况，推荐中小学在智慧教室内优先选用智慧黑板，它兼具原来电子白板和传统黑板的功能，既有非常方便的操控性，又能保证稳定的亮度和色彩度，搭配智慧教学平台，能更有效地为师生的课堂教学提供较为成熟的技术支持。目前国内智慧黑板已有稳定使用五年以上的多个品牌的产品。

智慧黑板设备的出现是近几年的事，在此之前是普通投影加电子白板，现在已经基本淘汰，其他设备更是少见，所以建议普通中小学教室内再上新设备，首选是集成度较高的智慧黑板。

比智慧黑板稍晚出现的一种升级产品名称叫"光能黑板"，它的中间是大屏液晶或 LED 显示设备，前层添加电容感应手指多点触控屏，操作灵活方便。这些功能智慧黑板都有，但光能黑板在此基础上，将黑板两边传统黑板的粉笔书写区改成了光电书写，彻底改变了师生擦黑板"吃粉笔灰"的历史。

与智慧黑板前后同一时期出现的另一种产品是电子白板加激光投影机的组合产品，相比智慧黑板，这种组合产品它的特点是激光投影机通过电子白板反射成像，与智慧黑板直接发光的光源相比，它属于漫反射光源，看起来更柔和，长时间观看不会太伤眼睛。所以智慧黑板使用过程中，教师一定要引导并提醒学生不要过长时间盯着屏幕，注意保护眼睛。还有激光投影机的投射区域大小可调，而智慧黑板在中间显示设备，目前市面上流行的智慧黑板的最大尺寸是 86 英寸，主要是为了配合黑板的长宽比例。

二、电子书包是智慧教学的重要工具

电子书包是一种包含学生学习所需教材、教辅、工具书等数字化学习资源包。为了开设智慧课堂，目前学校可以统一配备，也可通过自带设备的方式。基于家长担忧学生沉迷网络或游戏，学校统一为电子书包内置特定系统，对每个学生的电子书包的使用情况和状态实现管控，包含安装和卸载 APP，开关外

网连接等，保证每个学生仅能把其当成一个学习工具，为学生提供个性化的学习资源，实现学生个性化学习的需求。学校还要为学校的每一位任课教师配备电子书包，方便教师随时随地掌握学生的学习情况，上传更新教学资源，在智慧课堂教学中方便地实现师生互动和"去讲台化"。

电子书包的品牌非常多，学生自带设备会出现较难管理的情况，学校一定要提前制定好相关的管理制度和措施。如果要新购设备一定做好全面考察和对比，选择性价比高的产品。选择依据：要有集中统一的电子书包管控平台；要有根据需要定制的操作系统，包括安卓底层；要有电子书包专用书写笔，便于学生在电子书包上完成较复杂的书写作业。

三、监控设备是智慧教学的重要保障

目前来看，中小学校教室内的监控也是必需设备，因为师生安全、教学观摩、学生管理、考点监控、师生教学行为分析等各种要求都要依赖于监控摄像机来完成。在选择监控摄像机时，首先是高清数字技术产品，其次是根据国家网络安全产品要求，选择国产品牌，对于教学安全、教学观摩和学生管理三项可以合并为一。如果学校要求系统支持师生教学行为分析，那对系统和摄像机的要求更高，必须为人脸识别摄像机，其他具体要求，学校可根据需要与系统平台的提供商协商。

四、网络支撑是智慧教室的重要基础

每个智慧教室都约有 50 名师生使用电子书包，所有班级都有可能同时使用，可想而知这样的网络并发对教学平台、服务器等连接的压力是巨大的，所以要想真正实现智慧课堂的流畅运行，有线网络和无线 Wi-Fi 的流畅和稳定是必备的。校园网主干线需要万兆，千兆到教室，百兆到桌面，这都是目前的标配，这样才能够保证 50 名学生同时上网，使用电子书包，与教师、教学平台、智慧黑板等实现多向学习互动。

（一）网络线路介质的选择

网络主干线路必须是光纤已是公认，进入教室的线路有光纤和网线两种选择，根据目前设备性价比和智慧教室的需求，建议选择光纤进教室，然后再用网线连接智慧教室的各种网络设备。根据学校的监控要求，可选择同线路或不同线路，如果是高考点或中考点的中小学校，考试的监控要求必须是独立专网，这样最好使用不同线路进入教室。另外，因为监控始终处于高负荷大流量网络状态，对整个网络的压力较大，而教学数据流又可能是高低变化较大的，所以二者在一起并不合适，仅适应于班级数较少的中小学。其他情况的，建议把监控单独分出，第一是符合考点监控要求，第二是确保教学数据流在高流量时的稳定性。

（二）无线网络设备的选择

智慧教室中要使用无线设备，如师生的电子书包等，建设之初即使未使用电子书包，也要考虑线路的预留。如果有，就必须合理规划，因为智慧教室内使用电子书包的学生人数多，并发数据流量大，一般普通路由器和 AP 是不能够承受的，如果选型不对，就会出现部分学生使用不稳定，常有掉线情况发生，影响智慧教学进程。一般在考察时，要请专业人员做好充分测试，保障 50 人左右的班额每人一台电子书包同时稳定使用。同时还要考虑楼内上下左右的班级同时并发的相互影响和干扰，要求网络设备有不同信道的选项来避免冲突。无线路由和无线 AP 相比较，从安全角度、可管理能力来讲，首选无线 AP，但是如果在智慧黑板的电脑中安装了某个教学平台系统，比如，支持教师对学生电子书包进行教学管控的系统，一般要求安装教学平台提供商定制的路由器才能实现，具体情况一定要由专业人员来选定。从无线网络设备的带宽来看，必须支持双频，即 5G 和 2.4G，我们期待更多更好的国产品牌供我们选择。

第二节　全自动录播教室的建设

为快速提升学校教师的智慧教室教学应用能力，学校根据资金情况一定要建设至少一个或多个全自动录播教室，学校要督促老师们开展"每周一节公开课"的活动。各学科每周都要有一节公开课，在自动录播室录制下来，以便教师能够提前准备好录像资料去参加各种教学比赛活动。在录播平台上，全校教师都可以在办公室观看在自动录播室上课的教师的现场直播，也可以查看录像回放。执教老师本人也可以反复查阅录像资料，找到自己教学中存在的问题，促进自身的专业成长和课堂质量的提高。

一、全自动录播教室的结构

如图 2-2 所示，标准的全自动录播教室要由两部分组成，一个是和智慧教室一样大小和配置的教室，还要有一个约普通教室二分之一大小的观课室，两个教室中间用单向玻璃隔离，这样既会有现场感的观课效果，又减少了对学生的学习影响，特别是对于观课老师的行为不会引发全自动摄像机的误判和跟踪定位而影响了录录课的整体效果。通常情况下为了增强观课的效果，建议在观课室内增加录课声音的扩音播放设备以及全自动录像画面的转播设备等。

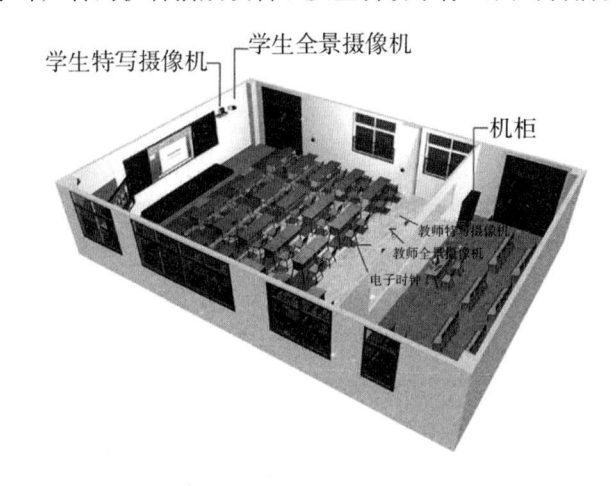

图 2-2　全自动录播教室模型图

二、全自动录播教室的作用

（一）教师掌握智慧教学应用的培训地

智慧教室的智慧教学应用，不是任何一个老师能一次学会并掌握的，也需要培训和不断学习，特别是智慧教学过程中的一些复杂的操作和应用，也不适合在教室里当着学生的面多次练习，这时候老师们在全自动录播室提前学习和练习，互学互教，便于快速学习掌握智慧教学相关技术的应用。

（二）优质校本数字化教学资源的生成地

在全自动录播室上课，有直播也有录像，全校教师都能实时看到，并且同时也在校本录播平台上做了保存，学校提出统一要求，长期坚持下来，就会形成各学科教材体系的每一节课的录像，对于重复的录像课，再按点播率排列，这样就形成了系统的校本数字化教学资源库。这对于一所学校来说，是非常宝贵的数字化教学资产。

（三）学校年轻教师快速成长的营养地

学校建成的数字化的校本录像资源库，对于新入职的年轻教师来说，通过观摩和学习这些老教师们的录像课，可以快速掌握上课的技巧，特别是学习智慧课堂中的教学应用技术。还有年轻老师在这里录课，下课后再回看自己的课，更容易发现自己教课过程中的问题，也更容易想出如何解决的对策。年轻老师们可以通过全自动录播教室这个平台，快速地成长为一名合格的老师，并不断汲取营养向优秀教师学习和发展。

第三节　网络中心是智慧校园建设的核心

智慧校园是数字校园的升级版，是以教育信息化发展和教育技术进步为基础的，在智慧校园建设过程中，通过网络对外连接互联网，支持各种教育应用和平台运行的交换设备，对大量原始数据进行加工和处理的服务设备，以及处理后产生的各种数据的存储设备和备份设备，还有为了保障网络安全的防火墙和防病毒设备，负责网络过滤和审计的服务设备等。这些设备都需要 7×24 小时不间断运行，运行环境都有温度和湿度要求，否则将严重影响其使用寿命或者导致死机。[①]

如图 2-3 所示，这是一个推荐的网络中心布局结构图，左侧是管理人员办公室，右侧是网络中心，网络中心要保证独立密闭，一是为保证恒定的温度和湿度要求，二是不允许非管理人员进入，保证物理安全和空气环境。

图 2-3　网络中心布局结构模型图

一、核心交换机是网络中心的核心设备

通常情况下核心交换机的选择需要专业人员辅助学校技术人员完成，第一，

[①] 薛枝梅，郝晓芳．"互联网+"背景下中小学智慧校园建设策略［J］．办公自动化，2021，26（13）：37-39．

保证当下是较为先进产品，适度超前，要满足学校 5~10 年内的发展需要；第二，要符合学校总班级数、师生总数、各种智慧校园应用的数据总量交换需求，并有一定冗余；第三，管理软件可免费升级，产品安全。现在国家对安全要求越来越高，综合以上要求，推荐选择国产华为系列核心交换设备产品为佳。在选择时主要参考的技术参数如下：

（一）端口：类型/速率/数量

在选择核心交换机的端口类型、速率和数量时，应参考汇聚层交换机的端口类型、速率和数量，选择相应的即可。当然若是预算充足，可选择端口类型丰富或者端口数量多的核心交换机，这样未来即便是网络需求增长也能满足需求。

（二）背板带宽

对于核心交换机来说，若想实现全双工无阻塞，就必须满足最低标准要求（背板带宽=端口数量×端口速率×2），背板带宽越高，数据交换速度就越大，核心交换机的数据处理能力就越强。

（三）转发速率

由于核心交换机承载着庞大的网络流量，因此通常情况下，核心交换机的转发速率比接入/汇聚交换机都要高。事实上，核心交换机所需的转发速率取决于网络中设备的数量，可通过查询各种流量报告和用户群分析数据，确定核心交换机所需的转发速率，切勿盲目选择，造成网络瓶颈或资源浪费。

（四）链路聚合

链路聚合是指将多个物理端口聚合在一起形成一个逻辑端口，可增加链路带宽，且确保网络稳定性。因此选择一款带有链路聚合功能的核心交换机更好，这样可为汇聚交换机发送到核心交换机的流量提供足够的带宽，且让汇聚交换机尽可能高效地向核心交换机传输流量。

（五）VLAN 和 QoS

事实上在校园网络中，教学资源中的语音、视频、图片等数据流量是主要的，这些数据都会占用较大的网络流量，交换机可能会出现无法合理控制、分配资源，甚至出现网络阻塞等问题，若这时只是一味地增加核心层带宽并不是明智之举。VLAN 划分主要是针对不同的应用进行区域划分，可有效地对网络进行控制和管理。QoS 可在现有的带宽条件下对实时性强且重要的数据流量优先处理，从而可有效解决网络延迟、阻塞等问题。因此选择一款支持 VLAN 划分和 QoS 的核心交换机是一种经济且有效的方式。

（六）冗余

核心交换机的冗余能力是网络安全的保障，因此尽量选择一款可以提供较多冗余的核心交换机是很重要的。这样当硬件出现故障时可快速进行切换，避免网络瘫痪，而且就算未来网络需求增长也能满足需求。除了端口冗余（插槽冗余）、模块冗余、电源冗余等硬件冗余以外，核心交换机的路由冗余也很重要，核心交换机所连接某台汇聚交换机出现故障时，可凭借 HSRP、VRRP 协议快速切换，实现双线路的冗余备份，确保网络的稳定性。

（七）安全性

核心层作为网络主干部分，若是被病毒或黑客等攻击，那么整个网络将会出现故障甚至瘫痪。因此，必须选择一款安全性能较高的核心交换机。网管功能可通过 ACL（访问控制列表）、流量控制等进行网络管控；ARP（地址解析协议）防护功能可有效减少网络中 ARP 欺骗；VPN（虚拟专用网）通过特殊加密的通信协议在多个企业内部网之间建立一条安全且专有的通信线路等。

二、防火墙是学校网络安全的保障

如图 2-4 所示，图中的华为 6650 就是网络中心的防火墙设备，为了保证校园网的安全，防火墙是必选设备，是智慧校园的第一道屏障。

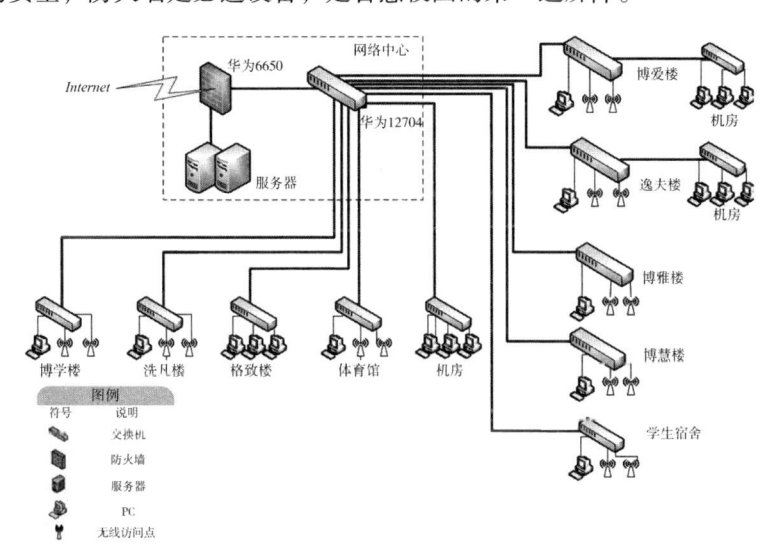

图 2-4 智慧校园网络拓扑图

防火墙（Firewall）技术是通过有机结合各类用于安全管理与筛选的软件和

硬件设备，帮助计算机网络在其内、外网之间构建一道相对隔绝的保护屏障，以保护校园内部用户资料与信息安全性的一种技术。

防火墙技术的功能主要在于及时发现并处理计算机网络运行时可能存在的安全风险、数据传输等问题，其中处理措施包括隔离与保护，同时可对计算机网络安全当中的各项操作实施记录与检测，以确保计算机网络运行的安全性，保障用户资料与信息的完整性，为用户提供更好、更安全的计算机网络使用体验。防火墙主要作用是保障网络边界安全，其主要采用以下技术：[1]

（一）代理技术

多级过滤技术代理系统是一种将信息从防火墙的一侧传送到另一侧的软件模块。新一代防火墙采用了两种代理机制，一种用于代理从内部网络到外部网络的连接，另一种用于代理从外部网络到内部网络的连接。前者采用网络地址转换（NAT）技术来解决，后者采用非保密的用户定制代理或保密的代理系统技术来解决。

（二）多级过滤技术

多级过滤技术就是在防火墙中设置多层过滤规则。在网络层，利用分组过滤技术拦截所有假冒的 IP 源地址和路由分组；根据过滤规则，传输层拦截所有禁止出/入的协议和数据包。在应用层，利用 FTP、SMTP 等网关对各种 Internet 的服务进行监测和控制。

为保证系统的安全性和防护水平，新一代防火墙采用了三级过滤措施，并辅以鉴别手段。在分组过滤一级，能过滤掉所有的源路由分组和假冒的 IP 源地址。在应用级网关一级，能利用 FTP、SMTP 等各种网关，控制和监测 Internet 提供的所用通用服务；在电路网关一级，实现内部主机与外部站点的透明连接，并对服务的通行实行严格控制。

（三）多端口技术

多端口技术具有两个或三个独立的网卡，内外两个网卡可不做 IP 转化而串接于内部网与外部网之间，另一个网卡可专用于对服务器的安全保护。

（四）NAT 转换技术

利用 NAT 技术能透明地对所有内部地址做转换，使外部网络无法了解内部网络的内部结构，同时允许内部网络使用自己定制的 IP 地址和专用网络。防火墙能详尽记录每一个主机的通信，确保每个分组送往正确的地址。使用 NAT 的

---

[1] 万海鹏，陈磊，王琦．推进中小学智慧校园建设　助力基础教育数字化转型升级［J］．中小学校长，2022（11）：11-15．

网络，与外部网络的连接只能由内部网络发起，极大地提高了内部网络的安全性。NAT 的另一个显而易见的用途是解决 IP 地址匮乏问题。

（五）透明访问技术

防火墙利用了透明的代理系统技术，从而降低了系统登录固有的安全风险和出错概率。

（六）防病毒技术

防火墙具有防病毒的功能，在防病毒技术的应用中，主要包括病毒的预防、清除和检测等方面。防火墙的防病毒预防功能是在网络的建设过程中，通过安装相应的防火墙来对计算机和互联网间的信息数据进行严格的控制，从而形成一种安全的屏障来对计算机外网以及内部数据实施保护。计算机网络要想进行连接，一般都是通过互联网和路由器连接实现的，则对网络的保护就需要从主干网的部分开始，在主干网的中心资源实施控制，防止服务器出现非法的访问，为了杜绝外来非法的入侵对信息进行盗用，在计算机连接的端口所接入的数据，还要进行以太网和 IP 地址的严格检查，被盗用 IP 地址会被丢弃，同时还会对重要信息资源进行全面记录，保障其计算机的信息网络具有较高的安全性。

（七）加密技术

计算机信息传输的过程中，借助防火墙还能够有效地实现信息的加密，通过这种加密技术，相关人员就能够对传输的信息进行有效的加密，其中信息密码由信息交流的双方进行掌握，对信息进行接受的人员需要对加密的信息实施解密处理后，才能获取所传输的信息数据，在防火墙加密技术应用中，要时刻注意信息加密处理安全性的保障。在防火墙技术应用中，想要实现信息的安全传输，还需要做好用户身份验证，在进行加密处理后，信息的传输需要对用户授权，然后对信息接收方以及发送方进行身份验证，从而建立信息安全传递的通道，保证计算机的网络信息在传递过程中具有较高的安全性。非法分子不能拥有正确的身份验证条件，因此就不能对计算机的网络信息实施入侵。

三、应用及存储服务器是数据中心

校园网里的应用服务器主要用于安装智慧校园中的教学应用平台和教育管理方面的应用系统，建议此类服务器也要在专业人员的辅助下，由学校技术人员来确定档次和配置，在选型时一定关注服务器虚拟化的方面的应用，因为学校在购买之初时，限制于师生的应用能力和水平，应用数据量和配置要求肯定都会相对较低，随着大家的熟练程度和应用能力的提高，对应用服务器的配置要求肯定也要越来越高。买到什么程度是合适的？高配置对于刚开始来说肯定是有些浪费,中低配置满足了初级阶段的使用,但随着时间的推移,数据量增加,需要再增加配置或更换时,都会变得非常复杂,或者直接需要淘汰再购新的,这样也容易造成浪费。[1]

(一)应用服务器的选型和配置

应用服务器的选型和配置需要考虑很多因素,如应用程序的类型、规模、访问量、并发量、数据量等。根据实际需求,满足应用程序的性能和可靠性要求。在选型和确定配置时,要考虑以下几方面:

1. 服务器规格配置选择。CPU 是服务器的一个核心,表示云服务器的运算能力。CPU 数量越多,主频越高;CPU 性能越优越,对业务处理的能力也就越高,因而用户在选择上最好依据实际的情况考虑。

2. 数据库选择。数据库是应用程序中最重要的组成部分之一。在选择数据库时,需要考虑数据库的性能、可靠性和安全性等方面。

3. 应用服务器类型选择。目前市场上有很多种应用服务器类型,如 WebLogic、Tomcat 等。在选择应用服务器类型时,需要根据实际需求来定。

4. 应用服务器部署方式选择。应用服务器可以通过多种方式进行部署,如单机部署、集群部署、云部署等。在选择部署方式时,需要考虑到实际需求和成本等因素。

因此,通常情况下在智慧校园建设之初都会外请专业技术人员,根据学校的全部需求做出合理规划和预测,购买单台或 2~3 台高配置应用服务器,然后安装虚拟化软件,把单台应用服务器再虚拟成多台虚拟服务器,把学校需要的各种教育、教学和管理服务应用系统分别安装在不同的虚拟服务器中,各虚拟服务器可以动态分配 CPU、内存、存储空间等,满足学校不同系统的动态变化要求。既发挥了服务器最大的利用率,又保证了学校各系统之间的动态化调整,还节约了能源,降低了管理难度。

随着国家对各单位包括中小学校的信息和网络安全要求越来越高,我们的建议还是减少本地应用服务器的安装和使用,尽量把学校的应用和服务都放在国家允许或指定的教育云上,这样既保证了安全又解决了上面提到的需求增长率问题。

(二)存储服务器的选型和配置

考虑节约成本和校本资源的易用性,在学校网络中心部署本地存储服务器

---

[1] 何智,何爽,孙可,等. 中小学智慧校园建设规范文献比较分析 [J]. 中国现代教育装备,2022(22):1-9.

也是可取的，如学校所有监控存储服务。一所普通的中小学校，一个教室安装2~3个摄像头，再加楼梯间和走廊以及各功能教室，还有室外和校园各处，加起来可能会达到上百个，甚至几百个摄像头，现在都是高清且要求都是7×24小时监控录像，形成的数据是海量的，如果在云上存储，对学校的出口压力也是巨大的，每次调用还要通过外网来实现，从数据流量压力和存储结构来看都不划算，因此我们的建议是本地部署监控录像存储服务器。

存储服务器的选型和配置需要考虑很多因素，如数据量、访问量、数据类型、数据安全等。在选择存储服务器时，要考虑以下几方面：

1. 存储容量：存储容量是存储服务器的一个重要指标，需要根据实际需求来定。如果数据量较大，可以选择大容量的存储服务器。

2. 存储类型：目前市场上有很多种存储类型，如网络附加存储（NAS）、存储区域网络（SAN）等。在选择存储类型时，需要根据实际需求来定。

3. 存储协议：存储协议是指数据在存储设备之间的传输方式。常见的存储协议有FC-AL、iSCSI、NFS等。在选择存储协议时，需要考虑到实际需求和成本等因素。

4. 存储性能：存储性能是指存储设备在处理大量数据时的性能表现。常见的存储性能指标有IOPS、吞吐量等。在选择存储服务器时，需要根据实际需求来定。

学校的校本资源主要以教学资源为主，教学资源的内容有其特殊性，往往含有大量音频、视频、图片等数据量较大的信息，如果全部存储在云上，也会存在存储数据量大、外网调用占用带宽压力大等问题，因此，我们的建议是在本地部署校本资源存储服务器。当然，这要与各校使用的教学平台系统提供商具体对接，因为目前来看部分教学平台系统产品是不允许本地部署存储服务器的，请各中小学校在建设之初，同时考虑以上相关问题。

第三章

探智慧教育改革，行智慧教育梦之路

中小学校在建设智慧校园环境的同时，要构建一系列教育教学管理平台和软件系统：与智慧黑板和电子书包相匹配的教学平台，与学生学习相匹配的智学测评系统，与全自动录播室相匹配的专用录播平台，还有实现学校智慧化办公和管理的办公管理平台，这些构成了学校智慧校园建设的"三平台三系统"的基本模型，软件、硬件相结合，才能为"人人皆学、时时可学、处处能学"的"互联网+教育"的顺利实施打下坚实的基础。[1]

"三平台三系统"涵盖了学校教育教学管理各个方面，全面实现了学校的教育信息化，让智慧校园建设的智慧化真正得以实现，从最初单个实现，到最后的全面实现，并且各方面实现了互联互通、数据共享，让学校教育教学管理各方面真正实现了智慧化，我们称之为智慧校园2.0版。

图3-1 智慧校园结构图

---

[1] 梁为. 智慧校园的建设与应用研究：《深圳市中小学"智慧校园"建设与应用标准指引（试行）》解读[J]. 现代教育技术，2016，26（4）：119-125.

第一节 "三平台三系统"搭建学校智慧教育平台

一、智慧教学云平台

学校建设智慧教学云平台,完成课堂内外教与学的平台架构,智慧教学平台(以下简称"平台")集成了教师备课、课堂互动教学支持、课外自主学习三大功能,支撑备课、上课、预习、互动、作业、辅导、答疑、讨论、自学、家校互动等各个教学环节,学习在平台上实现了随时随地碎片化学习,是智慧校园中的核心教学应用平台。以下是学校教学云平台使用的截图展示:

图 3-2 学生系统—导学本—科目列表

在智慧教学云平台中,实现了教师主导与学生主体的有机结合,完成了课前、课中与课后的一体化推进,让教师的教与学生的学相得益彰,借助平台中大数据分析、智能推送、智慧评价与考核、全天候服务等功能,真正实现了因材施教和学生个性化教育培养,面向每一个学生,成功打造了量身定做的教育和发展之路。

图 3-3 教师系统—导学本—语文必修一

（一）智慧教学云平台建立了教与学之间的通道

我们都知道教学是两个动作的协调配合，即教师的教和学生的学，传统教学中，教师的教和学生的学限于技术手段不能实现实时的交互，或者只能在课堂上完成少量的交互，并且还不能针对每一个学生，只是个别学生能有机会和老师完成交互，同时得到老师的指导。这种情况让教师的教为主导的这条线和学生的学为主体的另外一条线之间很少有交互，这成为传统教学中的最大障碍，老师不能及时了解学情，不能针对学生的情况因材施教，全凭经验和主观判断来完成教学，肯定会让教学效果大打折扣。

（二）智慧教学云平台建立了教与学之间的双向交互

教与学的双向交互在传统教学中是最难的，让教与学的双向交互变得简单易行、方便高效，这是智慧教学云平台最主要的优势和功能。如图 3-4 所示，教师的教从备课环节开始，教师在备课过程中，就可以从资源中挑选符合本节课预习的内容发给学生，学生收到后就可以在预习过程中完成老师推送的预习内容。如果学生的水平高预习效果好，还可以要求智慧教学云平台再推送一些与本节有关的内容来预习，让自己的预习更有针对性且更适合自己。老师登录平台后即时可以看到学生的预习情况，并且所教班级群体的、个体的预习结果数据都非常翔实地直观呈现出来，便于老师根据学生预习的情况调整教案和学案，完成更有针对性，更准确把握学情的二次备课，同时也完成了智慧教学云

平台下的师生教与学在本节课中的第一次双向交互。①

图 3-4　智慧教学云平台功能展示图

（三）智慧教学云平台支持下的教学真正实现了个性化教学

智慧课堂中的互动教学活动，将在智慧课堂系统中重点介绍，本部分内容将略过，主要讲述智慧教学云平台在课后教学方面的应用。传统教学模式下，即使教师根据学情布置分层作业，也往往用必做题和选做题来区分，很难做到真正按学生的能力水平来区分，更别说做到个性化作业，根据学生个体能力水平来布置作业了。在智慧教学云平台下，这样要求就完全可以实现了，甚至可以做到推送给学生的作业是完全根据学生能力水平选取的个性化作业，在学生完成之后，智慧教学云平台系统会自动批阅和记录学生的完成情况，并根据学生的需求再推送与其能力相适应的其他练习。

对于学生在学习中遇到的困难，如不明白的知识点、概念、公式等内容，平台会自动链接相关微课程推送给学生，由学生决定是否观看微课程重新学习相关内容。学生也可以选择直接查看错题的答案解析，其中包含本题的全面解题分析，部分难度较大的题目，还有老师提前录制好的视频讲解答疑。

目前智慧教学云平台不仅支持客观题的自动评阅和记录，并且部分主观题也可以完成，甚至有部分平台推出了作文的智能批改功能，平台不仅能自动记录学生的完成情况，还能自动形成错题本，累积形成的大数据分析更便于教师和学生自己找出学习中的易错点、薄弱点等。经过一段时间的学习和练习后，

---

① 聂诚飞，查波. 中小学智慧校园设计与探究［J］. 智能建筑电气技术，2022，16（2）：91-95.

平台记录的每个学生的学习情况分析，对于任课教师依据学情进一步改进教学，对于每一个学生依据自己的学情进一步改进学习方式都是非常有指导意义和价值的。

要达到以上要求和功能，要求教学平台开发和提供商对国家关于智慧校园建设中数字化教学平台的功能标准必须相当熟悉，文件中强调，数字化教学平台是在数字化学习环境中提供教学者与学习者进行互动沟通的媒介，利用网络突破时间和空间的限制，以同步或非同步的方式进行各式各样的教学活动。①

智慧教学系统包括但不限于网络备课系统、直播录播系统、智慧课堂系统、智能化考试、智慧作业及评价系统等内容。其中关于文件中提到的五大部分内容做了明确的要求和标准说明，要求学校在采购教学平台时一定要严格按照文件中规定的技术指标要求落实，避免出现因教学平台功能不完善而导致智慧教学开展不顺畅的问题。

（1）网络备课系统。教师可通过教学平台进行导学本及其配套资源的编辑管理，如创建导学本、编辑导学本章节、上传资源、布置导学后测试试题等，同时，教师可以查看导学试题的数据分析报表、学生查阅导学本的行为统计报告等，以及时了解学生学习动态。导学本根据课本类型的不同，分为校本导学本、自定义导学本。校本导学本为全校共享查阅的标准导学本教材，自定义导学本为创建教师及其对应学生查阅的个性化导学本教材，教师平台的导学本课本列表默认显示校本导学本和个人创建管理的自定义导学本。

（2）智慧化考试系统。教师可通过平台发布网络试卷给学生，便于老师及时掌握并分析学生的考试情况，可实现客观题的自动批阅，以减轻教师负担、提高工作效率；支持智慧课堂互动系统的课堂练习试卷的数据同步和导入。教师平台的网络考试首页默认显示课堂练习的考试列表和在线考试的考试列表。

（3）作业发布和辅导系统。教师可通过平台进行作业辅导及其配套资源的编辑管理，如创建作业辅导、编辑作业辅导章节、上传资源、添加错题集等，同时，教师可查看学生查阅作业辅导的行为统计报告等，及时了解学生学习动态。作业辅导根据课本类型的不同，分为校本作业辅导和自定义作业辅导。校本作业辅导为全校共享查阅的标准作业辅导教材，自定义作业辅导为创建教师及其对应学生查阅的个性化作业辅导教材。教师平台的作业辅导课本列表默认显示校本作业辅导和个人创建管理的自定义作业辅导。

---

① 王沛. 中小学智慧校园建设的研究与思考［J］. 电脑与信息技术，2018，26（1）：79-82.

（4）学情监测系统。教师可以根据错题集看出学生对某一知识点或者某一次作业的掌握程度，及时了解学生的学习状态。平台系统根据使用角色的不同，分为班级错题集、个人错题集。班级错题集是指某一道题目班级的错误率在70%以上学生加入错题集，个人错题集是指某一学生自己做错题目，客观题自动加入错题集，主观题手动加入错题集。教师可监控学生的学习情况，根据内容不同分为导学本监控、作业辅导监控，导学本监控是每天学生看导学视频时的记录，如未参与学习学生统计、学习时间统计、学习人数统计；作业辅导监控是学生在观看作业辅导视频的记录，如未参与学习学生统计、学习时间统计、学习人数统计、错题情况统计、错题排行统计。

在使用智慧教学云平台的教学实践过程中，教学平台的功能如上所列，对多数平台开发商来说是可以实现的，但平台中的数字化学习资源，特别是适合不同地区、不同学校的高质量的数字化教学资源，是非常稀缺的，也是在建设之初要重点考虑的。以下将根据我们在建设教学资源云平台过程中的经验，为读者提供思路和借鉴。

二、智慧教学资源云平台

学校资源云平台以内建开发和外购参考两条路并驾齐驱，首先，学校投入资金购买外部优秀数字化教学资源给老师们提供参考，作为基础数字化资源素材。其次，以学科为单位鼓励选取部分优秀骨干教师，利用假期及业余时间加大投入，每一学期前把下一学期的数字化教学资源和学习资源提前建设准备好，三个年级同时启动，各年级共建共享，仅用一年时间就把第一轮教与学数字化资源库建设完成。

学校教学工作一般实行三年轮换制，也就是用三年时间让所有老师完成高一到高三轮换，这样三年时间就培养了全体老师对三个年级学科教材的全面掌握，这样对学校建设资源库来说，三年时间就可以让各年级各学科老师对本学科资源进行三轮的补充完善，并且三轮都是由不同的老师来完成，这样就能优中选优，最后形成较为齐全、完善的校本数字化教学资源库。

在建设校本数字化学习资源的起步阶段，我们也遇到了困难，如老师们又要学习平台使用，又要忙着自己做数字化教学资源，都有抱怨情绪，向领导反映时间紧、任务重、压力大。我们决定先走第一条，为老师们购买现成的数字化教学资源，如商家提供直接打包购买整套教材的数字化教学资源，里面包含了全套教材数字化课件、学案、微课、题库等教学资源，虽然有些资源不适合我们的学生，但老师们有了参考和依据，再根据我们每一级学生的学情需要，对网上下载的优质资源进行二次加工完善，让我们的校本资源更优质、更完善、更符合学情，同时也大大减少了教师们的开发建设难度，加快建设校本化、体系化、优质教与学资源的建设周期。

这种一次性购买的数字化教学资源用了一段时间后，就不再满足于老师们的需求，需要根据我们的学情做修改完善补充。后来又定购了实时更新的网站型教学资源，老师们可以从网站上随时下载最新的数字化教学资源，补充到自己的教学资源中，这样不断完善升级，经过几轮就形成了适合学校的特色的数字化教学资源库。在此过程中我们为加强此项工作，更快更好更高质量地形成学校特色数字化教学资源库体系，还以学校行政制度形式出台了学校文件，要求和鼓励老师们完成这项工作，内容如下：

为加强学校智慧教学资源建设及教学评测应用工作，尽快实现学校智慧教育资源的系统性、完整性、实用性，促进智慧课堂常态化开展，实现教学评测的高效精准，经学校研究决定，学校智慧教学资源建设考核方案如下：

考核内容共两项：

1. 教学平台数字化教育教学资源建设考核

考核标准：教学平台数字化资源（包括导学本、网络考试、网络作业和题库资源等）建设，每学期以年级学科教研组为考核对象，人均达30个及以上为合格，排名前30%且合格的年级学科教研组，将获得期末综合考评教学科研加分0.1分。

2. 智慧课堂录像课资源建设考核

考核标准：智慧课堂录像课资源建设，每学期以学科教师个人为考核对象，40岁以下学科教师每人每学期录制智慧课堂录像课资源2节及以上为合格，在年级学科教研组内个人排名为前30%且数量为2节以上的（包含40岁以上学科教师）老师，将获得期末综合考评教学科研加分0.1分。

教育部《教育信息化2.0行动计划》中行动的第一条，就是要进行"数字资源服务普及行动"。学校教师自主开发制作，建成了各学科"一课一网"的教学资源体系和高中阶段全学科自主学习资源包。同时，还广泛汇聚社会各类优质资源，集成各类应用，帮助师生免费获取国家和地方提供的各类公益性资源、共享生成性资源、自主选购个性化资源，并按照"一课一网"教学资源建设要求建成了各学科所有章节知识点的资源体系，充分发挥网络空间作为数字教育资源共建共享主渠道的作用。

学校各学科教师，以年级为单位，通过集体备课，构建各年级、学科的教学资源，并将制作的学案、课件、微课、习题等发布在教学平台导学本内，供学生自主学习，形成学生的自主学习资源。为方便教师管理和学生查找资源，导学本内的资源都是按照学科、课本、章节的架构分类整理保存的。学生在课前可以随时随地查看自主学习资源，根据教师导学案中的任务，分小组合作探究，通过完成任务、解决问题的形式来预习课程中的知识点，不再受时间和空间的限制；对于自主学习中不懂的地方，可以在课上集中听讲，向老师请教，真正体现以教师为主导、学生为主体的教育理念。

教育部办公厅在2019年10月发布了《关于遴选"基于教学改革、融合信息技术的新型教与学模式"试验区的通知》（以下简称《通知》），《通知》中指出"以促进教学改革、变革教与学模式为指引，将信息化应用与教学改革深度融合，整体谋划，坚持行政主导，教研、电教、装备等多部门协同合作，社会各方积极参与，健全教学应用、资源供给、建设运维、经费投入等方面的体制机制"。再次强调了教学资源的重要性。学校的智慧课堂，绝不只是电子书包+传统课堂这么简单，信息化课程资源是智慧课堂能够持续推进的重要因素之一。[①]

经过6年时间积累，学校教学平台资源数量和质量稳步提升，老师们也越来越习惯随时随地把优质的教学资源放在平台中共建共享。集体备课后，教研组长将备课资料放在智慧教学平台中，全年级的师生都可以去查看。各个班级的教师还可以根据自己班级学生的学情和自己的教学需求，将自己调整后的课件、网络作业、相关资源等重新整合后上传到平台上，为教师的教和学生的学提供了最适合的数字化资源。

在学校考核文件的鼓励下，经过几年积累和完善，目前学校的校本智慧教学资源库已经全部形成体系。随着老师们逐步加入的资源数量的增加，形成了每节课下面出现了多个同类型的资源，我们与资源平台供应商联系，增加了在线点击量和下载观看量排名，优先把点击量和下载观看量大的排在前列，让学习者选择，还设置了将近两年内没有点击量和下载量的重复的资源隐藏的功能，方便学习者选择和使用学习资源。

随着时间的推进和技术的进步，目前国内一批做教育教学资源的网站，如中学学科网等，已经发展得日渐成熟，形成了适合全国中小学、各版本各地区的系统化的教育教学资源库体系，它们也鼓励老师在平台上共建共享，互相交流。老师们可以非常方便地获取各个学科、各个学段、各个版本的最新最丰富

---

① 高琪，乜勇.基于中小学智慧校园建设现状分析的智慧校园联动系统模型构建［J］.中国医学教育技术，2017，31（4）：376-380.

的教育教学资源，并且下载到本地电脑上，然后再根据自己的需要，根据本校学情来完善修改，最后日积月累就形成了具有校本特色的智慧教育教学资源库。

三、智慧办公管理云平台

学校办公管理云平台的建设意义在于学校的教育、教学、办公管理是三位一体的，教学是生命线，教育是立德树人的根本，办公管理是二者的保障，所以"办公云平台"的建设将促进传统教育观念的革新，改变学校教育的管理方式、思维和操作模式，推动学校教学、管理效率的革命性提高；将大力推进信息技术在教学过程中的普遍应用，促进现代化教育技术与学科课程的整合，落实课程改革，提高教学质量，推进素质教育；将促使教师成为整合信息技术与学科教学探索者，逐步实现教学方式的变革，有利于培养适应新时代要求的具有信息素养的高素质教师队伍；将使学生在信息化的环境中进行自主合作、探究学习，培养信息技术素养和创新精神，实现学习方式的转变，满足学生个性化学习需求；将提高学校各职能部门、各年级、各教研室和组的办公、教学、管理水平，提升学校智慧化教育办学能力。

数字化校园建设起步阶段，在2000年前后，学校用有限的资金来购买硬件，建设校园网络等，很少或基本没有在软件方面的投入资金，为了用好信息化设备，发挥投入的最大效益，我们坚持自主开发。回想当年，我们用VFP开发过学生成绩管理系统，解决了网络数据库的共享式操作以及大型考试结束后多人多终端同时录入学生各科成绩的问题。现在来看，阅卷都是网络化操作，汇总成绩多人多终端也没有什么，但对于当年的学生成绩处理来说，多人多终端多学科同时录入成绩，把原来成绩录入的时间增快了几十倍，也就缩短了成绩处理和分析汇总出结果的时间，把原来阅卷完成两天后公布成绩分析结果一下提高到了半天，这让学科教师的讲评更有针对性，学生分析自己的错题和订正试卷有了依据。

后来动态网页开发语言ASP产生后，我们又结合ASP开发了动态网站的，网上学生成绩管理程序，让教师在办公室通过校园网络就能及时查询刚刚完成的学生成绩分析结果，当然也能查询过去学生进入学校后有记录以来任何一次的成绩，并且能把历次成绩做对比，查询学生成绩变化趋势，便于学科教师和班主任更有针对性地做好每一个学生的成绩分析和点评工作。

在自主开发方面做得最好的用得最好的我认为还是我们的文件中转站系统，简单地说，就是为了解决全校教师在办公室、回家后都能共享式备课，或其他共享办公中的文件共享共建问题，完成后在教室里也能方便调用的目标。我们自己建立 FTP 服务器，使用 FTP 自主开发的文件中转系统。已经经历了 20 多年了，一是习惯，二是稳定、方便、易用。直到现在我们还在使用着，以下我将为大家做一个详细案例介绍：

案例名称：FTP 文件中转站介绍

1. 文件中转站开发原因

在未建立文件中转站之前，在教室上课使用课件时，可以使用 U 盘、文件共享、个人 FTP 等方式。但使用 U 盘、文件共享容易传播病毒，使用个人 FTP 需要输入账号密码，可能泄露隐私。为了解决校内文件传递问题，基于学校 FTP 服务器建立了文件中转站。

2. 文件中转站设计实现

文件中转站功能，实际上是在 FTP 服务器上建立了两个专门的账号，一个是可读可写的账号，限制只能在老师办公电脑上登录，老师们可以使用此账号上传文件、删除文件。另一个账号是只读账号，可以在教室、机房等处登录用于下载文件。

文件中转站下以学科名建立一级子文件夹，再以年级建立二级文件夹，方便老师们定位文件。每周定时清理文件，节省服务器硬盘空间。

为方便使用，在办公电脑及教室电脑上建立了相应快捷方式，直接双击"文件中转站"，快捷方式就可以进入。

3. 文件中转站的安全设计

FTP 服务器上安装有杀毒软件，上传有安全问题的文件会被隔离，防止了病毒的传播。FTP 日志详细记录相关操作，对上传不当文件或恶意删除文件的行为可追溯。充分利用操作系统的文件权限配置，限制 FTP 账号对文件夹的操作，以防误删除。

FTP 有很多不足，如今技术不断发展，未来考虑用 Webdev 及私有云平台代替或者扩展学校 FTP 及文件中转站的功能，实现在线编辑、文件分享等功能。

尽管我们坚持自主开发，投入大量精力，做了很多工作，但毕竟我们技术实力和人才资源都是有限的，而学校的信息化发展是迅速的，需求是级数式增长的。后期我们会根据学校的发展要求，结合实际需要，购买了如钉钉等综合办公管理平台。以下将把我们在钉钉方面的特色应用及解决方案为读者介绍一下。

案例名称：学校办公管理平台——钉钉

1. 钉钉项目建设背景

随着国家数字化进程的不断加快，学校办公的移动化需求越来越强烈。原来只能在 PC 端或网页版访问的办公平台已经不能满足老师们日常的办公需求，老师们越来越多地需要在教室、办公室、家里，甚至是出差时都能通过办公平台来查看通知、查阅同事手机号、填写相关信息、请假、后勤报修等。

2018 年 12 月，联通公司到学校宣传推广钉钉软件，并邀请校长参加"互联网+智慧教育交流会"。2019 年 1 月，学校校长赴杭州参加"互联网+智慧教育交流会"，并到相关学校进行参观学习，随后学校启动新一轮的智慧校园建设活动，全面推进钉钉软件的应用，搭建钉钉组织架构，并鼓励全体教师注册激活使用。2019 年 3 月，学校校长赴钉钉参加"钉钉未来校园教育发展峰会"，钉钉应用进入全面部署应用阶段，随后，学校被授予"钉钉未来校园示范学校"称号。

2. 钉钉项目建设具体内容

学校钉钉建设主要分为硬件和软件。软件方面，学校目前有两个组织结构：山东省淄博第一中学和淄博一中（学生）。

山东省淄博第一中学，是学校的主要组织架构，包含全体教师、家校通讯录和主要 OA 应用等。学校的组织架构包括教师和家校通讯录，教师是按照年级+教研室/处室并行来搭建的。按年级分为高一、高二、高三三个年级，每个年级内按照学科分类，方便后续 OA 审批流程搭建。教研室/处室内包含本教研室/处室三个年级的所有教师，方便教师以学科/处室为单位来组织活动或下达通知。家校通讯录是按照年级—班级的行政班模式来搭建的，每个班又包含班主任、任课教师和学生家长，方便家校沟通和线上教学。

淄博一中（学生）是专门为学校的住宿生搭建的组织结构，主要用来住宿生考勤，方便宿管人员查寝。淄博一中（学生）组织是按照宿舍楼来划分的，目前共有住宿学生 1200 余人，管理员为宿管人员。

硬件方面，学校引入了钉钉的 M1 考勤机。学校学生住宿情况比较复杂，住宿生分为只午休、只晚休、午晚都休等情况。以往都是需要宿管人员拿纸笔去每个宿舍确认学生有无回宿舍，若未回，则需要查看请假条和联系班主任老师。使用钉钉 M1 考勤机后，宿管人员只需在所有学生刷脸回宿舍后，从后台导出数据核对即可完成考勤和学生管理。

3. 钉钉项目应用现状

自 2019 年 3 月起，学校进入钉钉全面部署应用阶段。截至目前，钉钉已经从学校的辅助办公平台转变为主要办公平台，其他平台的功能基本迁移到了钉钉上，总结来讲，钉钉的应用主要有以下几方面：

（1）搭建组织结构。组织结构是需要在钉钉管理后台搭建的。在 2019 年年初，学校开始搭建"年级+教研室/处室"并行的钉钉架构，包含处室分别有①领导层：党委成员、中层领导、教研室主任；②教研室：语文教研室、数学教研室、英语教研室、政治教研室、历史教研室、地理教研室、化学教研室、物理教研室、体育中心、艺术中心、通用与研究性学习；③处室：学校办公室、组织人事处、工会、教务处、教育处、教科处、学校团委、数据中心、财务处、后勤处、心理中心、纪委；④年级：高一年级、高二年级、高三年级；⑤其他：党员、教代会代表；⑥家校通讯录：高一、高二、高三三个年级，每个年级按照行政班来划分，共82个班级，每班50人左右，在家校群中，每位学生至少有一位家长。

最初搭建组织架构时，学校采取的是导入电话号码和姓名的方式，后续再调整处室和年级。后来新入职的老师，基本采取扫码填写信息的方式加入组织架构。

（2）消息通知。最初联通公司来学校介绍钉钉时，学校领导就是被其能够区分已读/未读，并且能够对未读人员Ding一下，可以选择应用内Ding，也可以选择短信、电话Ding一下的功能所吸引，当然，短信/电话Ding在现在已经是收费功能了，但是在学校使用钉钉伊始，对老师们养成查看信息的习惯发挥了很大的作用。

为了使通知信息不被其他信息所淹没，学校采用的方法是专门建立了一个"通知公告群"，群内只允许管理员发言，其他人员一律禁言，群管理员是学校办公室、教务处、教育处、人事处、财务室、工会等需要发通知的部门负责人。因为钉钉群的管理员最多只能有12个，所以其他发通知公告较少的处室由学校办公室统一代发。

以前学校开部分教工会议时，需要办公室电话通知到每位教师，有些教师还会因为上课而错过接电话，费时费力。现在我们只需要使用钉钉的会议Ding功能，就可以通知到每位教师，还可以查看每位教师的已读/未读情况，有问题的还可以直接留言提问，并且还会在会议开始前15分钟再次提醒。会议现场还可以扫码考勤，不再需要办公室的职员拿着座次表挨个核对人员的出勤情况，不仅节省了大量的人力和精力，还提高了学校的办公管理工作效率。

推动学校和家长的沟通，促进家校共育一直是学校德育工作的重要环节。目前的家校沟通主要集中于微信群、电话的形式，但是微信群内的通知可能会有家长因为没有看到而错过一些信息。在钉钉家校通讯录内，家长可以很方便地查看教师的信息，不需要家长回复收到，班主任可以查看到学生家长的已读/未读情况，学校也计划每周给家长推送家校共育的相关材料，方便家长学习。

（3）查找手机号码。学校现有教师380人左右，分别在东、西两个校区，老师之间沟通交流多靠电话。之前都是靠发的电话簿小册子来查找电话号码，但印刷制品的更新往往不会很频繁，如果有老师更换手机号，就会造成联系不到的情况。后来也采用过在 QQ、微信群公布电话号码表格的形式，但涉及隐私和信息安全，而且群消息很快就被刷过去了，所以不适合长久使用。

使用钉钉后，在组织架构内的每个人都可以随时查找其他成员的电话号码，班主任也可以查看到每一位家长的电话号码。比如，班主任在教室里发现有学生还没有到，教师可以通过钉钉查找宿管的电话联系，也可以在家校通讯录里找到家长的电话，直接电话联系。老师们可以自行在钉钉里更换手机号码，之前的聊天记录也不会受到影响。

（4）考勤打卡。2019年2月中旬，在开学后，学校逐步开展使用钉钉来打卡考勤，学校设置了每周的上下班打卡时间，教师每个工作日按照上下班时间来打卡，逐渐养成了进校园先打卡的习惯，规范了学校的考勤管理，节省了原先考勤的人力成本和时间成本。

为让教师更好地应用钉钉，学校制定了《关于钉钉考勤打卡中遇到的问题及解决办法》，总结了教职工在考勤打卡初期遇到的各种问题，并提供了对应的解决办法，方便教职工快速适应用钉钉来考勤。

现将大家在钉钉考勤打卡中遇到的问题及解决办法总结如下：

问题1：定位不准确

原因：若您当前实际位置在学校范围之内，而 APP 内显示位置不在考勤范围之内，则可能是因为手机 GPS 定位没有更新。

解决方法：在按下"打卡"之前，先看一下当前位置是否在考勤范围内，若不在考勤范围之内，可以选择"去重新定位"，重新获取一下 GPS 的位置，若获取位置在考勤范围内则可成功打卡。

问题2：不能打卡

原因：网络信号不好或手机 GPS 定位功能没有打开。

解决方法：

①打开手机 GPS 定位功能。

②手机信号不好时，建议连接学校 Wi-Fi 来打卡。连接学校 Wi-Fi，登录您的账号密码即可完成。未注册学校 Wi-Fi 的老师，可以在学校主页"校内链接"模块找到"校园 Wi-Fi 服务"，选择"注册账号"来注册。

③若还是无法打卡，请关闭钉钉软件重新登录。

④若仍旧无法打卡，请重启手机。

问题3：忘记打卡

原因：沉迷工作，忘记打卡。

解决方法：

可以设置极速打卡。设置极速打卡后，只需在打卡时间内打开钉钉软件，即可实现自动打卡。设置办法：在考勤打卡界面右下角设置，进入极速打卡设置界面，设置上、下班自动打卡的开始时间和结束时间即可。注意：设置极速打卡后，必须在打卡时间内打开钉钉软件才会打卡成功，若不打开钉钉软件，则无法自动打卡。

若忘记打卡，或打卡有问题，可以在打卡界面申请补卡，注明缺卡原因后，考勤负责人会依照实际情况判定通过与否。

温馨提示：在钉钉软件内，在右下角我的项目中，有一项功能是我的客服，里面有常见问题解答、在线咨询及使用手册等，可以自行查看。

（5）收集信息—番茄表单、智能填表

作为一个拥有380余名教师、4200余名学生的普通高中学校，信息收集有时候是个很大的难题。之前往往使用纸质材料来进行收集，需要极大的人力物力。

对教职工来说，经常需要收取教职工的各种信息，或者培训后完成一些题目。以前学校都是通过问卷星来完成，现在，我们试用了钉钉的番茄表单，将问题下发，能准确地查看到未答问卷的人员，并且发送提醒，教育版可以批量下载100个附件，虽然并不能完全满足我们的需求，但也减轻了一部分的工作量。后来，我们发现了钉钉的智能填表功能，不仅是免费的应用，而且不限制下载次数和数量，极大地满足了我们的需求。

目前，学校办公室使用智能填表比较多，主要用来做学期末的年度考核互评、各种考评投票、教研室主任评选投票等。对家校通讯录来说，教育处每周给学生家长发送安全提醒，提醒家长注意孩子的人身安全，做好防溺水教育、交通安全教育，家校协同，确保学生在校和在家期间的安全。年级还安排了学期初用智能填表做学情调查，通过对学生群体性的调查，来了解各班教师和学生的基本情况，收集学生和家长的意见和建议。

（6）OA审批

学校经常会有各种培训、教研会需要教师参加，以往每次教研会都需要学校办公室分别通知处室，然后通知教务处调课，再通知办公室领导备车。现在，我们直接在钉钉上发起审批，各级领导批示，然后直接钉钉通知到相关教师个人，大大提高了审批效率。目前，我们用OA审批的流程，搭建了符合自己需求的 OA 审批流程，主要包括请假、用车、出差、物品领用、公文流转、文印申请等。

1）请假

目前，学校的请假 OA 审批分为病假、事假、产假和学校大型考试请假三个流程。

学校的请假规定如下：

①教职工请假半天，由教研组长（处室主任）批准；教研组长、教研室正副主任请假半天的，由年级主任批准；中层干部请假半天由分管副校级干部批准；副校级干部请假半天，由校长批准。（以上所有情况不记入考勤，每名教职工每周只享有一次机会）

②教职工请假 1 天，年级主任或处室主任批准；中层干部请假 1 天由校长批准。

③教职工请假 1 天以上，3 天（含 3 天）以内，由分管副校级干部批准（级部主任、处室主任批准后，再由副校级干部审批）。

④教职工请假 3 天以上，由校长批准（级部主任、处室主任、副校级干部、校长逐级审批）。请病假 3 天以上须有医院证明。婚假、产假、丧假按照国家有关法律法规执行。

⑤学校重大集会原则上不允许请假，确需请假，须经分管副校级干部批准。组织大型考试时，由考务组负责对监考教师和其他考务人员进行考勤。有关高考、学业水平考试等大型考试工作请假按有关规定执行。

在没有使用钉钉进行审批之前，学校教师都是使用纸质的请假条。教职工去学校办公室领取，然后去找各领导签字，最后再交回学校办公室，由学校办公室的老师记录存档，发送给财务处。整个过程耗时耗力，尤其学校有两个校区，西校区的老师请假需要跨校区到本部，而且碰到紧急情况或领导出差的情况，就需要后补请假条，给请假、统计都增加了很大的难度。

为此，学校在钉钉的 OA 审批的基础上进行了个性化设置。因为不同的人群请假流程不同，所以分为教学、教辅、中层、副校级、教研组长、教研室正副主任和艺术体育组。

2）用车

学校老师经常需要外出参加会议，只用学校的公务车是不太足够的，往往需要学校办公室联系安排其他车辆。学校在钉钉的 OA 审批中建立了用车申请，表单设计包括用车事由、出行人数、人员名单、始发地点、到达地点、用车日期和返回日期。

流程设计相对比较简单，由部门负责人、分管领导审批后，学校办公室审核。

学校办公室审核完后联系派车，将司机信息和车牌号以评论的方式进行标注，方便所有人员查看。

3）公文流转

作为普通中小学，学校办公室每天都会接到来自上级部门的公文。在没有使用钉钉之前，是学校办公室的老师将纸质版文件拿到对应领导处签字后，给到具体需要执行的老师通知，然后将文件存档。使用钉钉后，学校办公室的老师只需要在接到公文后，将文件转给对应校级领导，校级领导再转给下一级的负责部门。

表单设计主要包括文件编码、文件名称、发起人、文件要求、附件等。流程设计上，采用自选的方式，方便学校领导灵活选择某部门或个人。目前，山东省为了信息安全，使用统一软件"山东通"，钉钉这一部分的功能已逐渐被"山东通"取代。

4）出差

学校办学坚持"走出去"与"引进来"相结合，鼓励老师们外出参观、学习、参加培训交流等，所以因公出差审批的 OA 流程是非常必要的。

学校的文件规定：公务出差前教职工须通过钉钉办公平台办理审批手续并附相关会议、培训等通知。部门负责人对出差通知、时间、人数、天数、事由、是否领取伙食费补助及预计领取金额等事项进行审批；学校办公室办负责人对是否领取交通补助及预计领取金额进行审批；然后由分管领导审批，属于市外出差的，还需校长审批。部门负责人、校办负责人、分管领导、校长对审批的出差事项承担相应的责任。因特殊原因未能办理网上审批的，事后须及时补办。

出差的 OA 审批表单包括出差事由、交通工具、单程往返、出发城市、目的城市、开始时间、结束时间、是否领取交通费补助、是否领取伙食费补助等。"会议文件"可以提交会议通知文件的 Word、PDF 文档或图片文件。"所在部门"请根据实际情况自行选择。如果多人一起出差，可由一人提交申请，在申请中添加同行人即可。在流程设计方面，审批人部分需要申请者本人进行选择，需要按照学校关于出差审批的要求进行选择。

5）物品领用

主要包括课时教案、听课本、会议记录等 30 余种办公用品。

因此，在设计物品领用的 OA 审批时，只设置了领取地点和物品明细两个选项，且领取地点中的校本部关联校本部物品明细，西校区关联西校区物品明细。

物品明细中设置物品名称和领用数量两个子选项。在流程设计中，将领取地点作为条件设置了办理人，并抄送给后勤处主任。

6）文印申请

虽然学校为每个教研组都配备了打印机，但导学案之类的学习资料的文件打印往往需要 A3 来完成，办公室的打印机并不能满足需求。学校在两个校区设有两个文印室，为教职工上课资料的文件打印提供便利。

在进行文印申请的 OA 审批表单设计时，我们设计了申请人、所属年级、文印室选择、文件名称、印刷份数、纸张类型、每份页数、需要交付日期、附件。在流程上以所属年级为条件进行审批，审批人为每个年级的教务副主任，办理人为学校文印室的负责人。

7）后勤报修

作为一个拥几十个班级的中小学校，每天学校各处设备的损坏也不少，报修就是一件非常重要的事情。在使用钉钉报修之前，学校采用的办公平台报修只能使用 PC 端来进行，即用文字进行描述。

钉钉的后勤报修包括所属年级、维修事项、具体事由、保修地点、上传图片和所在部门，教室、办公室、走廊的物品损坏都可以通过手机报修，简单方便，可以上传图片，方便后勤人员准备维修配件。流程设计根据维修事项来设置条件，设置对应的办理人为后勤处相关人员，最后抄送后勤处的主任和副主任。

(7) 线上教学

2019—2022 年，我们经历了疫情三年。在疫情防控期间，停课不停学，学校组织学生进行线上教学学习。在此过程中，钉钉发挥了重要的作用。

由于之前我们就搭建了钉钉的家校通讯录作为家校沟通的重要方式，各年级、各班学生、家长、教师、班主任的设置完整，所以在线上教学的关键时间点，学校没有任何犹豫地选择了钉钉作为我们的上课工具，同时配以智学网、易教平台等作为课堂检测的平台。

在开始线上教学之前，各年级教务处组织任课教师进行钉钉网课的技能培训，各教研组分别在组内和各班家校群内进行测试，学校安排了信息技术教师为网课教学提供技术保障，随时帮助老师们解决测试或上课过程中出现的各种问题。

教师主要采取 PC 端与平板相结合的方式来直播上课。对于理科等需要课堂板书比较多的科目、板书较多的课时，教师一般使用钉钉平板端来上课，或者使用手机端钉钉+试卷+笔直接书写的方式。对于讲授内容比较多的科目、课时，采用一般都是 PC 端钉钉+在线课堂的屏幕共享模式。在线上教学过程中，绝大部分老师都能够按时、保质保量完成线上教学工作，有个别老师会遇到问题，但也都通过电话、微信等方式及时帮助老师们进行了解决。

遇到的普遍问题总结如下：

Q1：上课过程中发现有不是本班学生怎么办？

A：联系班主任将不是本班人员清出本班。另请班主任注意在同意学生入班申请之前，确认是否为本班学生。

Q2：用 PC 端钉钉上课时，因为网络不好/找不到下课按钮/在教室上课忘记点下课，总之没有下课怎么办？

A：首先请不要慌张，有三种办法可以解决这个问题。

方法一：重新登录电脑上的钉钉，找到自己在上的那节课，进入后点击下课即可。

方法二：在手机端钉钉（请注意是与电脑端同一账户）最上面找到你的那节课，切换设备后进入课堂，然后点击下课即可。

方法三：找一个有电脑的同事，请他登录你的账号帮你下课。（此种方法适用于家里网络突然断掉，下节课迫在眉睫的情况）

Q3：PC 端钉钉直播声音一直有噪声怎么办？

A：建议检查您的耳机，重新插拔一下，或者更换耳机进行尝试。

Q4：PC 端钉钉直播画面卡顿怎么办？

A：第一，请离家里的路由器近一点；第二，请退掉所有与上课无关的软件，包括电脑管家、杀毒软件等，增加电脑的运行速度。

钉钉官方对直播电脑的要求是电脑端推荐 CPUi5 及以上的配置，上传网络带宽 4Mbps 以上。网络测速叫用网站 http：//www.speediest.cn 来进行测试。

Q5：平板上钉钉直播找不到屏幕共享怎么办？

A：请将钉钉升级到最新版本。目前最新版本为 Version6.3.40。具体路径为【我的】—【设置】—【关于钉钉】—【检查新版本】，后面根据提示安装即可。

Q6：平板上钉钉直播学生普遍反映直播画面太小怎么办？

A：一定要在开始直播前【旋转屏幕】，用横屏直播，学生观看效果会更好，竖屏的话学生观看屏幕会很小，影响直播效果。如果直播开始后再旋转屏幕，学生的观看屏幕依然很小。

Q7：钉钉直播有延迟怎么办？

A：所有直播都会有延迟的，所以不用担心，学生那边声音画面同时都会延迟的，不会影响讲课效果。

Q8：有的同学一直按时听课，但考勤时却一直在缺勤名单中怎么办？

A：目前遇到的所有这种情况都是班级里有两个同一个学生的账号，或者两个账号姓名稍微差一点点，但却是同一个人。因为家校群的申请通过权限在班主任老师，所以请各班主任一定要注意申请学生的名字，遇到这种问题可以联系管理员，也可以自己核查本班架构，看这位同学使用哪一账号，将无关账号清理出去。

2022年疫情防控期间使用钉钉进行线上教学的学校增多，使得钉钉线上教学的免费功能不能满足学校师生的需求，所以学校开通了钉钉的专业版，方便教师通过视频会议等功能更好地与学生进行线上互动。

（8）智能工资条

学校本来采用之前的办公平台进行工资条的发送，但只能在PC端进行查看。在使用钉钉后，我们使用了第三方的智能工资条来发送工资信息，教职工收到信息后可以查看详细信息后确认，如有问题直接联系财务处人员。

（9）挂图作战

2022年9月，学校领导提出了项目式管理的新要求，要求能够呈现学校各部门的功能，将工作进度和结果进行图表化呈现，简称"挂图作战"。在对市面上的项目管理软件进行了多方位对比后，我们选择了钉钉的多维表格来进行项目管理。

多维表设计的内容包括任务、所属项目、所属子项目、开始时间、月季完成时间、完成占比、具体进展、附件、项目状态、责任人、分管领导、所属部门、成本系数和难度系数。项目录入表单可以通过链接和二维码的形式发送给需要填写的人员，也可以通过PC端和手机进行填写。

通过多维表格的形式，可以设置不同的看板。有项目调度表、项目进度甘特图、项目看板、分管领导看板、项目状态看板和数据图表化展示。

4. 钉钉项目成果分析

目前，学校已使用钉钉应用5个年头，将其他平台的应用逐步迁移到钉钉上来，将钉钉打造成了符合学校需求的办公管理平台。如今，钉钉已经具备及时沟通、考勤打卡、请假、用车申请、出差审批、物品领用、文印申请、下发工资条等一系列功能，正在向着更全面的办公管理平台迈开脚步。在使用过程中，我们使用钉钉提高了工作效率，提升教师的幸福感，并在逐步向数字化学校转型。

5. 项目实践中的问题

目前而言，我们在钉钉的使用中主要存在以下问题：

第一，钉钉的收费问题。钉钉许多的应用已进入收费模式，收费应用的免费功能也会有诸多限制，比如，宜搭免费版限制了使用的人数和使用的，短信 Ding 和电话 Ding 之前免费，现在也已经收费了。智能工资条之前是免费的，现在也在逐步收费。这种逐步收费的模式，给我们带来深深的担忧，钉钉之后是否也会转为收费产品？免费版本还能使用多久？现在免费的功能和应用之后是否也会收费？搭建各种应用时要不要考虑这一问题。

第二，学校需要每学年调整一次教职工的组织架构。学校区别于其他的企业组织，具有独特性。每学年结合后，学校所有教职工，会按高一升高二，高二升高三，高三再回来接新高一，这样三年一个轮回的顺序调整，其中大部分教职工都是这样，但也有少数人，因为个人或集体原因，需要做出特别的调整。每学年结束后，钉钉组织架构中学校人员调整工作，变得非常麻烦，与钉钉客服沟通过很多次，至今没有实现批量处理，只能用依次调整每个人的方法，完成这项每年一次的调整工作。

第三，数据可视化利用和处理。目前，学校在钉钉的使用过程中积累了大量的数据，但如何能实现数据的可视化，还是需要我们继续探索。如 OA 审批里，请假人员是否可以按照每年、每月、每周、每日实现自动汇总，甚至可以查看到某个人的请假数据，这些都是学校在管理方面需要进行考核的数据。数据的可视化可以帮助管理人员更好地分析和处理这些数据，但目前钉钉的 OA 审批之类的数据我们还不能更好地利用。

第四，打通两个架构，将学生住宿信息直接发送给班主任。目前学校的住宿生和教师的主架构之间是两个不同的组织，这就导致了住宿生的信息需要经过宿管人员才能发送、报告给班主任，并不能直接将住宿生的每日考勤情况发送给班主任，如何打通这两个架构，将考勤情况直接发送给班主任是我们一直在与钉钉的管理人员在沟通的问题，但至今没有更好的方式来解决。

6. 项目未来展望

未来，希望学校继续完善钉钉的使用，以促进学校的管理，为建设组织在线、沟通在线、业务在线、协同在线、生态在线的智慧校园而努力。

第一，将钉钉的访客系统加入学校的管理中，实现访客、教师考勤、走读学生迟到考勤推送到家长和班主任处的功能。第二，将学校的会议室及功能教室预约迁移到钉钉上来。第三，继续研究钉钉的 API 接口，将钉钉与学校的其他平台打通，促进数据互通和业务协同。第四，将 AI 与钉钉结合，开发钉钉智能助手，实现智能会议安排、智能任务分配等。①

总之，学校会在现有功能的基础上继续开发钉钉，使其更加个性化、智能化、开放化、多元化，以加快学校的教育管理数字化转型步伐。

以下为读者提供一个中小学校固定资产管理系统范例，请读者参考。

一、固定资产管理系统的建设背景

随着中小学教育信息化事业的发展，学校固定资产特别是信息化设备的数量和价值不断增加，如何有效地管理和利用好这些资产，已经成为学校提高教育质量和效益的重要课题。国家、省、市政府部门对教育信息化和资产管理出台了众多相关政策支持，如《教育信息化十年发展规划》《教育部关于加强和改进学校固定资产管理工作的意见》等。为了满足本地区的经济社会发展条件，适应学校的办学规模、办学水平、办学目标以及师生的发展要求，各中小学校建设学校固定资产管理系统，以实现对固定资产的全面、精细、智能化的管理成为当务之急。②

二、固定资产管理系统的建设内容

项目主要包括以下几方面的内容：

（一）项目硬件、软件建设情况。学校为了管理和使用方便，采用了手机APP、二维码标签、后台管理系统等硬件和软件设备，分别负责固定资产的登记、领用、变更、盘点等操作。通过公开招标的方式采购所需的设备，并进行了安装部署和测试验收。

（二）技术方案分析和推荐。学校在选择技术方案时，考虑了多种技术方案的优劣，如条码技术、RFID技术、云计算技术等。通过比较了不同技术方案的成本效益、适用性、可靠性等因素，并最终选择了二维码技术作为主要技术方案。主要是考虑二维码技术具有以下优点：一是制作成本低，二是识别速度快，三是容量大，四是防伪能力强。未来可以尝试使用RFID技术或者云计算技术来进一步提升固定资产管理系统的性能和功能。

三、固定资产管理系统的应用情况

系统建设完成后，在中小学校的实践应用情况如下：

（一）项目覆盖了学校所有的固定资产，包括教学设备、实验室仪器、图书

---

① 张磊. 大数据技术在中小学智慧校园建设中的应用思考［J］. 华夏教师，2023（22）：16-18.

② 贾东辉. 物联网技术在中小学智慧校园管理中的应用［J］. 科技创新导报，2019，16（26）：154，156.

馆书籍、办公家具等。项目实现了对固定资产的全生命周期管理,从采购入库到领用归还,从变更调拨到维修保养,从清理报废到盘点核对。项目应用了固定资产管理的效率和准确性,节省了人力和物力资源。

(二)项目在教育教学管理方面有以下几个具体应用场景

1. 资产登记入库。当新购买的固定资产到达学校后,财务部门负责验收并打印出相应的二维码标签贴在资产上。然后,财务部门使用手机APP扫描二维码标签,将资产的基本信息如名称、型号、价格、数量、存放地点等录入后台管理系统,形成资产档案。这样,就实现了对固定资产的快速登记和入库操作。

2. 资产领用归还。当教师或学生需要使用某些固定资产时,如实验室仪器、图书馆书籍等,他们可以通过手机APP查询资产的使用情况和位置,并申请领用。领用时,他们需要使用手机APP扫描二维码标签,将资产的领用信息如领用人、领用时间、归还期限等录入后台管理系统。归还时,他们也需要使用手机APP扫描二维码标签,将资产的归还信息如归还人、归还时间等录入后台管理系统。这样,就实现了对固定资产的规范化领用和归还。

3. 资产变更调拨。当固定资产需要进行变更或调拨时,如教学设备的更新换代、办公家具的更换或转移等,财务部门或相关部门需要使用手机APP扫描二维码标签,将资产的变更或调拨信息如变更或调拨原因、时间、目标部门或地点等录入后台管理系统。这样,就实现了对固定资产的及时变更和调拨。

4. 资产维修保养。当固定资产出现故障或损坏时,如教学设备的故障、实验室仪器的损坏等,财务部门或相关部门需要使用手机APP扫描二维码标签,将资产的报修信息如报修人、报修时间、故障描述等录入后台管理系统,并通知维修部门进行维修。维修完成后,维修部门需要使用手机APP扫描二维码标签,将资产的维修信息如维修人、维修时间、维修费用、维修结果等录入后台管理系统。这样,就实现了对固定资产的有效维修和保养。

5. 资产清理报废。当固定资产达到报废年限或者无法再使用时,如图书馆书籍的破损或过时、办公家具的破口或损坏等,财务部门或相关部门需要使用手机APP扫描二维码标签,将资产的清理报废信息如清理报废人、清理报废时间、清理报废原因等录入后台管理系统,并按照相关规定进行处理。这样,就实现了对固定资产的有效清理和报废。

6. 资产盘点核对。每年或每学期,财务部门或相关部门需要对固定资产进行盘点核对,以确保账实相符。盘点核对时,他们需要使用手机APP扫描二维码标签,将盘点数据上传到后台管理系统,并与数据库中的数据进行比对。如果发现有异常数据,如盘亏、盘盈、错点等,他们需要及时进行核实和处理。

这样，就实现了对固定资产的准确盘点和核对。

四、固定资产管理系统运行的成效分析

我们在实施中小学固定资源管理系统的前后，分别对全部应用学校的固定资产数据进行了统计分析，通过对比，展示了项目实施前后的成效数据和指标，如表 3-1 所示：

表 3-1 固定资产管理成效分析表

指标	项目实施前	项目实施后	变化率
资产使用率	75%	85%	13.3%
资产闲置率	15%	5%	-66.7%
资产盘点准确率	90%	98%	8.9%
资产管理成本	10 万	8 万	-20%

从表 3-1 中可以看出，项目实施后，资产使用率提高了 13.3%，资产闲置率降低了 66.7%，资产盘点准确率提高了 8.9%，资产管理成本降低了 20%，这些都说明了项目实施的成效。

通过分析项目成效的影响因素，总结了项目成功的条件如下：

（一）影响因素

1. 政策支持。国家、省、市政府部门对教育信息化和资产管理的相关政策和指导意见，为项目提供了有力的法律依据和政策保障。

2. 技术进步。二维码技术的发展和普及为项目提供了先进的技术手段和工具，使得固定资产管理更加方便、快捷、准确。

3. 管理水平。在项目实施过程中，注重对固定资产管理人员的培训和指导，提高了他们的管理水平和责任心，使得固定资产管理更加规范、有效、高效。

4. 用户参与。充分发挥了教师和学生的主体作用，鼓励他们积极参与固定资产的领用、归还、变更、报修等操作，有利于增强他们对固定资产的爱护意识和正确规范使用学校财产，让其发挥最大作用为学校教育教学服务的观念。

5. 成功条件。在项目实施前期进行了充分的调研和分析，明确了学校固定资产管理的现状、问题、需求和目标，为项目制订了合理的方案和计划。在选择技术方案时，考虑分析了多种技术方案的优劣，比较了不同技术方案的成本效益、适用性、可靠性等因素，并最终选择了二维码技术作为主要技术方案，这是一个符合学校实际情况和需求的合理方案。

在项目实施过程中，严格按照项目计划进行操作，及时协调解决各种问题和困难，保证了项目的顺利完成。同时，也定期对项目进行监督和评估，及时发现并改进不足之处，保证了项目的实施质量和效果。

（二）经验和教训

1. 沟通协调。在项目实施过程中，注重与各相关部门和人员的沟通协调，及时传递项目进行中的问题信息，听取各方意见和建议，消除各种障碍和误解，促进项目的顺利推进。

2. 培训指导。在项目实施过程中，注重对固定资产管理人员和用户的培训指导，使他们熟悉和掌握固定资产管理系统的操作方法和规则，提高他们的应用能力和管理水平，这是项目落地实施和顺利运行的关键所在。

3. 持续改进。在项目实施过程中，注重对固定资产管理系统的持续改进，根据用户的反馈和建议，不断完善和优化系统的功能和性能，提高系统的用户满意度和使用效果。

（三）规律和特点

1. 信息化。固定资产管理系统是一个基于信息技术的管理系统，它通过二维码技术实现了对固定资产的快速识别、登记、领用、归还、变更、报修、清理、报废等操作，大大提高了固定资产管理的信息化水平。

2. 智能化。固定资产管理系统是一个具有智能化功能的管理系统，它通过后台管理系统实现了对固定资产的数据分析、统计、查询、报表等功能，为决策提供了依据和支持。

3. 精细化。固定资产管理系统是一个具有精细化特点的管理系统，它通过二维码技术实现了对每一件固定资产的唯一标识和全生命周期管理，使得固定资产管理工作更加精细、准确、完善。

五、固定资产管理系统实践中的问题

（一）设备标签问题。二维码技术虽然有很多优点，但也存在一些缺点和不足，如二维码标签容易损坏或脱落，二维码识别需要网络支持等，这些都影响了项目运行的实际使用效果。后期考虑如果有完善的国家标准，每台购买的设备都有唯一通用的二维码标签，可能更好更全，当然这项工作推荐可能需要多方协调。

（二）用户熟悉度。由于固定资产管理系统是一个新型的管理系统，用户对其操作方法和规则不太熟悉，需要经过一段时间的学习和适应。同时，也存在少数用户对新系统存在抵触或担忧，不愿意使用或缺乏主动配合意识。

针对上述问题和困难的成因分析，主要有以下两点解决办法：

第一，标签粘贴技术改进。针对实际应用过程中的标签损坏或脱落，我们发现有些单位在贴好二维码标准后，再用透明胶带加固，这种方法成本低，实用性强，操作方便。我们发现这种典型后，对全部使用学校进行演示和推广，取得了较好的效果。以后我们将更加关注各学校的使用情况，主动征求他们的意见和建议，推广好的方法和典型做法。

第二，加强培训指导。在项目实施过程中，针对某些学校的固定资产管理人员，退减或调整变化的情况，及时组织多期培训，对固定资产管理人员和用户进行充分的培训指导，使他们熟悉和掌握固定资产管理系统的操作方法和规则。在培训中，及时收集用户的反馈和建议，及时解决用户遇到的问题和困难。

六、固定资产管理系统的未来展望

随着教育信息化和固定资产管理技术的不断发展，固定资产管理系统将会在技术、功能、应用等方面有更多的创新和突破，为中小学校提供更高效、更智能、更精细的固定资产管理服务。具体来说，有以下几方面：

1. 技术方面：固定资产项目将会引入更先进的技术，如人工智能、物联网、区块链等，实现对固定资产的智能识别、分类、评估、预测、优化等功能，提高固定资产管理的技术水平和可靠性。例如，通过人工智能技术，可以对固定资产的使用情况和维修情况进行智能分析和预测，提前发现和解决问题，根据固定资产的分布情况，进行智能调配、轮换使用等安排，延长固定资产的使用寿命。通过物联网技术，可以实现对固定资产的远程监控和控制，随时了解和调整固定资产的状态和位置。通过区块链技术，可以实现对固定资产数据的记录、追溯，保证了数据安全，防止数据篡改和资产丢失。

2. 功能方面：固定资产管理系统将会增加更多的功能和特色，如利用大数据和数据挖掘技术对固定资产进行数据分析和生成数据报表，为决策提供数据依据和支持。利用移动互联网和社交网络技术实现固定资产的共享和协作，促进资源的优化配置和利用。利用虚拟现实和增强现实技术实现固定资产的可视化和交互操作，提高用户的使用体验和满意度。

3. 应用方面：固定资产系统将会拓展更多的应用场景和案例，如利用固定资产管理系统进行教育教学活动的设计和组织，如在探究实验室进行虚拟实验、在网上图书馆进行电子阅读、在智能教室利用VR技术，开展教学演示和实验等。利用固定资产管理系统进行教育教学资源的开发和共享，如实验室仪器的开放使用、图书馆书籍的在线借阅、教学设备的在线展示等。利用固定资产管理系统进行教育教学质量的评估和改进，如实验室实验的成果评价、图书馆书籍的阅读反馈、教学设备的使用效果等。

四、智慧课堂系统是智慧教育的主阵地

智慧课堂的常态化开展是以智慧教室为主阵地的,所以初期智慧教室的建设是尤为重要的。建设前期我们做了大量的调研和考察,对已有各种现代化教室进行了全面了解,依据我们建设目标做了三方面的规划。第一,教与学的可交互是主要功能,因此无线网、物联网、智慧黑板是必配的。第二,教与学的可评价是重要功能,因此监控网、教学评价分析平台、视频设备是必配的。第三,教与学的可定制是特色功能,因此,大数据分析、智能推送、个性化学习等是必要的。综合以上三方面规划,我们提出了学校特色智慧教室建设方案,软件与硬件配合搭建,形成了特色的智慧课堂系统。①

(一)智慧课堂系统的教学模式研究

基于学校信息化建设推进过程中的经验和智慧课堂的不断开展,学校总结归纳出了具有学校特色的基于电子书包支持下智慧课堂的"三段十步"教学模式,见图3-5。

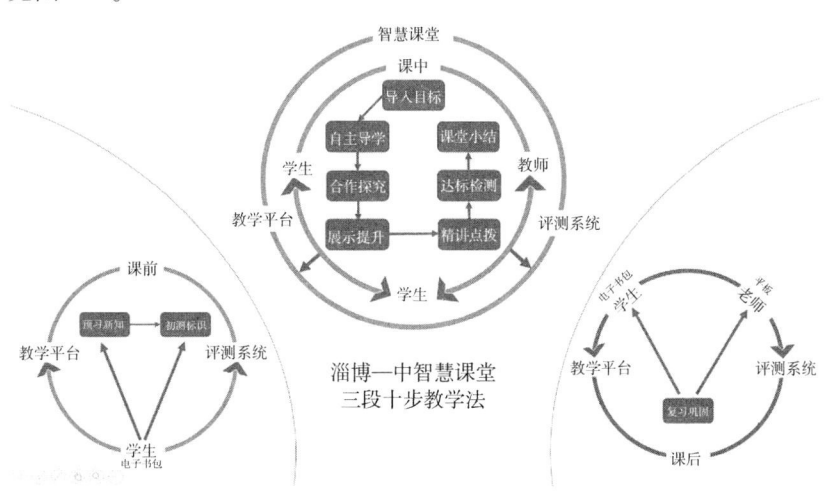

图3-5 智慧课堂"三段十步"教学模式图

"三段"即教学中的课前、课中、课后三个阶段。

"十步"是在课前、课中和课后三个阶段中教学实施的十个步骤,分别是课前阶段的预习新知、初测标识,课中阶段的导入目标、自主导学、合作探究、

---

① 颜鼎. 大数据背景下的中小学智慧校园建设探讨[J]. 中国教育信息化, 2019 (23): 81-83.

展示提升、精讲点拨、达标检测、课堂小结七步，课后阶段的复习巩固。

【预习新知】教师在课前将导学案、课件、微课等教学资源放在教学资源平台上，学生通过电子书包自主预习新知识，教师可以通过平台上学生的浏览痕迹和浏览时间，初步统计分析学生对于新知识点的预习情况。

【初测标识】教师在课前可以通过教学平台或智学测评布置课前检测，学生通过测评对于自己不懂的知识点和题目进行标识，以便在课上更好地听课；学生的标识和课前检测，教师通过平台及时可以统计查看，教师可以依据学生的课前预习和检测情况统计分析，进行二次备课，让教师在讲课过程中的重难点更有据可依，对学生标识的内容重点分析和讲解。

【导入目标】一般课堂教学的第一个环节就是导入。导入的方式可以是微课导入，也可以是课前检测的习题讲解，教师可以选取最适合的方式来导入新课，呈现教学目标。

【自主导学】在学生为主体、教师为主导的课堂上，学生自主学习占了很大一部分。教师可以通过任务驱动、问题探究等方式，通过导学案引导学生自主学习。

【合作探究】小组合作是智慧课堂模式的重要组成部分。学生通过小组合作探究来完成教师布置的各项任务，在做中学。通过教师的引导，在与同伴协作的过程中，不断发现问题、分析问题、解决问题。

【展示提升】学生通过电子书包的拍照、录像等功能将小组合作探究的结果进行展示。学生在展示过程中，既能跟全班同学分享自己学到的知识，也能锻炼口语表达能力，全面地提升自己。教师也能在学生展示的过程中发现学生在合作探究中的问题及对知识点的掌握情况，以便更好地进行精讲点拨。

【精讲点拨】教师通过自己的电子书包和智慧黑板的智慧课堂系统，将学生在小组合作，展示提升过程中遇到的问题进行精讲点拨，通过三屏互动的形式，将知识点讲解清楚。

【达标检测】为检测学生对知识点的掌握情况，教师可以通过智慧黑板的当堂检测、教学资源平台的网络作业、智学测评系统等对学生的达标情况进行讲解，这些测评功能均能够及时统计显示学生的答题情况，教师可以根据学生的掌握情况在进行精确讲解。

【课堂小结】在课堂最后，教师对当堂课的内容与学生一起进行梳理总结。

【复习巩固】课后，学生可以通过电子书包对课堂中教师讲解的知识点进行复习，可以通过查看教师的课件补充课上没记完的笔记。教师也可以给学生布置网络作业来巩固本节课的知识点。

在智慧课堂教学过程中，教师可利用智慧课堂软件实现在课堂进行一对多的互动，在不增加教师工作量的基础上，提升教学效率，提高学生的学习兴趣，增加课堂的交互性和趣味性，其中有如下几种具体应用场景：

1. 屏幕广播。教师可利用屏幕广播的功能将教师机上的屏幕广播到学生的电子书包上。应用场景：后排的学生看不清电子白板上的内容，可利用屏幕广播功能。

2. 教师提问。教师可将提前准备好的题目一键提问到学生的电子书包上，然后让学生进行回答。应用场景：题目可以是视频、PPT、Word、PDF等，只要可以显示在教师机上，就可以进行提问。

3. 学生示范。教师可以将某一学生电子书包的屏幕调到电子白班上进行展示。应用场景：如传统教学需要学生上黑板展示，现在直接在电子书包上直接展示即可。

4. 课堂练习。教师可以在课堂上进行一次小练习，及时掌握学生对知识的了解程度。应用场景：直接导入 Word 试卷；进行屏幕截图，可以将纸质试卷投影到教师机，直接进行练习；复制文字或者图片直接粘贴到文本框。

5. 客观题统计。教师在课堂提问客观题后，学生回答的答案会直接显示到客观题中统计。应用场景：选择题，教师提问一道选择题，学生直接进行 A/B/C/D 回答；判断题，教师提问一道选择题，学生直接进行√、×回答。

6. 主观题统计。教师在课堂提问主观题后，学生回答的答案会直接显示到主观题中统计。应用场景：主观题，教师提问一道主观题，学生可利用手写、输入、拍照的方式进行答题，也可以利用涂鸦功能直接在问题上直接涂鸦作答。

7. 其他功能。教师在课堂上可能利用到的其他功能。应用场景：设备控制，教师在设备控制里直接控制教室内的设备，如灯光；学生状态，可以查看学生的在线状态；发送文件，教师可以发送文件给学生；收取作业，教师选择收取作业后，学生可将文件直接传给教师；自主学习，教师可以控制课堂学生对电子书包的操作权限；开启网络，教师可以开始网络功能，学生可以利用电子书包进行网上阅读和学习。

智慧课堂教学过程中，课前教师通过图文、视频、音频、PPT、文档、Flash 动画等多媒体技术，制作导学案、课件、微课等备课内容，教师可以将教学课件、学案及微课视频等资源上传到教学云平台的导学本中供学生们预习、自主探究学习，培养学生的自学能力。参加集体备课后，借鉴备课组内其他老师的意见和建议，特别是根据教学云平台本班级学生的预习反馈情况完成的二次备课，这样的二次备课既保证了适应本班级学生的学情，又与学生的学习需要完成了首次教学过程的双向交互,然后教师再将调整后的备课资源重新上传至教学云平台的云备课中。同年级同科目教师可以选择共享各自的备课内容,实现网络学习空间教师备课资源长期共享。

智慧课堂教学过程中,教师通过智慧课堂系统中的"课堂练习"功能,及时了解学生的学习情况,实现了教学过程中教与学的双向交线,学生利用电子书包上的"涂鸦"或"拍照"功能作答上传,智慧课堂系统的统计功能立刻会生成检测结果的大数据,教师依据数据迅速掌握学情,确立在接下来的讲解中点评要点、难点及易错点,并通过智慧课堂系统的"屏幕广播"功能,将讲授内容推送到学生电子书包上,实现课堂信息在电子书包与黑板之间同步直达。学生通过小组合作,形成解题思路,并通过"教师提问"功能将答题数据即时回传到教师电脑上。教师通过"点播"的方式当堂批注,对问题进行精准讲解。通过智慧课堂教学系统,教与学实现自由双向互动,原来教学过程中的难点与痛点,迎刃而解,老师对学情的把握,对学习的过程控制都从经验提到了精准,真正让课堂教学实现了以学为主、以学定教,实现了学生是学习的主人的目标。

智慧课堂教学完成后,教师根据学生不同的基础和能力,在智慧云平台中向学生推送个性化作业。如果学习过程中有困难,学生可以在自己的电子书包上查看教师提供的参考和解析,查漏补缺,巩固知识网络,极大地提高了学习效率,就如同给每一位学生配备了一个随叫随到的高水平的学习伙伴。教师可以根据智慧云平台中的作业中心、班级学情和测验报告等模块提供的数据,及时了解学生的学情,形成学生个性化的学习数据分析,利用智慧云平台的选题组卷功能和大数据分析技术,根据学生需求智能推送评测内容,实现精准练习和指导。

虽然学校将基于电子书包支持下的智慧课堂模式总结成了"三段十步"法,但并不是每一节课都需要完完全全按照这十步的模式来走流程的,教师可以根据本节课的内容、课型以及学生对知识的掌握水平等对教学模型进行微调,也可以选取其中的几个步骤来完成某一节课的教学任务。

(二)智慧课堂的教学模式实践分析

基于电子书包支持下的智慧课堂的推进,给学校带来了翻天覆地的变化,学校总结形成了具有学校特色的智慧课堂"三段十步"模式,学校从硬件建设、教学方式、教师专业发展、学生个性化成长、"一课一网"资源体系建设等方面都取得了突出的教学实践成效。

1. 智慧教育教学改革需要坚持创新

基于电子书包支持下智慧课堂的构建在学校掀起了一场翻天覆地的变化,

给我们传统的教学方式、教学思想、教学行为、教师专业发展、学生个性化成长等方面都带来了巨大的变化，在这个过程中，我们有过曲折和困难，但我们师生把智慧教育改革坚持到底的决心一直未变。

（1）智慧教育教学模式下，教与学思想上的转变

学校成立信息化推进办公室，校长亲自担任主任，由教务处和信息处的两位中层担任副主任，成员来自教育教学的各部门，强力推进智慧教育教学工作。为了发挥骨干教师的引领作用，学校先后成立两批名师工作室，成员有近百人，占全校教职工的1/3。学校先后评选三期信息技术应用带头人培养对象，成员有169人，占全校教师的1/2。利用"走出去，请进来"的培养方式，学样先后派出6批次人员，百余位教师去上海华东师大和江苏镇江中学等学校进行技能培训和参观学习。

在智慧教学云平台和智慧课堂系统应用于课堂教学的过程中，正因为学校的先行一步，有许多学校和单位慕名而来，已有海南、广东、江苏、河南、河北、江西、上海、天津、甘肃及省内百余个学校和单位的千余位专家、领导和教师来学校指导、调研、考察、交流。学校始终以包容的心态、开放的胸襟热情接待每一个团队，与每一位来访嘉宾进行深入交流与探讨，虚心听取他们的意见和建议，分享学校特色的智慧教育成果。

云平台、大数据、移动终端……当信息技术以"井喷"的方式覆盖我们的生活时，中小学课堂却依然在"传统模式"下低效运转，丰富的网络学习资源依然被拒之于学校藩篱之外，多维学习时空与传统课堂之间还隔着一堵"墙"。如何打通信息化教学的"最后一公里"成为每所学校必须破解的难题，我们给出的解决方案是以互联网技术为基础、以"三平台三系统"为载体、以"智慧课堂"为核心，建设"智慧校园"，奠基幸福人生。[①]

（2）智慧教育教学模式下，教与学行为上的转变

智慧教育教学模式下，学生的学习从被动接受到主动探究的转变。"智慧课堂"教学提倡通过主动探究来获取知识，使学生的学习活动不再单纯地依赖于教师的讲授，在这种主动探究的教学模式下，教师努力成为学习的引导者、参与者、协作者、促进者和组织者。学生的主动探究使得部分问题在课前自主预习中已能独立解决，而未能解决的问题和新生成的问题在课堂上提交学习小组，由小组成员合作探究解决，交流学习成果。如果组内仍有不能解决的问题，则将问题示于组外，进行组间合作交流，如果仍不能解决，则提交教师，由教师

---

① 莫寿田.论中小学智慧校园无线网的建设方案［J］.中国新通信，2020，22（14）：69.

集中讲解答疑。与此同时，教师在课堂上巡回指导，发现问题，了解学情。这样的课堂，能充分调动学生的积极性，让学生乐于参与、主动参与，变"要我学"为"我要学"，实现从被动接受到主动探究的转变。①

（3）智慧教育教学模式下，教与学活动从单向传递到多边互动的转变。"智慧课堂"教学强调学生和教师在合作交流中学习。它主要是以自主探究、合作学习、小组活动为基本形式，充分利用师生之间、生生之间的多向交往、多边互动来促进学生学习，挖掘学生学习潜能的教学方式。该模式通过创设和谐民主的师生关系，倡导团结、互助的良好学习氛围，在动态开放的课堂中，通过师与生、生与生的交流、协作，使学生的情感得到有效激发，思维得到及时疏通并始终处于兴奋状态，从而将教学活动推向深入；在课堂中充分发挥学生的主体作用，提高学生整体参与的热情，从而使每个合作成员都能在已有基础上共同达成学习目标，并在"学帮互助"的交往互动学习方式中实现整体提升。

2. 教师专业发展需要与时代同步

教师是人类发展的工程师，教师在教育发展的进程中占据了举足轻重的地位。在学校实施智慧课堂建设的过程中，随着互联网技术、新媒体的广泛使用，教师的教和学生的学都发生了极大的变化。教师专业发展不能与时代同步，我们培养的学生将如何适应社会，如何跟上时代，如何成为国家的栋梁？这是我们教育工作者必须思考的最紧迫的问题。

（1）智慧课堂中教师存在的问题分析

智慧教育教学工作开展过程中，也有少数老师没有真正认清信息技术与学科教学融合的大趋势，信息技术辅助教学的观念意识和应用能力有待提高；部分老师的"一体化"意识欠缺，只满足于完成教学任务，没有主动进行教育和德育渗透，不能有效运用信息技术手段助力教学，制约了教育教学业务水平的进一步提高；教研室主任、名师工作室成员、教研组长等教学骨干在信息技术与课程整合教学应用的示范榜样作用还未有效充分发挥，评价机制的激励作用也有待改善。基于学生、基于平台的科学高效自主的教学模式还没有真正建立起来，少数教师满足于现成的经验和模式，缺乏理性创新和担当意识；优质教育教学资源的建设、筛选、评价和推广应用还跟不上智慧校园的高品位发展的步伐，应进一步加大力度；智慧教学平台、智学测评系统等各类网络教学资源的应用有待进一步加强，智慧教学平台中导学本资源需要进一步筛选、梳理，

---

① 李科峰，李勇帆. 基于 QinQ 技术优化中小学智慧校园网的设计与应用［J］. 网络安全技术与应用，2019（10）：105-107.

保证资料质量逐步提高。

如何评估上述问题背后的原因，因教学方式转变带来的观念和认识不统一、不协调、有误区成为智慧教学推进中必须面对的问题。因为只有先解决观念和认识层面的问题，才能切实解决操作层面的难点，实现教与学两方面的调整磨合，最终保证推进智慧教育不偏离方向，少走弯路，也避免简单应用出现的工具化倾向；同时，作为教育信息化和智慧课堂的实施主导者，只有教师个人真正认可并得心应手地应用，才能实现智慧教育的"行稳致远"。

（2）智慧课堂模式下教师发展的对策研究

从黑板到白板再到电子书包，当下智慧课堂教学改革无疑已进入"深水区"。智慧教育教学模式尚在探索和完善当中，不可能一蹴而就，过程中可能还会有反复，对于新事物、新变革、新技术，我们需要有足够的耐心。智慧教育教学资源的建设也是一个不断充实完善的过程，目前来看，不可能有最好的资源，只会有最适合的资源，所以优质校本智慧教育教学资源的建设还是当务之急。[1]

学生自主学习和个性化学习习惯的培养，以及对网上学习资源的有效利用，也要有一个学习和适应过程，在此过程中更需要老师的指导和引领。智慧教育教学模式对教学的促进作用已达成共识，但因为高考指挥棒的作用，社会、学校以及上级教育主管部门的考核的标准短时间内不会根本改变，我们还需要继续努力提高智慧教育教学的水平，赢得社会和学生及家长的认可。

五、智慧校园一卡通系统

中小学智慧校园一卡通系统是一种新型数字化校园管理项目，以学校校园网为载体进行建设，集身份识别、校内消费、校务管理、金融服务为一体。它不仅是数字化校园系统的重要的有机组成部分之一，而且是数字化校园的基础工程，是教育信息化建设的基础支撑点。该系统可以提高学校管理的效率，通过一卡通系统对学生的考勤、课程选择、图书借阅等信息进行统一管理，大大减轻了教师和学校管理人员的工作负担。同时，一卡通还可以与学校的电子门禁系统相结合，实现更加便捷、安全的校园出入。

智慧校园"一卡通"是集金融与校园管理功能为一体的多功能卡。一是"银行卡"。其具有普通银行卡的金融功能，为学生缴纳学杂费等提供便利。学

---

[1] 徐洁，李畅，郑舒以，等. 智能时代中小学智慧校园建设的意义、内容与路径［J］. 黄冈师范学院学报，2023，43（5）：18-21，32.

生或家长只要通过网银或手机银行向卡中转入足额现金，或到自动存款机存入足额现金，就可实现学杂费的银行代扣。二是"支付宝"。持卡可实现校内就餐、饮水、购物等消费。三是"借书证"。作为电子借书证，方便学生图书借阅。四是"考勤机"。学生出入校门、教职工会议等刷卡考勤。五是"通行证"。对各会议室和学生公寓等进行门禁管理。

智慧校园"一卡通"的五大功能几乎涵盖了师生校园生活的每个细节。目前学校校门的门禁系统已经安装完成，车辆通过车载蓝牙与门禁系统连接，开车出入将自动升降门挡；学生非正常时间外出都要刷卡，班级、姓名及出入时间等信息会自动记录；学生晚上回宿舍管理，刷卡考勤，多少人没到，是哪个班级的，在哪个宿舍，网上数据一览便知，宿管人员也不用天天晚上挨个房间点名了；功能用房则设定了权限，如会议室，教研组长预约后，可直接刷卡进入，不再需要由专人开关门。①

随着技术的进步和成本的降低，在校园中某些场所，我们又采购了人脸识别设备，比如，食堂就餐、图书借阅、宿舍管理、学生考勤等岗位，学生不再使用卡，只是完成人脸识别验证就可以了，这样更加方便了师生的校园工作、生活和学习，也避免了拿错卡或用错卡的情况发生而造成数据采集错误的发生，而且通过刷脸确认，不仅提高了工作效率，也确保了数据的准确性。

以下提供一个基于人脸识别技术的学生考勤管理系统应用范例，请读者参考。

一、学生考勤管理系统建设的背景

随着教育信息化的发展和普及，中小学教育管理也面临着转型和升级的需求。为了提高教学质量和教育管理效率，加强学风建设和教学秩序，培养学生的责任感和自律意识，中小学需要建立一个科学、规范、便捷、高效的学生考勤管理系统。

国家、省、市相关政策也对中小学教育管理提出了新的要求。例如，教育部办公厅关于印发《基础教育课程教学改革深化行动方案》的通知，要求中小学加强课程质量监控，提升课程实施效果。各省、市层面也出台了一系列的政策文件，鼓励和支持中小学推进信息化建设，提升教育管理水平。

当前随着科学技术不断发展的支持下，人体特征分析技术作为身份快速识别的最新应用点日渐成熟，人脸识别技术在各个领域得到了广泛应用，如安全监控、金融支付、医疗健康等。在教育领域，传统的学生考勤方式如手工点名、

---

① 刘卫明. 中小学智慧校园人工智能应用研究[J]. 教学与管理，2022（18）：32-35.

刷卡等存在效率低下、易受外界干扰等问题，一直是中小学学生管理的痛点，因此利用人脸识别技术进行学生考勤管理逐渐成为一种需要和趋势。①

现有的学生考勤系统存在一些弊端，如成本高、可移动性差等。但随着技术的进步，这些问题已经得到逐步解决。基于人脸识别技术的学生考勤管理系统不仅可以提高考勤效率，还可以为学校提供更加智能化、多样化、灵活性更高的管理手段。

在这样的背景下，基于人脸识别技术的学生考勤管理系统应运而生，为中小学校提供了一个集自动化、数据化、智能化为一体的高效的学生考勤管理系统。对于各中小学校人流量大且人员集中的考勤应用特点来说，基于人脸识别，高采集量、高准确率为结果的高效率考勤系统，无疑是最佳选择，基于人脸识别技术的学生考勤管理系统可实现在线请假、课堂点名、出勤统计、考勤查询、家校通知等功能，满足学校、老师、学生及家长等不同用户的功能需求。

二、学生考勤管理系统建设的主要内容

基于人脸识别技术的学生考勤管理系统是一种利用计算机视觉和人工智能技术对学生进行考勤管理的系统。该系统通过摄像头捕捉学生的面部图像，然后使用人脸识别算法对图像进行分析和处理，以识别出学生的身份信息。最后系统将学生的身份信息与数据库中的数据进行比对，以确定学生是否出勤。要实现以上的工作流程，必须事先完成基础平台的建设，主要包括硬件和软件两方面的建设内容。②③

硬件方面：项目采用了人脸识别技术作为考勤方式，每个学生在入校时进行人脸登记作为身份标识，每个教室安装一个人脸识别摄像头作为考勤设备。人脸识别技术具有快速、准确、无接触、安全等优点，可以实现自动化、智能化的考勤过程，避免了传统的人工点名或者刷卡等方式的缺点，如耗时长、误差高、易破坏、易伪造等。

软件方面：项目一般采用 B/S（浏览器/服务器）架构，设计一个基于 Web 的学生考勤管理系统，使用 Java 语言开发后台服务端程序，使用 Android 开发前端用户界面程序。系统采用 MySQL 数据库存储数据，使用 Spring Boot 框架实现

---

① 李鸿章. 教育信息化 2.0 视域下中小学智慧校园建设困境与智能化校园构想［J］. 中国教育信息化，2020（23）：76-80.
② 李军. 基于大数据的中小学智慧校园建设研究［J］. 电脑知识与技术，2021，17（8）：120-121.
③ 聂庭芳，胡成. 中小学"智慧校园"建设视域下的智慧教学模式探索［J］. 当代教育论坛，2021（3）：81-88.

系统的快速搭建和部署，软件系统主要包含以下几个功能模块：

1. 请假系统模块。实现了学生在线请假申请和审批流程，支持不同类型（事假、病假等）、不同时长（短期、长期等）、不同范围（单节课程、多节课程等）的请假操作。请假信息通过短信或者邮件通知相关老师，并在考勤过程中自动识别，请假结果通过图表或者报表展示。

2. 考勤系统模块。实现了学生课堂考勤的自动化和智能化，支持不同方式（进入教室、离开教室等）、不同状态（正常、迟到、早退、缺勤等）、不同维度（个人、班级、课程等）的考勤操作。考勤信息通过人脸识别技术实时采集，并与请假信息进行匹配，考勤结果通过图表或者报表展示。

3. 后台管理模块。实现了系统的数据维护和优化，支持对学生、老师、班级、课程等基础信息的增删改查，支持对人脸识别摄像头等硬件设备的配置和管理，支持对请假、考勤等业务数据的备份和恢复。

4. 数据统计和分析模块。实现了考勤数据和记录汇总和分析，通过图表等多种分析手段，让管理者直观得到考勤数据，为学生管理提供数据支持，发现数据的规律和问题，及时调整管理策略和手段，优化管理方式，让师生在校园里更加安全舒适地学习和生活。

使用以上系统来完成基于人脸识别技术的学生考勤，要经过以下具体的工作流程事先完成初始数据的采集、预处理、特征提取、模型训练等环节的准备，然后再由相应硬件基础和软件平台系统支持，才能完成基于人脸识别技术的考勤，具体实现工作流程如下：

1. 准备数据集。首先需要收集大量的学生面部图像数据，这些数据将用于训练人脸识别模型。可以从学校的学生照片库中获取这些数据，或者要求学生在系统中上传自己的照片。

2. 数据预处理。对收集到的图像数据进行预处理，包括缩放、裁剪、旋转等操作，以消除图像中的噪声和畸变。同时还需要对图像进行归一化处理，以便于后续的特征提取。

3. 图像特征提取。使用深度学习算法（如卷积神经网络），从预处理后的图像中提取面部特征，这些特征可以用于后续的人脸识别任务。

4. 识别模型训练。将提取到的面部特征与学生的身份信息进行关联，构建一个人脸识别模型，可以使用监督学习算法（如支持向量机、随机森林等）对模型进行训练。

5. 学生实时考勤。在学生上课时，通过摄像头捕捉学生的面部图像，然后使用训练好的人脸识别模型对图像进行分析和处理，识别出学生的身份信息。

最后将识别出的学生身份信息与数据库中的数据进行比对,以确定学生是否出勤。

6. 考勤数据记录。将每次考勤的结果记录在数据库中,以便后续的查询和统计,同时可以将考勤结果发送给班主任、任课教师和家长,以便他们了解学生的出勤情况。

7. 异常问题处理。对于无法识别的学生面部图像,可以设置一个阈值,当识别结果与数据库中的数据相差超过该阈值时,认为该学生未出勤。此外,还可以设置一个异常处理机制,当连续多次无法识别某个学生的面部图像时,可以通知管理员进行有效处理。

8. 系统优化升级。根据实际使用情况,对系统进行优化和调整,以提高考勤的准确性和效率。例如,可以通过增加摄像头的数量、提高图像质量等方式来提高人脸识别的准确性;可以通过优化算法、提高计算性能等方式来提高系统的运行速度。

三、学生考勤管理系统在教育教学管理中的应用

案例一:某学生因为参加省级数学竞赛,需要请假三天。该学生通过手机登录系统,选择请假类型为事假,时长为三天,范围为所有课程,并上传了竞赛通知书。系统自动发送短信通知该学生所在班级的班主任和所有任课老师,请假申请已提交。班主任登录系统,查看该学生的请假信息,并批准了请假申请。系统自动发送短信通知该学生,请假申请已通过。在该学生请假期间,所有任课老师在进行课堂点名时,系统自动显示该学生为请假状态,并不计入缺勤次数。该学生在参加完竞赛后,登录系统,结束请假状态。系统自动发送短信通知班主任和任课老师,请假已结束。

案例二:某老师负责教授高二年级三个班级的化学课程。该老师通过电脑登录系统,选择考勤功能模块,在下拉菜单中选择化学课程,系统自动显示该课程的所有上课班级和学生名单。该老师在每节课开始前和结束后,使用人脸识别摄像头扫描学生的面部特征,系统自动记录学生的进入教室和离开教室的时间,并与请假信息进行匹配,判断学生的考勤状态。该老师可以在系统中查看和修改学生的考勤信息,并公布到学生端。

案例三:某班主任负责管理高二年级一个班级的学生。该班主任通过电脑登录系统,选择后台管理功能模块,在下拉菜单中选择班级管理,系统自动显示该班主任所管理的所有班级和学生信息。该班主任可以对学生信息进行增删改查,如添加新转入的学生,删除退学或者转出的学生,修改学生的基本信息等。该班主任还可以在系统中查看和审批学生的请假申请,如批准或者拒绝学

生的长期请假，查看学生的请假记录和状态等。该班主任还可以在系统中查看和分析学生的考勤情况，如查看某个班级或者某个学生在某个时间段内的出勤统计和详情，生成图表或者报表等。

基于人脸识别技术的学生考勤管理系统在实践中已经得到了广泛的应用。如新高考改革背景下的高中学校，针对选课走班教学模式的需求，研究并实施一种基于人脸识别技术的课堂无感考勤系统。这种考勤方式是通过教室已有的高清摄像头自动采集人脸数据进行的，整个考勤过程不需要学生刷卡、排队和人工干预。[1]

另外，基于人脸识别的课堂考勤系统，让学生通过人脸识别技术完成考勤签到操作，并将人脸信息存入数据库，全程记录每个学生每次的考勤情况。这一举措不仅提高了考勤效率，还提升了教学质量和管理效率。

在智慧校园建设中，越来越多的场景开始引入人脸识别技术，以人脸识别技术加持的人脸终端已经成为校园升级为智慧校园的首选。学校是人脸识别技术的重要应用场景之一，比如，用人脸识别技术实现电子卡身份标识，用来入校园、宿舍等场合，避免了卡片丢失、忘带、磨损等问题。

基于人脸识别技术的学生考勤管理系统在中小学校园中的应用已经越来越广泛。这种技术可以大大提高考勤的准确性和效率，同时也可以减少人为错误和欺诈行为的发生，为中小学校园安全提供了重要的技术保障和支撑。以下是一些基于人脸识别技术的学生考勤管理系统的实践应用：

1. 学生自动签到。学生进入教室时，系统会自动识别他们的脸，并记录他们的签到时间。这样教师就不需要手动检查每个学生的签到情况，从而节省了大量的时间和精力，让教师能更专心、更高效、更优质地完成教学工作。

2. 迟到和早退警告。如果学生迟到或早退，系统会立即发出警告，这样教师就可以及时知道哪些学生没有按时到达或提前离开，从而采取相应的措施，为任课教师对学生管理提供了有力的抓手。

3. 学生缺勤记录。如果学生没有在指定的时间和地点出现，系统会将其标记为缺勤。这样教师就可以准确地了解每个学生的出勤情况，从而更好地完成课堂管理，特别是在新高考模式下，高中学校开始的选课走班模式的学生考勤管理变得更有效，可操作性和实用性更高。

4. 考勤数据分析。系统可以收集和分析大量的考勤数据，帮助教师了解学

---

[1] 陈诗茵，施依娴，李婷枫. 可穿戴设备在中小学智慧校园建设中的应用研究 [J]. 软件导刊（教育技术），2019，18（11）：79-80.

生的学习习惯和行为模式。例如，如果一个学生经常迟到或早退，教师就可以找出原因并采取相应的措施，这对班主任的管理以及任课教师对学生学业成绩的升降分析提供了数据参考和支持。

5. 校园安全保障。人脸识别技术可以提高考勤系统的安全性。只有注册的学生才能通过系统进行签到，这可以防止未经授权的人员进入校园、班级以及功能教室或其他安全性要求较高的地方。

6. 无接触考勤。在新冠疫情等特殊情况下，人脸识别技术可以实现无接触考勤，减少人与人之间的接触，降低疫情传播的风险，以后对于中小学校园来说，这肯定是学生管理的有效手段和发展趋势。

基于人脸识别技术的学生考勤管理系统可以提高学生考勤的准确性和效率，同时也可以提高各中小学校的学生管理的安全性和灵活性，这是社会发展的需要，也是当前中小学校学生管理较为突出的问题。

四、学生考勤管理系统的成效分析

提高了考勤效率和准确性，节省了老师和学生的时间和精力，避免了人为的错误。根据实地调查统计分析，课堂上教师使用人脸识别技术进行考勤，平均每节课节省了三到五分钟的点名时间，提高了课堂时间的利用率。同时减少了考勤数据的录入和传输过程中可能出现的错误，保证了考勤数据的真实性和完整性。

增强了考勤管理的规范性和透明性，促进了学生的自律意识和责任感，维护了正常的教学秩序。根据学生调查问卷显示，项目的在线请假、课堂点名、出勤统计、考勤查询等功能，使得考勤管理更加规范化、标准化。同时使得考勤信息更加透明化、公开化、可追溯化，使得学生以及学生家长对学生的出勤情况有更清晰直观的了解，增强了学生的自我管理责任感和自律意识。

丰富了考勤数据的展示和分析手段，提供了多种图表和报表，方便了老师和学生的查询和统计。根据实际应用情况分析，项目提供了多种形式的考勤数据展示和分析功能，如饼图、柱状图、折线图、表格等，可以按照不同维度、不同粒度、不同时间段进行查询和统计。这些功能方便了老师和学生对考勤数据进行查看、比较、评估等操作。

实现了实时监控与预警，基于人脸识别技术的考勤系统可以实时监控学生的出勤情况，对于迟到、早退、缺勤等异常情况，系统可以自动发送预警信息给相关人员，包括班主任以及其他教育管理者，便于及时处理和干预，保证了学生考勤的处理效率。①

加强了数据分析和个性化教育,系统可以收集大量考勤数据,通过数据分析和挖掘,可以为学校提供有关学生出勤情况的统计报告,为教学管理提供有力支持和帮助。教师通过考勤情况,了解学生的学习习惯和行为模式,从而进行个性化教育和指导。

提高了安全性与隐私保护,人脸识别技术具有较高的安全性,可以有效防止他人冒名顶替签到,防止未经授权的人员进入教室,确保学生在校园内的安全。同时,系统在收集和利用学生信息时,会严格遵守相关法律法规,保护学生隐私。

总之,基于人脸识别技术的学生考勤管理系统在实践中取得了显著的成效,为学校教学管理提供了有力支持,为学校、教师、学生以及家长带来了诸多便利。

五、学生考勤管理系统实践应用中的问题分析

项目在中小学校实施过程中也遇到了一些实际问题,主要有以下三方面:

1. 硬件设备的配置和维护。项目需要为每个教室安装一个人脸识别摄像头,前期和后期都需要投入一定的成本和人力。同时这些硬件设备也需要定期的检查和维护,防止出现损坏或者操作失灵的情况,影响考勤的正常进行,还有系统维护和软件更新,以及初期培训和指导用户使用等。

2. 系统软件的安全性和稳定性。项目涉及学生和老师的个人信息和考勤信息,这些信息是敏感的和重要的,需要保证其安全性和完整性。因此,系统软件需要采取有效的措施,防止数据的丢失或者泄露,如加密、备份、恢复等。同时,系统软件也需要保证其稳定性和可靠性,防止出现故障或者崩溃,如测试、优化、更新等。

3. 用户使用习惯和反馈意见。项目是一个新型的考勤管理系统,与传统的考勤方式有很大的差异,需要用户适应和接受。因此,系统软件需要考虑用户的使用习惯和反馈意见,不断完善系统的功能和界面,提高系统的用户体验和用户满意度。

六、学生考勤管理系统的未来展望

基于人脸识别技术和网络技术的学生考勤管理系统,具有一定的创新性和实用性。但是,项目也还有很多需要改进和完善的地方,以下是一些未来展望:

---

① 潘勇,全丽莉. 中学智慧校园信息化学习系统的构建与实践研究:以华中师大一附中为例 [J]. 中国电化教育,2015 (2):70-77.

1. 采用更先进的技术进行考勤。人脸识别技术虽然有很多优点，但是也有一些局限性，如受光线、角度、表情等因素影响、容易被遮挡或者伪造等。因此，可以考虑采用更先进的技术进行考勤，如虹膜识别、声纹识别、心率识别等。这些技术可以提高考勤的效率和准确性，同时也可以增加考勤的安全性和仿冒难度。

2. 增加更多的功能模块和服务内容。项目目前只实现了基本的请假和考勤功能模块，还有较多功能模块可以增加，如奖惩制度、成绩管理、课程评价等。这些功能模块可以使得系统更加完善和丰富，同时也可以提供更多的服务内容给用户，如奖励优秀出勤学生、通报缺勤学生、管理学生的成绩信息、评价老师的教学质量等。

3. 扩大更广泛的应用范围和对象。项目目前只针对中小学学生进行考勤管理设计与分析，还可以扩大到其他教育领域或者其他行业领域。对于各行各业的人员管理都会有考勤管理的需求，可以借鉴本项目的设计思路和技术方案，实现更多的功能和服务，满足更多的用户和场景。

七、结语

项目主要介绍了一个基于人脸识别技术的学生考勤管理系统的设计与实现，主要包括项目建设的背景、内容、应用情况、成效分析、问题分析和未来展望等方面。方案具有一定的创新性和实用性，为中小学校教育管理提供了一个科学、规范、便捷、高效的解决方案。项目也还有很多可以改进和完善的地方，需要不断的进行优化和更新，以适应不断变化的需求和环境。期望项目方案可以为其他教育领域或者其他行业领域的考勤管理提供参考和借鉴，促进基于人脸识别技术的考勤管理系统的不断发展和进步。

六、智慧校园安防监控系统

中小学校园安防监控系统是一种为保障校园安全而建立的现代化数字安全防范系统。它可以通过视频监控、入侵和紧急报警等方式，对学校室内外的重点防范区域做到实时监控、智能报警，最大限度地减少各种安全隐患。

根据新国标《中小学、幼儿园安全防范要求》，针对学校重点防范区域，布局多种安防子系统，其中视频监控系统，入侵和紧急报警系统可对学校室内外的重点防范区域做到实时监控、智能报警，这样的系统是当下中小学校园必备的安防措施。①

一般在安防监控系统的中控室里都有巨大的墙面电子显示屏上，可以同时显现全部或部分实时影像，或采用轮播技术在有限屏幕上轮流展播全部画面，保证监控人员实时监控到所有摄像头和监控点。透过密布的"电子眼"，校园里的每个角落都尽收眼底。这里的值班人员说："我们24小时值守，所有的画面可以随时切换到相关负责人的手机上。"

校园安全是学校管理的头等大事。最早学校开始建立的第一代校园安防监控系统，还是模拟摄像头，只能实时监看和有选择的录像，当时一般摄像头只分布在校门口和校内主干道。目前新一代校园安防监控是全数字人工智能高清摄像系统，7×24小时无间断录像，事后查找和取证都变得非常方便，按要求配备了大容量数据存储服务器，所有摄像头的录像都能存储90天以上，还有关键部位如校门口、重要点位都配备了人脸识别摄像头，可对录像中的人进行识别和跟踪，还可以设置白名单和黑名单，对非白名单中的人员入侵或黑名单中的人员入侵，系统将会自动触发报警机制，与值班人员或安全负责人的手机取得联系。按照学校的整体规划，学校建设了智慧安防监控中心，保证了全校师生的工作生活和学习等各项活动有条不紊地进行。

以下提供一个与安防监控系统联动的智慧广播系统案例，请读者参考。

案例名称：智慧广播系统

一、智慧广播系统建设需求

"百年大计、教育为本"，学生的成长和教育问题，是政府、学校、家长以及全社会广泛关注的问题。校园暴力和一些意外伤害事件的频繁发生让家长和学校防不胜防，也为青少年的健康成长带来了不和谐音符。如何建立一套智慧高效的安全防范系统，杜绝校园内的安全隐患，成了学校亟待解决的问题，社会和家长最关心的问题，数字平安校园建设迫在眉睫。②

学校的智慧广播主要作用是满足学校上下课铃声播放，多媒体教学以及课余时间播放校园节目，丰富学生课外活动。同时满足中、高考时英语听力考试要求，还能与消防进行联动，火灾应急情况下可以进行紧急疏散，利用校园广播系统可以内部调度指挥、校园应急指挥和远程调度等。

---

① 郑建忠. 构建智慧校园 促进教育教学管理：以湛江一中培才学校为例 [J]. 电脑知识与技术, 2017, 13 (34)：158-159, 162.
② 冯晨，王翠. 浅谈智慧校园建设 [J]. 中国新技术新产品, 2016 (24)：145-146.

二、智慧广播系统建设标准

从投资合理、外观美观、设计规范出发，分为日常广播和紧急广播两个系统设计，在功能上互相独立，在设备及器材上有机结合。根据规范要求，紧急广播的控制具有最高优先权，并采用智能的联动和自动火灾报警广播方案。

实用性：系统设备立足于用户对整个系统的具体需求，最大限度地发挥投资的效益。

先进性：系统的结构和功能应具有先进性和成熟性，避免了因技术陈旧造成整个系统性能不高和过早被淘汰。

可靠性：保证系统运行的稳定性和安全性。保证重要信息不致破坏和丢失。

开放性：系统应具有良好的开放性，并提供标准接口，可以根据用户需求对系统进行扩展和升级。

兼容性：系统设备的选择要以先进性和成熟性为基础，同时考虑兼容性，避免因兼容性造成系统难以升级和扩展。

标准化：进行设备选择时，应符合国际、国内标准设计，避免因新技术不支持而造成设备淘汰。

（一）设计思路

根据听力考试广播系统需求，在广播系统选型上首先需考虑设备的稳定性和系统的稳定性，高考听力广播系统架构采用数字 IP 广播与模拟广播双系统备份设计，对于系统架构主要核心设备须采用备份机制，使系统的稳定性加强，对听力广播系统确保万无一失，同时在扬声器和线路设计中同样也考虑备份设计，教室须采用双扬声器设置和线路双备份设计；保证每个教室在单个扬声器和单条线路出现故障时，听力广播系统能正常运行；机房广播系统电源考虑双电源机制，考虑 UPS 紧急备用电源，确保停电时设备正常工作不间断。

一般校园面积比较大，广播设计范围涉及单元比较多，同时根据用户要求，校园广播系统要与校园其他系统兼容，利用校园网络进行传输，组成一套数字化、智能化的校园信息系统。为此在设计校园广播时，我们对比各种解决方案，最后选择用数字 IP 网络广播系统进行设计一套基于校园网络传输的全数字 IP 网络广播系统。

传统的广播，普遍采用音频或调频方式。音频广播受到电压、功率、阻抗等因素影响，传输距离短、频率低，易受干扰，系统扩展性差。调频广播在调制解调中引入噪声，设备老化、频点偏移也会导致信号失真。基于音频和调频传输的可控制的智能广播，受传输方式的限制，也只能以分区、分组的方式实现控制。缺乏独立的节目源，导致广播功能不能满足个性化的应用需求。IP 网络广播解决了传统广播系统存在的传输距离短、音质不佳、维护管理复杂、互动性能差等问题。

数字IP网络广播系统采用当今世界广泛使用的TCP/IP网络技术，将音频信号以IP包协议形式在局域网和广域网上进行传送，彻底解决了传统广播系统存在的音质不佳、维护管理复杂、互动性能差等问题。该系统设备使用简单，安装扩展方便，只需将数字广播终端接入计算机网络即可构成功能强大的数字化广播系统。[①]

功能方面：可独立控制每个终端播放不同的声音。不仅能够完全实现传统广播系统的基本功能，如定时打铃、分区播放、喊操、消防报警等基本要求，而且还具备音频自由点播、教师安排节目播放等功能。

传输方面：音频传输距离无限延伸，轻松实现分校区广播和领导校外远程广播。即使远在国外，声音也能清晰流畅，犹如现场亲听。非传统模拟广播系统所企及，具有绝对优势。

音质方面：达到立体声和CD级，适合于教室里的日常外语听力训练，每个发音都清晰可辨。特别是应用在中考、高考、大学四六级听力播放中，可以有效提高学生听力部分成绩，不再为含混不清的声音所困扰。

节目播放方面：各个区域要求能同时播放不同的节目，采用传统广播系统很难满足实际使用需要，IP网络广播系统内置强大的服务器，服务器可以存储上万首歌曲，可满足至少上千套节目同时播放。

（二）设计目标

学校的智慧广播系统主要作用是满足学校上下课铃声播放，开展多媒体教学，课余时间播放校园节目，丰富学生课外活动等。整个校园广播设计可实现以下目标：

(1) 实现集中式及分布式控制功能；

(2) 自动播放音乐；

(3) 广播寻呼功能；

(4) 点对点广播播放功能；

(5) 教室终端备份功能；

(6) 多音源播放；

(7) 校园广播站；

---

① 李辉波. 构建智慧"大脑"促进学校数字化转型发展［J］. 人民教育，2022（22）：61-63.

(8) 远程播控；

(9) 求助对讲；

(10) 电话广播。

三、智慧广播系统建设内容

(一) 设计概述

数字 IP 网络广播，利用网络通信 TCP/IP 协议的优点，采用基于现有的 LAN/WAN 网络来建设，安装时无须单独布线。基于 IP 网络的节目传送，解决了传统广播系统存在的线路功率损耗、节目单一、控制方式落后、广播信号传播单向性等弱点。作为 IP 网络广播系统，通过基于网络的通信，单独设置系统服务器和通信终端，通信终端通过网络与系统服务器连接，采用基于网络传输的数字 TCP/IP 通信协议，基于网络数字音频技术，将音频信号以数据包形式在局域网和广域网上进行传送，再加上 ITC 独有的核心处理服务器，结合人性化的操作硬件，组成一套纯数字传输的远程 IP 广播系统。解决了传输区域大、传输难、音频信号损耗高等问题，保证系统传输质量更好，系统更稳定；系统采用多级服务器管理，减少网络带宽影响，满足工程中多点控制、多级控制、终端数量多等使用需求，整个系统最大支持上千个一级服务器、上百个二级服务器以及高达上万个的远程音频终端，该系统结构清晰，只需将终端接入计算机网络即可构成功能强大的数字化通信系统，系统采用嵌入是数字服务运行，采用基于 Windows 数据库的运行数据，后台数据库运行，不受病毒数据破坏，保证系统稳定、可靠运行；系统实现每个接入点无须单独布线，轻松实现计算机网络、数字视频监控、电话通信的多网合一。

数字 IP 网络广播系统采用独立的系统服务器，借助网络硬件设备，数字 IP 网络广播系统还可以与监控、门禁、消防系统、信息发布系统等融为一体，解决多套系统合为一起，方便使用和操控，达到多个系统合为一体。数字 IP 网络广播系统采用数字压缩技术，每套音乐节目占用带宽为 128K 左右，每套对讲节目占用带宽为 35K 左右，在一百套节目同时播放时最多占用带宽不大于 10M，对于上千兆的网络没有任何影响。

(二) 具体配置

学校智慧广播系统是一套纯数字音频广播系统，严格按照设计要求，结合相关设计标准和建设图纸进行设计，满足背景音乐播放、信息广播、广播通知、听力考试等使用需求，系统的总服务器设备设于消防监控室。在消防监控室安装系统的总主控设备、音源设备、消防紧急联动设备、广播呼叫设备、周边设备等，消防监控室的系统服务器是整个系统的总服务器，承担整个系统的运行通信，对整个系统进行广播寻呼控制，背景音乐播放控制，支持广播系统数据和音频的传输，支持系统定时播放、终端点播、临时插播、消防紧急广播等系统服务器功能。同时提供高品质的背景音乐，背景音乐包括有CD播放器、数字调谐器、PC播放器等。在各个楼层的弱电井设置安装IP网络终端功放，IP网络终端通过网络交换机与消防监控室IP网络广播系统服务器连接，音频IP网络音频解码终端主要对来自服务器的控制信号和音频信号进行实时解码和播放，把数字音频信号转换成模拟音频信号传输给功率放大器，最后传输到前端音箱，由音箱放声，整个学校广播具体配置如下：

1. 广播中心配置

广播中心设置于学校智慧广播项目的控制室，学校广播系统设备主要由服务器、音源设备、话筒、消防联动设备以及周边设备组成。

（1）服务器主要由T-7700N组成，把软件安装在工控机上组成服务器，服务器是整个广播系统的核心部分，用于所有网络数据交换和处理；系统服务器主要对整个系统进行广播寻呼控制，背景音乐播放控制，支持广播系统数据和音频的传输，支持系统定时播放、终端点播、临时插播、消防紧急广播等系统服务器功能，通过控制软件进行文件播放、临时广播、设置定时广播、建立音乐节目库、设置日常背景音乐播放等功能，软件采用密码登录，确保系统安全。

（2）配置缓存服务器T-7200D，自动存储手机播控端从云服务器调取的音频信号，并会进行分析判断，在存储空间不足时，删除访问频率少的音频资源，将需要频繁访问的网络内容保存下来，以提高内容访问速度，减少网络播放的延时。

（3）音源设备主要有DVD等，作为系统辅助音源，可播放CD、DVD、高清USB音频信号，同时可播放无损音频文件，保证高考听力考试音频安全播出。通过软件的采播，可以播放到每个楼层或所有楼层，T-6201用于音频信号放大和混合，把音频信号输出给系统采集终端，用于采集播放节目。

（4）话筒设备主要由寻呼话筒T-7702A、广播话筒T-621A组成，桌面式寻呼话筒可以对各个区域进行对讲和广播，广播方式可以采用单个区域或多个区域的广播。广播话筒T-621A用于紧急广播，在紧急情况下进行广播讲话。

（5）周边其他设备主要由IP网络音箱T-7707、电源管理器TS-830D、机柜等组成，配置电源管理器TS-830D用于定时控制设备电源打开和关闭，可以定时给音乐设备供电，用定时采集节目到指定区域播放，给其他设备定时上电和断电。配置IP网络音箱T-7707通过服务器软件的控制，可以利用有源监听音箱监听到前端各个区域的节目播放内容和播放音量大小。

（6）消防联动设备主要由采集器 T-7723 组成，系统配置采集器 T-7723 由消防系统提供短路触发信号，采集器可直接联动消防系统，紧急情况下停止背景音乐播放，启动紧急广播。

（7）通信设备主要由 IP 语音网关 MX8A-4S/4 组成，短信、电话和移动手机接入广播系统，实现远程广播通知等功能。

2. 校园广播站

在校园设计校园广播站，主要设计分控软件 V2.03、PC、调音台、话筒等设备，设计两只 TS-338 话筒用于学生做校园广播使用，网络寻呼话筒 1 台、IP 有源监听音箱 1 对，设计 1 台调音台用于给话筒进行供电、提供音频接口、调音效果等，设计 PC 和分控软件用于音源信号采集。

3. 教室内

在学校教学楼的教室区域设计独立的 T-7707B IP 网络音箱，满足校园日常多媒体教学、英语听力考试、上下课打铃和校园广播等使用功能。

4. 教室外综合楼及其它楼内

在教学楼公共走道区域设计壁挂扬声器，扬声器选用 T-601 音箱，布置具体 20 米左右一只，整栋楼公共走道作为 1 个广播分区，满足上下课打铃和校园广播，每层设置一个强切音控，强切音控到音箱采用 RVV2×1.5 喇叭线，强切音控采用 RVV3×1.5 喇叭线引入弱电间功放，整栋教学楼公共走道作为 1 个广播分区，满足上下课打铃和校园广播。且当消防报警时，强切音控强切声音至最大。在每层楼梯口区域设置求助终端，一键求助、一键报警，求助终端采用 RVV3×1.5 就近取电，采用 CAT6 引入弱电间。

5. 餐厅及体育馆

在食堂就餐区域设计扬声器，考虑到食堂的环境噪声较大，扬声器选用功率需要大一些，设计音箱时考虑扬声器声压级足够，食堂采用 T-802 音箱，采用 RVV2×1.5 喇叭线引入弱电间，食堂按照楼层进行分区。在每层楼梯口区域设置求助终端，一键求助、一键报警，求助终端采用 RVV3×1.5 就近取电，采用 CAT6 引入弱电间。

6. 风雨操场

在校园风雨操场设计采用 45W 音柱，根据场地大小选用 4 只，采用壁挂安装方式，采用 RVV2×1.5 喇叭线引入弱电间，风雨操场进行独立分区。

7. 校园室外区域

在校园室外主干道设计音箱覆盖整个校园室外区域，音箱选用 45W 室外防水音柱，音箱采用壁挂安装方式，采用 RVV2×2.5 喇叭线引入就近弱电间，根据校园广播室外面积打下和布线，按照片区进行分区控制。

在校园室外主干道，在重要路口、人流集中区域或者危险系数较大区域设置求助终端，一键求助、一键报警，求助终端采用 RVV3×1.5 就近取电，采用 CAT6 引到交换机接入校园网络。

在室外运动场区域设计广播扬声器，分为室外看台区域和跑道区域，设计 4 只 45W 防水音柱用于覆盖看台区域，设计 8 只 120W 大功率防水音柱用于覆盖标准 400 米跑道区域，音箱采用立杆或建筑物上壁挂安装，看台区和跑道区各引一根 RVV2×2.5 喇叭线引到弱电间，整个室外运动场独立分区，设计时考虑无线话筒和天线用于本地讲话、14 路调音台以及啸叫抑制器用于音源混音及音频处理，同时考虑设计网络无线麦克风，无线话筒可以进行全校讲话使用，也可以用于远程控制音乐播放。

8. 听力备份系统

机房听力备份设备部署：智能控制主机、主备切换器、模拟备份主功放、备用功放、UPS 不间断电源等。

（1）主设备配置：

系统配置广播智能广播主机一台，作为广播系统的控制中心，主要对整个系统进行广播寻呼控制，背景音乐播放控制，配置远程话筒一只，为广播系统提供紧急喊话功能。

（2）音源配置：

听力广播系统音源主要考虑配置专业级光驱，用于听力光盘播放；广播服务器自带 U 盘接口，可播 U 盘内容。

（3）功放配置：

系统根据年级进行分区，每个年级为一个广播分区，每个分区配置一台定压主用功放，用于驱动分区扬声器设备，在功放设计同时考虑备份机制，功放采用多主机机制进行设计，当主用功放出现故障，系统能自动切换至备用功放进行工作，保证系统正常运行，功率设计考虑 1.5 备余量，保证功放功率充足。

（4）电源配置：

广播系统供电正常采用 220V 进行供电，为保证设备稳定性，在机房设备考虑紧急备用电源，配置一套 UPS 紧急电源。

（5）扬声器配置：

在前端教室音箱配置主要考虑音箱的音质效果和备用两方面，在教室选用 2 只 10W 木质音箱，与教室多媒体音箱共用，确保音箱音质效果，使学生能清晰听到听力广播。

四、智慧广播系统功能

（一）系统架构

广播系统设计覆盖学校项目的教学楼、综合楼、食堂、宿舍、操场、运动场、校园主干道等区域；广播系统按楼层，结合不同的功能区域对公共广播系统的使用区别进行划分校园广播分区，广播系统设计分为广播分区和教室独立控制，有系统架构图和具体点位表。

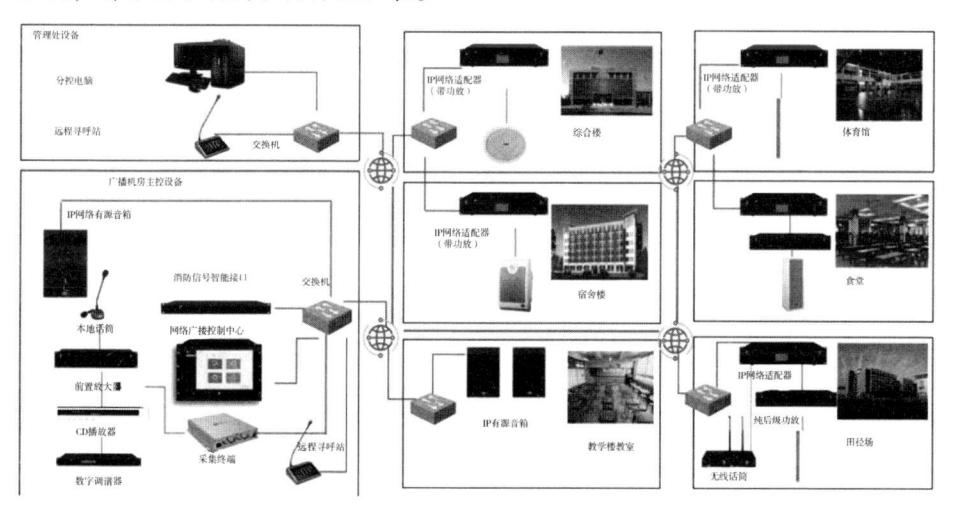

图 3-6 智慧广播系统架构图

（二）系统功能

学校的智慧广播系统主要作用是满足学校上下课铃声播放、开展多媒体教学、开展学校节目等使用，满足学校开展校园广播、多媒体教学等，课余时间播放校园节目，丰富学生课外活动，整个校园广播设计满足以下功能：

1. 领导网上讲话（直播）

系统支持各级领导网上讲话，领导无须到专门的广播中心，只需要通过办公电脑，便可使用麦克风对全校或对权限范围内任何一个年级、班级、教师办公室进行远程寻呼、开会、讲课等。

2. 背景音乐播放，上下课打铃

不同分区的网络终端通过系统软件设置可以实现无人值守、设定不同分区播放不同音乐。

3. 无线遥控功能

在室外运动场，使用网络无线远程遥控器，可以实现远程遥控，可以实现音源进行开始、暂停、停止等功能，无须到机房操作。

4. 任意分区管控

系统可设定任意多个组（分区），播放指定的节目；对任意指定的组进行广播讲话。数字广播系统可实现无限的分区，不会受到分区数量的限制，方便区域与功能的扩展。

支持多个远程软件操作系统（或 Web 登录），通过软件设置，每个楼栋或每个楼层只能负责本区域的各个网络音频终端，不能控制其他区域，修改重新设置非常方便。

5. 广播寻呼、通知

音源设备为话筒，讲话声音通过主机采集、处理后，输出到各个喇叭，称之为业务广播，或者业务寻呼广播，可进行远程寻呼或者本地寻呼，可全区广播喊话，也可以仅对某区广播喊话，例如，在学校里，可以对某班级进行讲话，其他班级的喇叭无影响。

6. 定时定曲定点播放音乐

可通过系统设置实现不同时间播放不同的上下课音乐打铃，让学生在课间不同的区域听到轻松的音乐，不仅可以放松紧张的情绪，并可陶冶情操，使学生德、智、体全面发展，丰富学生校园文化生活。

7. 定时打铃

支持多套定时打铃方案同时进行，每套方案均支持设置多个定时任务；支持一键启用所有方案、一键停用所有方案；支持一键停用/启用当前方案；支持一键停用/开启任务；支持在新建方案时克隆其他方案；支持批量修改任务的起始时间（提前××秒）、持续时间（××秒）、添加终端。

8. 保障听力考试

IP 广播备份终端内置 100V 定压信号备份模块，当网络异常时或设备断电时，自动从数字网络广播切换到模拟定压广播，模拟信号输出到喇叭，切换无卡顿、无延时，整个过程不掉字，符合高考听力考试备份系统需求，保证英语听力考试以及教学的正常运行。同时模拟广播提供 UPS 集中供电，确保不出现断电的问题。

9. 多音源播放

学校可根据实际需要对指定区域同时播放不同的音乐或广播通知，比如，在同一时间，在教学区播放眼保健操，在运动场区域播放广播体操，在相应教室播放英语听力测试等，可以灵活设置要播放的区域。

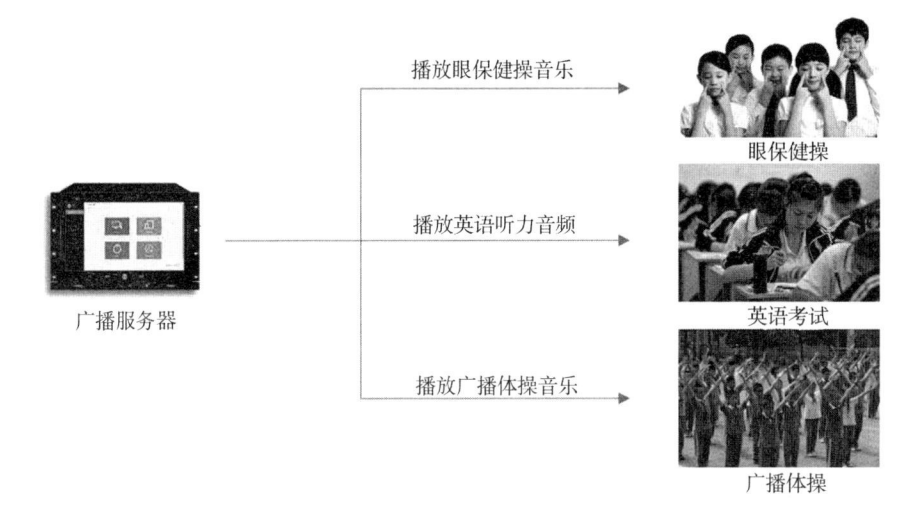

图 3-7 广播服务器功能图

10. 远程遥控播放

手机安装专用播放软件,通过无线 Wi-Fi 可将节目播放到任意一个终端或多个终端,远程操作节目播放暂停/恢复、停止、上一曲、下一曲、音量加、音量减等。

11. 定时巡更

定时巡更功能是 IP 广播对讲终端的一项扩展功能,常用于学校巡检,例如,学校要求每一个小时巡检一遍,设置定时巡更功能后,巡逻人员必须按指定时间到 IP 广播对讲终端位置打卡,否则系统检测到巡逻人员没有巡检,减少现场重新部署巡检监测系统。

12. 节目监听

可设任意网络终端作为监听器,监听其他网络终端正在播放的节目内容。

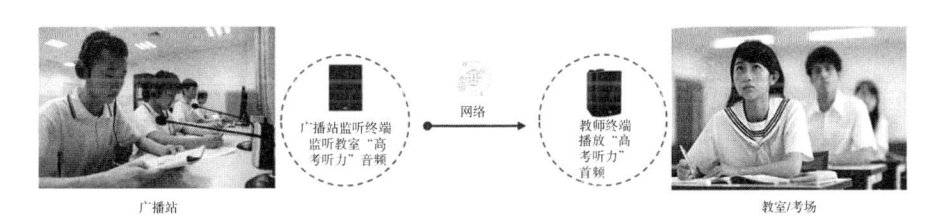

图 3-8 网络监听终端功能并行图

13. 报警求助

报警救助终端是平安校园重要的组成部分，在校园的重要区域设立监控和报警求助系统，能实时校园日常监控和紧急情况报警求助，求助点须具有环境监听功能。监控报警系统不但可以在学校监控中心进行监控和管理，还可以和110等联动集成。

五、智慧广播系统优势

（一）音质一流延时短

音质一流：网络传输节目音频音质接近 CD 级（44.1K，16bit）；五段均衡：对终端音质进行 5 段均衡器调节，可根据终端设备在现场使用环境进行终端输出音色修正调节；延时短：套节目占用带宽小于 130Kbps，音频网络传输延时小于 30 毫秒。

（二）系统稳定可靠

支持广播服务器双机热备功能，备服务器实时检测主服务器的工作状态。实现主/备服务器间故障自动切换，备服务器可完整代理主服务器的管理控制功能。

（三）传输距离远，减少信号衰减

利用网络传输，音频传输距离无限制；解决传统广播系统传输距离远，音频信号损失大，音质变差等问题。

（四）施工布线简单、扩展方便

无须独立另外组建网络，可与视频监控网络、计算机网络等多系统共网，减少施工成本；采用基于网络扩展架构，系统升级非常简单，只需增加网络终端和功放设备接入网络，通过服务器的配置即可轻松扩展。

（五）操作人性化，触屏操作，简单易学

图形化操作界面，简单易学；采用触屏操作，使用方便，同时也可外接鼠标、键盘；全面支持 Android、IOS、Windows 三大操作系统平台客户端。

（六）任务优先级自定义

系统支持用户自定义任务优先级；可对终端本地信息优先级、广播对讲优先级、音乐与定时优先级等，灵活匹配各种应用场所的应用需求。

（七）无限任意分区

数字广播系统可实现无限的分区，不会受到分区数量的限制，方便区域与功能扩展。

（八）文本转语音功能

内置 TTS 文本转语音功能，并可调语速快慢、设置男声/女声。

（九）电子地图功能

可导入任意工程平面图，在平面图上实时显示终端状态，并支持全屏显示，可输出到液晶电视等。

（十）听力考试备份延时低

终端断电切换时间为 0.3s，上电切换时间为 0.3s；终端断网切换时间为 0.3s；服务器断电断网切换时间 0.3s。可以真正做到断网断电秒切备份，无延时，无掉字，为每一场听力考试保驾护航。

（十一）平台整合、二次开发

提供 HTTP、SDK、Modbus 三种平台对接协议，每种协议都提供了详细的说明文档以及测试 demo 源码，方便二次开发，降低开发难度。实现与其他系统平台整合（如楼宇访客系统、监控视频系统等），增强扩展性。

以下提供一个基于北斗定位的校园智慧安防管理方案设计范例，请读者参考。

一、校园智慧安防管理方案设计概要

利用北斗系统的定位功能、短报文功能、扫描功能、大数据处理功能等，根据学校情况，在校园停车管理、校园安防巡逻、楼顶和院墙等安全区域防护、非校内人员入校管理等实际安防需要的领域，设计智慧校园安防管理系统，实现校园安全管理智能化，保障学校精细化管理和师生的人身安全。[①]

二、智慧安防管理方案设计的背景与目的

校园安全，特别是中小学校园安全是全社会关注的焦点之一。我们经常会看到媒体报道的校园安全事故，事故给受害家庭造成了极大的心理创伤，暴露了学校安全管理中的很多漏洞，包括：

1. 校园大多为非人车分流环境，汽车、电动车等乱停乱放乱行无法根治，严重影响校园安全与育人环境。

2. 校园安全巡逻需要 24 小时进行，耗费大量人力，但总有空档期而且管理人员无法准确监督其巡逻位置与频次，影响巡逻效果。

3. 无法及时监测楼顶、地下室等危险部位情况，无法及时提醒老师或保安等相关人员消除安全隐患。

4. 非正常进入校园人员，无法及时发现并进行制止，同时无法准确掌握其活动轨迹。

北斗卫星导航系统（简称 BDS）是中国自行研制的全球卫星导航系统，可

[①] 王园，马婷. 智慧校园视角下网上阅卷系统的实践现状研究：以 K 地区 X 中学为例 [J]. 数字技术与应用，2020，38（2）：212-214.

在全球范围内全天候、全天时为各类用户提供高精度、高可靠定位、导航、授时服务等。随着北斗全球组网的成功，北斗卫星导航系统未来的应用空间将会不断扩展，同时智能机器人巡逻设备进入市场、GSM与大数据处理技术不断完善，为填补以上校园安全漏洞提供了有力的技术支持。为充分利用新科技，填补校园安全存在的这些漏洞，做到安全、科学地预防，及时消除安全隐患，设计本管理方案。①

三、智慧安防管理方案设计的主要内容

建立校园安全智慧管理平台，综合处理通过北斗定位、监控、电子围栏、机器人巡逻车、停车场管理等采集到的数据，分析可能存在的安全隐患，通过平台报警、GSM短信或通话功能进行提醒处理，从而消除安全隐患。

（一）解决校园车辆停放混乱和安全驾驶管理方案

1. 工作准备。为本校师生车辆安装北斗导航定位系统，实现对这些车辆的定位管理。对停车场安装自动停车管理系统，实现对停车位的智能统计管理。

2. 停车位提醒：车辆驶入校门后，通过学校管理平台与GSM系统，向车主发送各停车场空余车位信息，提醒车主按规定存放。

3. 违规停车提醒。车辆距离校门30米，北斗定位系统开始启动对车辆的定位、监控（为避免车辆所属人员对车辆定位产生心理不适，同时减少数据处理量，驶出校门30米后则不再进行定位）。同时将停车场设为正常停车区域，当北斗定位系统检测到车辆进入正常停车区域，不做任何提示；反之，当车辆停放在正常停车区之外，平台将通过北斗定位、监控等采集到的车辆停放信息，以GSM短信形式将车主信息、车辆停放位置图片、提醒按规定位置停放及违规停放次数等信息发送车主和相关管理人员，提醒其尽快进行处理。

4. 违规行驶提醒。为确保学生安全，校内可设定禁止通行时间段和路段。当在禁止通行时间段、路段出现车辆违规行驶时，北斗定位系统开始工作，通过平台以GSM短信形式将车辆、车主信息发送相关管理人员和车主，提醒注意行车安全。

（二）解决安防巡逻监管管理方案

1. 对安防巡逻人员制作并配发带北斗定位的工作证，当安防巡逻人员进行巡逻时，北斗系统可准确定位巡逻人员工作巡逻轨迹、时间、频次，管理人员可通过电脑端和手机端随时调取这些数据，了解分析安防人员巡逻情况，对巡

---

① 潘勇. "互联网+"时代中学教师信息技术能力现状调查及提升策略研究［J］. 软件导刊（教育技术），2018，17（2）：14-16.

逻人员进行提醒和考核。

2. 购置机器人巡逻车，对学校主要道路、广场等进行循环巡逻，并适时向管理平台传送视频数据，便于安保人员及时发现安全问题，此举还可减少巡逻人员，节省安保开支。

（三）解决楼顶、地下室等危险场所监管管理方案

1. 采集教师和学生的人脸及个人信息，建立师生信息数据库。

2. 将所有楼顶、地下室等危险场所设立为重点监管区域，实现北斗对重点监管区域监控的定位管理。

3. 当有人进入重点监管区域，则通过北斗定位功能对此位置进行定位监控，将视频信息及时传送管理平台并对信息进行处理，若监测到进入重点监管区域之人为多次进入，通过平台、GSM向学校分管领导、安保、班主任等发送信息，并进行紧急提醒，以便及时发现处理安全隐患。

（四）解决非正常途径进入校园管理方案

1. 非学校人员从校门进入，通过人脸识别系统监测，及时提醒安保人员进行以下相关处理：（1）未经授权的非学校人员，及时拒绝。（2）临时联系需要获取授权的非学校人员，如学生家长、维修人员或教职工联系人等，需要及时联系班主任或后勤部门负责人以及相关教职工联系人，获取授权后持定位卡登记入校。（3）临时授权人员离校交回定位卡，这样就可对临时进入校园人员通过北斗导航记录其在校内活动轨迹。

2. 在校园院墙安装张力式电子围栏。当有人通过翻越院墙进入校园时，会触动电子围栏，这时通过北斗定位位置，将监控监测到的视频信息及时传送到管理平台，平台报警提醒安保人员进行处理，阻止相关人员非正常进入校园。平台系统自动将相关数据记录平台，作为安保考核数据。

四、智慧安防管理方案设计的相关技术应用

1. 北斗定位导航系统

北斗系统相比与其他系统具有以下特色：一是空间段采用三种轨道卫星组成的混合星座模式，与其他卫星导航系统相比高轨卫星更多，抗遮挡能力强，尤其低纬度地区性能特点更为明显。二是提供了多个频点的导航信号，能够通过多频信号组合使用等方式提高服务精度。三是北斗系统创新融合了导航与通信功能，具有实时导航、快速定位、精确授时、位置报告和短报文通信服务五

大功能。北斗系统已非常完善，在全球很多行业投入使用。①

2. 人脸识别技术

人脸识别技术原理简单来讲主要是三大步骤：一是建立一个包含大批量人脸图像的数据库；二是通过各种方式来获得当前要进行识别的目标人脸图像；三是将目标人脸图像与数据库中既有的人脸图像进行比对和筛选。根据人脸识别技术原理具体实施的技术流程则主要包含以下四个部分，即人脸图像的采集与预处理、人脸检测、人脸特征提取、人脸识别和活体鉴别。人脸识别技术流程如图3-9所示。

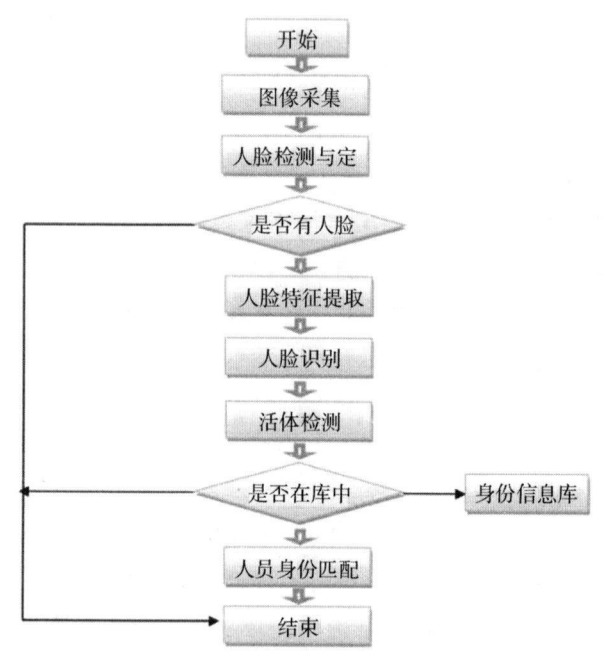

图3-9 人脸识别技术流程图

目前，人脸识别技术已经相当成熟，师生进出识别、教职工考勤识别、学生出勤及迟到早退登记、智能门开关、功能教室使用登记、食堂就餐等在学校都有应用范例。

3. 智能定位卡技术

基于北斗定位系统智能定位卡技术，可以实现持卡人的位置跟踪及路线数据还原，对于校内安保巡逻人员的考核以及校外授权人员的来访安全，实现了

---

① 郝启强，魏昕. 建设以支持学习为核心的智慧校园：南京市第十三中学红山分校智慧校园一期建设实践探索[J]. 中国现代教育装备，2018（20）：15-17.

安全可控，有据可查。

五、智慧安防管理方案设计的应用前景

学校是学生学习的主要场所，是学生获取知识、培养能力、提高素质的主要阵地。系统科学地实现学校师生及相关人员的出入校管理是保证各项教学计划有效落实和顺利执行的重要条件，是创造良好学习氛围、保证学校教学秩序稳定、提高教学质量的重要措施。

基于北斗定位的校园智慧安防管理系统，以北斗系统为基础，借助人工智能技术，以人脸识别技术为手段，彻底摒弃传统校园安防管理中人工统计管理的落后方式，解决学校以往安防管理工作中出现的安全隐患问题，为学校的智慧安防实施保驾护航。[1]

目前，全国各类中小学及幼儿园共有50多万所，在校生近3亿人。通过以北斗定位系统支持高新科技设备的强大功能，为校园安全管理插上智慧的翅膀，科学有效保障这3亿学生的在校安全，是整个政府、学校和家庭的责任，相信基于北斗定位功能的校园智慧安防系统的应用一定前景广阔。

第二节　基于电子书包支持下智慧课堂研究与实践

基于电子书包支持下智慧课堂的"三段十步"教学模式是在学校已有的硬件配置和软件系统的基础上，经过几年的沉淀和积累，在学校领导的全力推进下，全校师生在智慧教学实践中不断总结、提炼、修改而形成的具有学校特色的智慧课堂教学模式。

学校特色的智慧课堂是依赖于电子书包开展的，必须在基于电子书包支持的环境下实现，教师对电子书包的功能必须熟练掌握，如前所说，屏幕广播、学生示范、问题演示、学习批注、客观题发送统计与讲评、主观题的发送回收与讲评等，都与我们传统课堂的教学完全不一样。为此给老师分学科、分批次举行了多次电子书包教学应用培训，我们总结出了智慧课堂教学之十大应用，详细汇总操作步骤，注意问题，形成文件发送给老师们学习，以下是问题汇总。

机遇与挑战并存，创新与问题同在。在使用电子书包过程中，我们发现并积累了老师们提出的问题，老师们在智慧教学过程中思维创新的同时，出现技

---

[1] 张宇，程筱添，唐吉祯．智慧学校理念驱动下中小学教室模数优选研究［J］．工业建筑，2023，53（7）：52-63.

术运用上的问题和困惑是很正常的,在这些问题解决的同时,我们在此一并举出与大家分享交流,给老师们提供参考,以便更高效地进行基于电子书包的智慧课堂教学。

问题困惑一:我的PPT模板怎么和别人不一样?

解决策略:部分老师电脑中使用的office中的PPT软件,新建文件时,选择了原有的长宽比为4:3格式,我们教室里用的是新版,默认宽屏(16:9),导致课件在投影时左右会出现两条黑边。解决办法如下:步骤一:新建PPT文件→设计→幻灯片大小→选择"宽屏16:9"。步骤二:在"设计"选项卡,幻灯片板式,点击下拉箭头,选"保存当前主题"。步骤三:再次打开幻灯片版式下拉箭头,找到刚才保存的版式,点击右键,选择设为默认主题。特别强调:因录制和存档需要老师们执教智慧课堂公开课时使用学校提供的统一模板,学校模版下载地址:文件中转站→固定内容→信息技术应用→学校PPT模版。

问题困惑二:为何我的课总是讲不完?

解决策略:老师们习惯了使用PPT授课,常怕知识点讲不明白讲不透,往往会设计几十页乃至近百页的PPT,总想着多准备点,课上有时间就多讲点没时间就一带而过,就这样不知不觉自己的课就被PPT讲稿束缚住,经常出现马上要下课了却还有好多内容没有讲,无奈之下只能匆忙收尾,弄得手忙脚乱。建议老师们在使用智慧课堂系统上课时,课堂环节设计不宜过多,尽量控制在5个以内,PPT演示文稿页数控制在10页以内为宜,原课件中打算一带而过的知识内容和页面可以放入导学本中让学生根据需要自主学习,这样课上老师演示讲解的内容少了,学生自主学习探究的时间多了,师生对话交互也会更加充实。老师则由讲师变为导师,学生也由听课者变为真正的学习者。

问题困惑三:学生涂鸦拍照的图片如何屏幕广播?

解决策略:"教师提问"和"主观题统计"是智慧课堂中师生交互最常用功能,但是老师讲解点评时常会出现后排的同学无法看清楚其他同学拍照上传的内容。解决这一问题方法如下:步骤一:学生拍照上传后,老师点击"主观题统计"按钮,屏幕上会出现一个所有图片的缩略图。步骤二:不要着急打开某一图片,先点击"屏幕广播"按钮后,再双击需要点评展示的图片。请注意操作顺序,先点"主观题统计"再点"屏幕广播"再打开需要点评的图片。如果顺序错了,同样不能解决问题。

问题困惑四:课堂练习如何导入更快捷?

解决策略:"课堂练习"模块下的"导入试卷"首次打开时,窗口弹出得比较慢,为减少课上等待时间,老师们可以在智慧课堂系统打开后就提前打开一次这个按钮再关闭,等到真正课堂练习时,再点击"导入试卷"按钮,窗口会很快弹出。另外,为节省导入试卷和试卷设置的时间,老师们可以课前在办公室提前设置好课堂练习并导出 edu 文件,上课时进行课堂练习直接导入即可,无须再设置答题卡,节省上课操作准备时间。制作软件位置:文件中转站→固定栏目→信息技术应用→教学平台→智慧课堂备课软件。

问题困惑五:学生示范为何不能使用?

解决策略:"学生示范"的功能是用来在教师电脑上示范某一学生电子书包上动态涂鸦的过程而不是静态图片,因此学生拍照的内容属于静态图片,是无法通过"学生示范"来展示的,需要从"主观题统计"中点击查看。另外,选择"学生示范"前需要先点击"教师提问"给学生发送一个用于涂鸦的页面,学生电子书包接收到涂鸦页面后才可以进行涂鸦示范。

问题困惑六:学生观看微课后如何快速切换?

解决策略:在课堂环节设计中,很多老师会在课上安排学生进行自学微课视频、背单词、预习等活动,这些活动结束后如何快速切换到智慧课堂软件,再次把控学生电子书包成为很多老师的困惑。实现这一需求可以通过"扩展功能"中的"自主学习"按钮来完成,"自主学习"左侧图标出现红色停止标识时就代表现在教师端控制电脑无法进行自主学习,再次点击鼠标红色停止标识消失后,学生电子书包即可自由访问"教学云平台"和"我的应用"中的内容,再次点击教师端又可以控制学生电子书包了。

问题困惑七:学生收不到教师提问页面怎么办?

解决策略:因受无线网络环境制约,在老师点击"教师提问"向学生发送图片时,有时会出现个别学生接收不到老师发来的图片。遇到这一问题,老师可以对收不到页面的同学进行单独指导,让他们将电子书包断开无线网络连接后,再重连网络即可解决。具体操作有两种:一种是让学生重新启动电子书包,另一种让学生将电子书包调到"飞行模式"断网后,再关闭"飞行模式",两种方法都可以让学生电子书包再次自动连接网络,接收图片。

问题困惑八:课堂练习正确率全部显示 100% 怎么讲评?

解决策略:利用课堂练习进行检测时,如果出现无线网络信号不稳定或中途掉线的情况,在收卷后"分析报表"中的正确率偶尔会出现全 100% 的情况(此现象发生概率较小,属于系统 bug),遇到这种情况,老师们可以避开正确率,根据每个选项答题数量的多少来衡量学生正确率的高低。

问题困惑九:视频能否使用屏幕广播?

解决策略:因屏幕广播是在无线网络的情况下进行,在播放视频时会出现延迟，老师在播放视频时可以根据视频的连贯程度选择是否使用"屏幕广播"进行演示，flash做的动画视频可以正常使用屏幕广播进行播放，播放效果不会受到太大影响。

问题困惑十：还有哪些方式增加课堂教学的交互？

解决策略：除"教师提问"和"课堂练习"这两大常用交互方式外，推荐老师们使用的交互方式有以下几种：（1）利用云平台中的网络作业：在课堂上组织学生进行课堂练习时还可以利用网络作业进行。具体步骤：点击"拓展功能"中的"自主学习"，让学生通过电子书包登录网络作业完成题目，学生在做题的同时老师可以在教师机上登录到自己的教学云平台中的"网络作业"查看学生完成的进度和提交的答案。讲解时需要先关闭"自主学习"，切换到"屏幕广播"，针对云平台上显示的数据进行讲解。（2）收发文件的方式：在智慧课堂系统中，老师点击"拓展功能"中的"发送文件"可以把题目要求和内容以文件的形式发给学生，学生收到文件后，可以进行自由修改和创作，学生完成之后，老师可以点击"扩展功能"中的"收取文件"，收取学生的作业进行讲解点评。（3）分组讨论的方式：在智慧课堂系统中，老师点击"客观题统计"按钮会出现"分组讨论"选项，点击"分组讨论"后学生电子书包上即出现一个类似论坛形式的页面，同学们可以在此发布各自的观点，还能对所有人的观点进行点赞和回复。（4）充分挖掘"我的应用"功能：目前在学生电子书包的"我的应用"中增加了百词斩、猿题库、优答网、批改网、新概念英语、思维导图等很多教育类应用APP，老师们在上课时可以充分挖掘这些应用自带的交互功能进行师生交互，使整个课堂亮点多多，创意无限。

以上困惑和解答，我们会根据各年级各学科老师们的情况，有针对性地分期分批举行答疑和培训，让老师们在研究中学习，在学习中研究，快速掌握老师和学生手中的电子书包在智慧课堂教室中的应用技巧，充分发挥它的优势和作用，让我们的智慧课堂教与学真正智慧起来。

值得高兴的是，老师们都非常积极学习和研究，在很短时间内根据各学科教学的特点，总结出了智慧课堂的十大创新应用，在此我们也非常乐意分享给大家。

创新应用一：英语课上，英语老师将课堂检测环节改编成"我是大考官"，同样是拍照上传，之前的课堂设计多是老师出题学生做，而现在英语老师改变了设计思路，让学生通过小组合作现场出题，试题被拍照上传后再请其他小组来做，既调动了学生的积极主动性，又提升了他们学习英语的兴趣。

创新应用二：地理课上，地理老师的真人游戏环节让人耳目一新。老师走到教室中央，手拿教鞭扮演赤道，学生代表们手举电子书包扮演不同的季风，并根据各自运动走向进行现场模拟演示，形象生动地向其他同学展示季风的运动规律。在本环节的展示中，老师还巧妙地将学生手中的电子书包变为"指示牌"，用来标识每个同学代表的季风类型，如此精心的设计赢得了听课老师们的称赞。

创新应用三：语文课上，语文老师组织学生进行一场别开生面的唐诗宋词知识竞赛，从主持人与电脑操作员全部由学生独立完成，老师则退到学生座区担任裁判和评委。赛场上热闹沸腾，学生们在娱乐的同时既学到了课本中没有的知识又收获了无限快乐。

创新应用四：语文课上，语文老师每天上课前，先请一位同学登上讲台为大家进行精彩演讲，演讲稿由学生课前在电子书包上事先准备，演讲内容与本节知识紧紧相扣，通过演讲将课前预习与知识导入融为一体，整个课堂气氛也在演讲中逐渐高涨了起来，每日演讲预热课堂的做法很值得大家借鉴和学习。

创新应用五：化学课上，化学老师巧妙地借用实物展台进行实验现象的展示，整个实验过程和产生现象被清晰地投到屏幕上，后排的学生再也不用站起身来伸长脖子进行远远观望，实验结果清晰呈现，效果不言而喻。

创新应用六：物理课上，物理老师指导学生分组进行电磁实验，同时让他们将实验产生的数据通过电子书包涂鸦的方式即时上传到教师的电脑上，实验结束后老师对学生的实验数据进行针对性讲解，并指导学生如何调整实验方法避免误差，让学生们深深体会到实验规范性和实操性的重要。

创新应用七：政治课上，政治老师在发送课堂练习前特意安排学生齐声朗读本节所学的知识点，学生在朗读落实知识的同时，老师在讲台电脑上也完成了试卷的导入、设置和发送工作，只待学生朗读结束后发布测评命令。

创新应用八：生物课上，生物老师让学生利用橡皮筋在画板上模拟染色体的变化状态，将微观世界扩大化地摆在学生面前，让学生通过亲自动手，充分地感受和体验微观世界的神奇变化。此类演示虽借助电子书包涂鸦也可完成，但亲自动手实验演示印象更深刻。

创新应用九：数学课上，数学老师将几何画板工具引入了课堂，通过不断地调整图形的位置让学生观察数据的变化，达到了"数形结合好直观"的效果。另外有了几何画板这一得力工具，老师们还可以结合智慧课堂系统中的"教师提问"功能，将几何画板上呈现的图形和数据发送到学生电子书包上，与他们进行深入的探究和交互，从而培养学生良好的动手能力和思维习惯。

创新应用十：历史课上，历史老师运用思维导图进行课堂知识的小结，帮助学生用思维导图的方式进行学习内容梳理，增强了学生的记忆能力。还有老师也展示了思维导图的另外一种用法，老师引导学生动手将文章主旨和框架结构绘制在纸上形成思维导图，并通过拍照上传的方式提交展示不同的思维导图，充分发挥了学生的想象力，打开了学生的思路。通过以上两种用法可以看出：思维导图不仅仅是一个知识梳理工具，更是学生开展创造、培养思维的有益工具。

以上困惑与解答、创新与实践都来源于我们多年的基于电子书包的智慧课堂教学实践，我们做了全面的总结和梳理，期望给读者带来启发与思考，让我们的中小学的智慧教育发展得更好。

一、"三段十步"智慧课堂教学模式的基础

"三段十步"教学模式的基础主要包括：占据课堂主体地位的学生、占据课堂主导地位的老师；教师的教学用电子书包和学生的学习用电子书包；教学资源平台、智慧课堂系统、智慧测评系统、智慧黑板等。

在"三段十步"教学模式中，学生占据了课堂的主体地位，自主探究、小组合作和项目学习是学生个性化学习的主要方式。学生的电子书包既是学生的资源库，又是学生的上课工具，也是学生的测评工具，一物多用。

教师是智慧课堂的主导。占据主导地位的教师，看似在智慧课堂上轻松了许多，但其实教师要真正主导智慧课堂，需要付出的努力比传统课堂更多。教师需要给学生准备大量的资料、微课、测评题目等，为学生设计项目和任务，才能引导学生完成智慧课堂模式下的学习，这其实对教师提出了更高的要求。教师在整节课中，需要根据教学内容和教学环节选取合适的信息技术手段，这需要教师更高的信息技术应用能力水平。[1]

学校的教学资源平台是教师和学生线上交流的主阵地，为此，学校的老师们要提前搭建好"一课一网"资源体系，为学生提供丰富的教学资源，才能使学生个性化学习成为可能。教师上课的导学案、微课、PPT课件、扩展资料等全部上传到教学资源平台。为打造"一课一网"课程资源体系，全校教师充分做好集体备课、搜索资源、自制微课等，目前学校已初步完成数字化智慧教学资源体系化建设工作。

智慧黑板是教师上课的主要工具。智慧黑板中集成了智慧课堂系统，智慧课堂系统中集成了上课演示、当堂检测、课堂检测等功能，导入目标、自主导

---

[1] 何宇崧. 物联网技术在创建节约型校园中的应用思考[J]. 新经济，2021（3）：96-98.

学、合作探究、展示提升、精讲点拨、达标检测、课堂小结等都可以顺利完成。

学生的电子书包是学生与老师完成教与学交互的主要的学习工具。目前国内中小学校主要采用BYOD模式，即学生自带学习工具电子书包进入学校，开展智慧课堂学习，但在实施过程中，也遇到了很多问题，如自带变成了统一购买，即使自带也要再购买学校提供的数字化学习资源包等，这些问题都有待国家教育主管部门统一规范和要求来进一步落实，但我们有理由相信智慧教育的步伐会越走越大，越走越远。我们的建议就是继续推行BYOD模式，数字化学习资源由学校免费向学生提供，对于学校数字学习资源的建设，可以参考以上我们提供的建议，学校要坚持自建和购买两条路。购买外部优质资源，通过老师们的使用与借鉴改造，逐步积累完成适合本地区的本校学生的优质高效的校本数字化智慧化教与学资源库体系。

智慧测评系统，应用中也可以与手阅系统相匹配的，让学生在课堂上使用答题纸来完成课堂检测，手阅系统可以快速扫描试卷得出全部学生的分数和正确率，记录了每一个学生的每一节课的学习情况，节省了大量的人力物力，这样既完成了学生每一节学习的记录和积累，又符合考试相关要求，提供了锻炼的机会，同时也避免了一直使用平板造成学生手写能力下降的可能。大型测评年级会统一安排，小型课堂测验教师可以自主安排，教师可以随时随地用手机或平板及电脑阅卷及查看学生的答题情况，了解学生的学生情况，为教师及时掌握学情提供了极大的便利。①

二、"三段十步"智慧课堂教学模式的形成过程

基于电子书包支持下智慧课堂"三段十步"教学模式不是一蹴而就的，而是在不断实践改进中逐步完善的。2014年，学校的信息化建设刚刚起步，智慧课堂的概念还未形成，受限于当时的条件和对信息化的认识，学校采购教学平台主要是想解决课前和课后阶段学生无法进行自主学习的问题，并没有过多关注课中教学阶段。

伴随着学生可以随时随地可以使用电子书包来进行学习，学校意识到课堂才是教学的主阵地，要抓住课堂的主阵地。到2015年，学校的信息技术环境下的教学，中心逐步转向课中研究，教学平台也慢慢开始建立，教师讲授和学生练习相结合，与教学软件平台开发单位对接，开始开发符合学校需求的智慧课

---

① 宁飞虎. 不负韶华争朝夕 砥砺前行谱新篇：记郑州市第三十四中学［J］. 河南教育（教师教育），2021（7）：2.

堂系统，到现在为止也在不断完善中，目前智慧课堂系统已经更新到了 4.0 版本。2016 年，数字化教学资源的数量和质量都不能满足学生的需求，成为困扰教师的教和学生的学的主要问题。学校提出了以教研室为单位，构建"一课一网"资源体系的思路，着重开展智慧教学资源建设。2017 年，学校的智慧课堂已经大体成型了，归纳总结智慧课堂模式成了学校教育信息化工作的当务之急。在总结模式的过程中，发现了智慧课堂的构建及实践过程中存在的问题，进行了改进、完善和优化。

最终，在经过了各学科的智慧课堂模式总结，各种课型的智慧课堂模式归纳，学校领导大力推进，全校师生在智慧课堂教学实践中，不断研究探索实践，最终总结形成了"三段十步"智慧课堂教学模式流程。

智慧课堂教学流程：1. 设计学案。学案分为"课前预习学案""课堂巩固学案"和"课堂检测学案"。课前预习学案包括学习目标、知识点导航、自主探究和针对训练；课堂巩固学案是在学生预习的基础上在课堂上完成，通过小组合作学习的有效互动，实现"兵教兵"，加深对所学知识的理解。课堂检测学案检验学生本节课的学习效果。

2. 录制微课视频。这项工作基本与设计学案同步进行。围绕学生在预习过程中可能存在疑惑的知识点和针对性训练，录制多个微课视频，供学生遇到学习障碍时选择使用。微课视频时间不能过长，一般不超过 10 分钟，每个视频力求突破一个知识点，如讲清一道习题、总结好一个方法。

3. 通过多种方式共享微课资源。共享微课资源采取的方式主要有：放到学习网站的微课资源中去，供学生在线观看或下载观看；放到学校的文件中转站中，供学生下载使用。

4. 学生依据课前预习学案，结合课本进行预习，预习过程中做适量的针对性训练，当预习过程中遇到障碍时，可以观看相应的微课视频；若预习过程十分顺利，没有什么障碍时，可以不去看视频。

5. 上课前老师先回收学生做过的学案，初步掌握学生的预习情况。

6. 上课第一阶段。通过小组合作学习的方式，对预习过程中存在的问题先组内解决，组内解决不了的问题拿到课堂上由其他小组帮助解决。若各小组均没有提出问题，教师要依据学案的批改情况，对一些重要的知识点或习题进行提问，检查学生的预习情况。

7. 上课第二阶段。教师在学生预习的基础上，通过课堂巩固学案，适当拓展知识，提高要求；在学生自主学习的基础上，通过小组合作学习，加深对知识的理解，通过课堂成果展示，相互启发。

8. 上课第三阶段。通过课堂检测学案检验学生本节课知识的掌握情况。

9. 课后作业评测。根据学科特点布置课后作业与评测，教师及时检查学生的作业与评测的完成情况。

10. 课后反馈与答疑。根据作业与评测反馈情况，安排答疑解惑。

附：智慧课堂流程图。

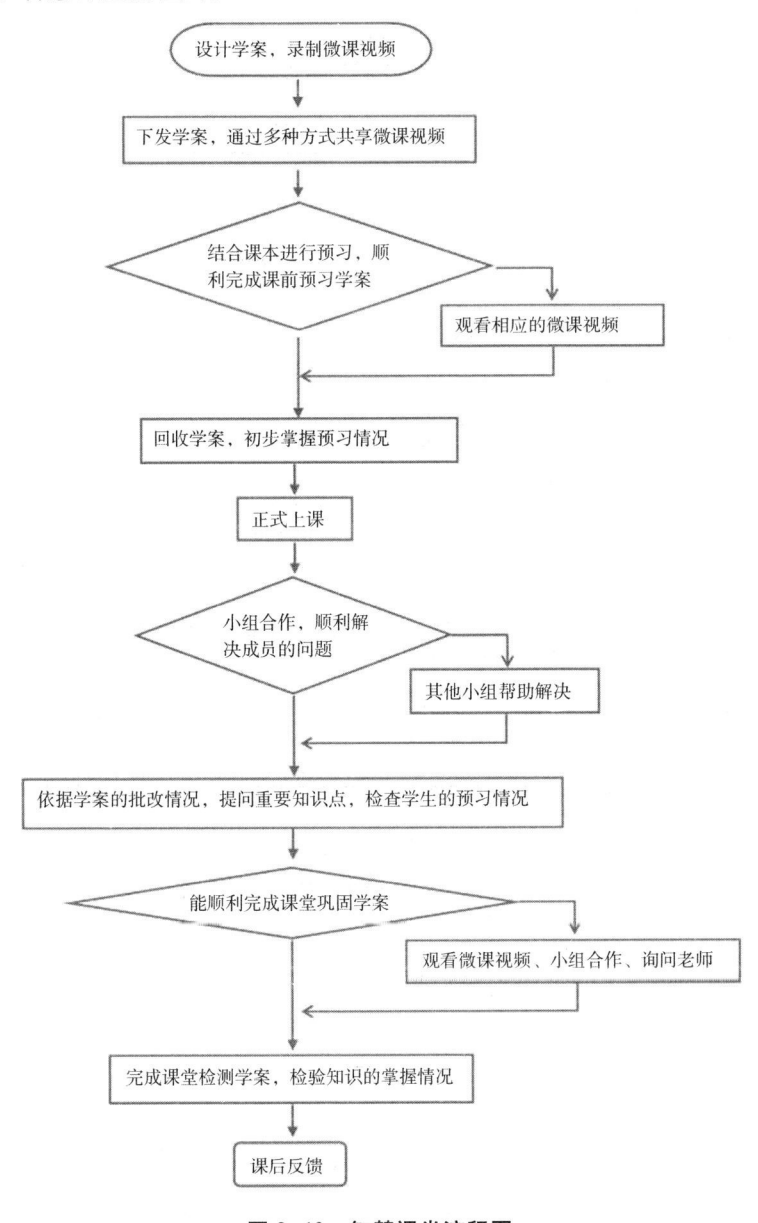

图 3-10　智慧课堂流程图

我们的"三段十步"智慧课堂教学法是非常灵活的模块化组合式教学法，可以根据不同的学科特点选用组合，也可以根据不同的环境选用组合。例如，在疫情延期开学期间，我们的教学采用的是线上教学，我们的教学模式就是依据"三段十步"智慧教学法，根据线上教学特点要求，调整为空中课堂进行网上直播+智学网布置作业+微课答疑等模块。

直播软件的应用对老师来说是新事物，许多老师都是主动承担直播课任务，从不熟悉软件到熟练应用软件，直到圆满完成任务。教师通过"智学网"布置作业，学生网上提交后，会立即得到标准答案和详细解析，有助于学生自查自纠；教师端会马上得到大数据反馈，对哪些题目需要再进一步讲解得到了大数据分析和支持。教师制作的学案、答疑微课上传到"教学平台—相应学科的导学本"中，教学平台发挥了很好的文件中转作用，方便学生获取个性化的优质学习资源。学校教学云平台中的海量资源和服务器的稳定运转是线上教学的保障。学校各学科网络学习空间的持续建设、普及和PAD一对一教学的常态化应用是线上教学的"粮仓"和后盾，我们对坚持深化建设智慧校园坚定不移。

学校秉持"先行一步，多做一点"的行动纲领，以持续推进学生全员BYOD进行"一对一"学习为主线，先后建成了智慧教室、智慧课堂、智慧管理、智慧评测等四个智慧学习子系统，走过了建设智慧校园、打造智慧课堂、推进智慧教育的艰难跋涉，逐步完成了教育信息化的"化人""化物""化式"的嬗变，率先在一所山城的中学呈现出习近平总书记提出的"人人皆学、处处能学、时时可学"的智慧学习新生态。

2013年，在市教育局智慧校园建设指导思想的顶层设计推动下，学校开启智慧校园筹备建设，成立校长为主任的教育信息化推进办公室，带领成员分批到北京、上海、广州等地考察，形成了初步的智慧校园建设规划，后期聘请专家对规划进行指导与完善，最终形成了学校特色智慧校园建设方案。随着电子书包的应用，数字化学习资源显得不够充足，除老师自主开发外，学校还采购大量优质的数字化学习资源，建成了各学科所有章节知识点的"一课一网"学习资源体系。

智慧教学云平台、资源云平台、办公管理平台、智慧课堂交互系统、智慧校园一卡通系统、智慧校园安防系统陆续建成，以"三平台三系统"为载体的特色智慧校园初步成型。2016年6月，学校对各个系统和平台进行底层打通，实现了一个账户单点登录和跨平台、跨系统、跨终端的无缝对接，各平台各系统实现互联互通。同年8月学校采购了智学网测评系统，实现了大数据支持下的精准教学。2017年，学校抓住山东省解决"大班额"工程这一机遇，建成90

间满足师生需要的具有一定前瞻性的"智慧教室",在大数据系统分析和支持下进行随时随地的个性化学习。2018年,学校建成拥有自主知识产权的信息化、智能化的现代化综合教学楼,融合了物联网、大数据、云存储等新一代信息技术的智慧化教育教学管理应用,实现了教、学、管、评的无缝对接。

智慧化教学承载于时代潮流中,有着一切新生事物拥有的强大生命力。智慧化教学打破了知识学习的时空界限,无论是在线答疑、课中反馈,还是课后回放,学习者更加系统清晰地明确知识要点,更加有效地解决了学习中的疑难问题。突破了班级的界限,学习者可以观看学习其他老师的资源,领略不同老师的教学设计,在"和而不同"中扩大视野,提升自我。[1]

三、"三段十步"智慧课堂教学模式的过程分析

教学资源平台的使用让学生利用电子书包随时随地学习成为可能,解决了在传统课堂中学生无法获得足够的教学资源,教师无法掌握学生课前自主学习情况的问题,使得学生的课前预习更为高效,教师也能够更好地了解学生课前预习中遇到的问题。

电子书包支持下智慧课堂模式,为学生的个性化发展提供了更广阔的平台。学校依托教学资源平台,构建了"一课一网"的教育教学资源体系,教师的课前导学案、课件、微课、题库等各种学习资源,以"课节"为单位打包,为学生自主学习提供了丰富的数字化学习资源。学生们按照自己的学习需求,可以实现随时随地使用电子书包学习,不受时间空间的限制,课前、课中、课后、周末和寒暑假在家也可以自主学习,为学生家庭节省了一大笔购买课外资料和参与额外培训的费用。

通过智学测评系统,教师可以了解到单个学生对知识点的掌握情况,可以选择性地给学生推送相关知识点的资源和习题;学校可以了解到年级全体学生或班级对知识点的掌握情况,由教研组对知识点进行补充讲解;学生可以了解到自己对知识点的掌握情况,然后有针对性地进行自主学习。举个例子,学校高三的一名学生对语文学科某知识点掌握不够精确,而这个知识点全年级的正确率在95%以上,一般来讲,这个知识点老师就不会在课堂上进行讲解了。然而他的语文老师发现,该学生在5次考试中这个知识点都出现了错误,然后语文老师给他推送了相关的知识点和练习题,学生自己通过电子书包进行了这

---

[1] 付凯. 以需求为依托 以应用为导向——华硕电脑服务成都普教智慧校园建设[J]. 中国教育信息化, 2014 (14): 92-93.

一知识点的特训，最终攻克了这一对他自己来讲的"知识难点"。

电子书包支持下的智慧课堂提高了学生学习的效率，效率的提高意味着学习所用时间缩短，学生有更多的时间发展自己的兴趣。学校教育处牵头组织了各种各样的社团活动，学生在课余时间可以根据自己的兴趣参加社团活动，促进自身德智体美劳的全面发展。

教师通过网络学习空间中自制的微课导学，引导学生课前自主探究新课内容，培养学生自主建构知识的能力。在上课过程中，教师的电子书包、教室的智慧黑板、学生的电子书包通过教室的 Wi-Fi 和智慧课堂软件链接在一起，能够实现"三屏互动"，教师的授课过程能够通过大屏的智慧课堂软件同步到学生的电子书包上，使每个角落里的学生都可以在自己的电子书包上清楚地看到教师的授课过程，解决了传统教学环境中因为光线、座位位置的原因导致的学生看不清黑板、影响上课进度的问题。比如，在化学学科，有很多需要做的实验，在传统课堂中只有前排的学生能够观察到，或者很多学生聚集在教师身旁来观看实验，但是，考虑到安全性等因素，教师有时会选择放弃实验。在智慧课堂中，化学实验的问题被很好地解决了，教师做实验的同时，找一个学生用电子书包进行录像，其他学生就可以通过"三屏互动"的方式在自己的电子书包上观看实验过程和细节，更加清楚和直观，教师也可以将录像内容直接上传到教学资源平台，方便学生课后重复观看。

传统课堂中，教师想要了解学生对知识点的掌握情况，只能通过学生举手表决，或者做作业批改来统计，这种统计往往是由教师主观方面进行的，没有可靠的数据支撑，特别是对于新教师来讲，了解学生的知识掌握程度往往是个难题。在学校的智慧课堂中，课堂开始时，利用智慧课堂中的课堂练习功能，教师导入课前准备的检测题，学生在自己的电子书包上限时作答并提交，系统会自动统计出答题正确率并显示每个学生的答题情况，帮助教师在课堂上掌握学情，及时调整教学策略，从而提高课堂效率，能够更有针对性地进行教学。

对于课堂中的重难点，教师电子书包的一键录课功能可以在教师讲课过程中同步录屏，将难点、重点录制成微课，便捷分享至教学平台，供学生个性化复习。教学资源平台给学生提供了丰富的自主学习资源，但是对基础较差的同学来说，他们更希望重新听一次老师在课堂上是怎么讲的，所以，将课堂上的讲课过程录制下来，放到教学平台，可以提供给基础较差的学生课后复习。课堂上空闲时间，教师还可以通过智慧课堂的自主学习功能，让学生利用手中的电子书包在课堂上学习教学平台中的知识，加大学生信息量的获取，开阔学生课堂学习的视野。

在数据方面，基于移动终端与课堂的对接，平台系统会记录分析学生学习过程的数据，如教师提问、课堂、导学本观看情况等，并上传保存在教学平台云服务器，供教师网络查阅，针对性施教。在大数据时代，数据就是宝贵的财富，在教育领域也是如此。学生在课前查阅知识点或者预习导学案的足迹会被记录下来，教师可以根据学生的查看时间、阅读时间等分析学生的学习情况，能够更有针对性地为学生推送教学资源，使得学生能够获取到自己符合自己需求的教学资源。学生在课堂测验中的问题，最终也会保存在教学平台中，日积月累形成学生自己的电子档案，在高三最后的查缺补漏环节可以起到非常关键的作用。往年积累的错题在教学平台后台会自动归纳为知识点错误，教师可以查看到每位学生的薄弱知识点，针对每个学生的不同薄弱点，有针对性地给学生推送题目和知识点，真正实现学生的个性化学习。

在传统的信息技术辅助教学中，电子白板容易被当作投影仪使用，浪费了电子白板的功能的同时，也打击了教师使用信息技术手段辅助教学的积极性。在学校的智慧课堂中，智慧黑板不再是单一的PPT展示工具，智慧课堂系统已经成为教师上课时必不可少的教学平台，不仅能够方便快捷地掌握学生学习情况的实时数据，还能使得教师可以集中注意力在传授知识和指导学生完成任务上，从而使教师的课堂可以更加高效，增加教师利用信息技术辅助教学的兴趣。

基于电子书包支持下的智慧课堂是以数据驱动课堂教学改革为核心，以教师为主导，以学生为中心，全程围绕"教与学"的过程智慧化展开。其中有四种智慧化教学模式可借鉴：

1. 数智化教学模式

运用技术手段打破传统教学模式，将优质素材以碎片化方式呈现，实现老师标准化、个性化的教学方法，从而实现数智化教学模式。对整个教学过程数据、结果数据进行汇总分析，从而形成教师、学生全体到个人的大数据分析。

2. 个性化教学模式

以AI分析差异、以智能精准推送、以大数据分析为基础的个性化教学模式。通过对学生行为数据的解读学生学习能力，通过对结果数据的溯源寻找知识点薄弱环节，为学生智慧推送适合的学习内容和巩固练习。

3. 翻转课堂教学模式

通过课堂主导角色互换的方式来实现翻转课堂创新教学模式，提高学生综合素质评价体系，以综合实践活动及学习任务驱动教学过程。

4. 素养课堂教学模式

通过系统提供多样化、体系化、智能化、具象化的课程服务，轻松打造素养课堂教学模式，以审美表现、思维创新数据为学生形成个人数据画像。智慧课堂在实践教学中也是"有招无式"的，教师可结合自身情况、学科特点、课型要求，进行与自己的教学相适应的智慧化创新。

总的来说，智慧课堂是以课堂为中心、教学为场景、效果为重点、数据为互通，实现教学能力和学习效果的双向提升。在电子书包支持下的智慧课堂中，教师为学生创设学习环境和学习策略，学生可以根据自己的实际做出选择，教师可以有更多的时间与学生进行互动、交流，关注学生的学习信息的反馈，引导学生更好地参与到学习中来；教学形式更为活泼，内容更为生动丰富，教学更有感召力与说服力，学生的学习兴趣更为浓厚，主动学习、积极思考、探索知识的内驱力更大了；借助技术手段，可以将一些抽象问题形象化，使教师教得轻松，学生学得容易，达到了突破重难点的目的，提高了教学效益；借助智慧课堂、智学测评系统等平台，可以更便捷地与学生互动，更好更全面地了解每个学生的学习情况，教学变得更有针对性，真正实现了"一对一"个性化学习。新高考模式要求下，学校如果离开了信息化选课平台，选课走班也将难以实施，我们已借助智慧教学平台在教育教学管理方面做了不少探索，积累了一些经验，同时师生的信息素养也在不断提升，这为新高考模式下新的教学方式变革的顺利实施打下了坚实的基础。

在学校的智慧课堂中，真正体现了教师作为主导者，学生作为学习主体的教学理念。学生利用电子书包中的资源，有充足的时间对所学知识进行预习和复习，采用小组合作的学习形式，根据教师布置的课前任务自主探究，将疑难问题留到课堂上与教师讨论解决。

在传统课堂中，教学评价的实施是难点。教师只能通过交纸质版作业、发放印刷版试卷等形式来评价学生本节课的学习成果，需要消耗大量的人力物力，还有师生的宝贵时间。为解决这一难题，学校引入智学测评系统，教师通过智学测评系统的智能组卷和答题的个性化评测功能，智学测评系统是"大数据标注题库"，题库试题资源丰富，可以实现市/校多级、各学科的试题协同制作、组卷和知识点标注，为学校评测命题和个性化学习推荐提供大数据支撑。

为了能够更好地使用智学测评系统，学校在每两间教室之间的谈话间安装了手阅系统，教师能够在最短的时间之内得到学生的作业测评结果，为教师掌握学生的学习情况提供了有力支撑。在学校教务处安装了网阅系统，每当有月考、期中考试等大型考试时，直接使用网阅系统集中扫描学生试卷，教师在办公室或者在家使用自己的电脑、手机或平板都可以进行批改，既提高了阅卷效率，又节约了老师们的时间。对于某些学科，比如，英语学科的作文，智学测评系统还可以进行智批改，教师批改10%左右的典型作文，系统就会学习自动批改打分，误差率极低。另外，学生提交的作文教师批改后，学生可以进行修改，然后教师再进行批改，学生再修改，批改的和修改的痕迹可以保留下来，学生能够更加清楚地了解自己需要改进的地方，也能清晰地看到自己的进步，日积月累可以形成学生个性化的学习数据分析。

教师可以通过智学测评系统的学情分析来了解学生的学习情况和错题情况，个性化推送学习和评测内容，实现精准教学。学生可以利用电子书包，在智学测评系统中查阅试卷及解析，找出自己学习的薄弱知识点，并选择系统根据自己考试情况推送的个性化习题包和专项练习进行补弱学习，提升成绩。家长可以通过智学测评系统家长端拿到学生每次考试的学科成绩报告单，了解学生的成绩变化情况，也能够了解学校的教学水平和教学质量，更好地促进家校交流和家校共育。[①]

学生利用网络学习空间可以随时记录自己综合素质评价的过程性数据，从思想品德、学业水平、身心健康、艺术素养、社会实践五大方面填写自我评价、收集佐证材料。在期末时，通过系统的"选入档案"功能直接将这些点滴记录上报到《高中学生综评档案手册》完成自我档案填写。

班主任及任课教师对学生提交的档案信息进行审核、评价，最后上传至"山东省教育云服务平台"保存归档。因《高中学生综评档案手册》将伴随学生的一生，就业、养老保险、政审都要用，而且还是高考录取的重要参考数据，《高中学生综评档案手册》的信息录入工作，家长和学生都十分重视，不仅明确自己高中时期的发展目标，更培养了学生总结反思能力，充分调动了学生的积极性、主动性和创造性，有效地促进了学生的全面发展。

当课堂教学模式确定之后，合理适时地利用课堂教学评价对操作策略进行检测就成了课堂教学转型改革成功的关键。因为只有对课堂教学策略进行及时评价，才能有效地对其实施的进程、效果等进行及时的了解和调整。针对"智慧课堂"教学的模式和特点，需要建构起多元评价主体，它包含教师自我评价、学生评价、同行评价、专家评价等方式。通过评价，将现在的课堂教学模式和传统的课堂教学模式进行比较，要关注"智慧课堂"教学在师生面貌、教学效果、持续发展等方面与传统课堂相比发生的显著变化，以事实成果来激励广大教师积极投身到课堂教学模式转变的智慧教学改革浪潮中米。通过信息技术与教育教学的深度融合，创造适合个体的教育，满足学生个性化学习和健康成长需要。

---

① 曾飞云. 深圳市中小学"智慧校园"建设状况研究 [D]. 深圳：深圳大学，2017：2-5.

第三节　智慧教育曲折前进路上的收获

智慧校园建成初期，学校领导大力行政推动，全校师生积极参与，信息处全体人员全力提供技术保障和应用培训，外请全国知名专家指导。驻足回首，学校教育教学管理各项工作发生了翻天覆地的变化，基于电子书包支持下智慧课堂的构建及实践取得了突破性进展和成效，其中：智慧教育中的"教、学、管、评"发生了重大变化，智慧课堂教育成果明显；全体师生教育信息化应用水平快速提高，育人质量显著提高；学校智慧课堂教学效率高，教育教学质量明显增强。

智慧校园全面建设推进应用过程中，学校智慧教育、智慧课堂、智慧管理、智慧教学资源建设等各方面都取得了标志性成果。

一、智慧教育发展规划初步形成

学校准备建设智慧校园项目前，我们充分考察、认真研究分析、向上级部门汇报、请专家来校指导、广泛征求师生和家长的意见。智慧教育项目首先得到了市教育局领导的大力支持和肯定，其次，在专家指导和引导下，与师生和家长充分交流沟通，广泛征求了意见和建议，最后得到了师生和家长的积极响应。经过多轮修改完善，最终形成了学校智慧教育发展三年规划，在规划的引领和指导下，我们开始了学校特色智慧教育实践项目。

（一）建设智慧校园的背景分析

学校数字化校园建设始于1998年，当年学校建成了有专业服务器组成的校园局域网。2000年，学校申请了100M光纤出口接入互联网，为学校数字化的发展奠定了基础。经过近几年升级完善，校园网建成以万兆为主干、百兆交换到桌面的高速多媒体网络。目前，教师人人配备办公教学电脑，所有教学点全部安装交互式智慧黑板等多媒体教学设施，拥有一个网络中心和七个专用计算机教室，为教育教学和学校管理提供稳定的信息化网络服务。

学校不仅重视数字化硬件环境的建设，还以信息化教育培训为抓手，促使教育教学的信息化落到实处。学校先后进行了Intel未来教育，信息技术初、中、高三级应用技术培训，交互式智慧黑板等信息技术校本应用培训。在培训过程中，积极开展信息技术与课程整合的实验，将技术应用逐步引入课堂，使广大师生切身体会到了信息技术手段在教育教学过程中所带来的高效和便捷。培训以智慧教学平台在教学中的应用为主,信息技术与学科教学实现真正融合,让教师认识到原传统的教学方式已经不能满足学生的个性化学习需求,学生主体的智慧课堂才是教育的未来发展方向。

(二)学校智慧化校园建设的优势

学校不仅接入了互联网,还申请了固定 IP 和域名,在校园服务器上实现了校园网站的对外发布,服务功能不受限制。目前,校园网站包含了 WWW 服务、FTP 服务、MAIL 服务等,特别是学校建立了校本智慧化学习平台,每个学生一个账号,学生可非常方便地在家登录学校教学平台上网学习,形成了有本校特色的智慧化校园学习平台。

学校有一支高素质的年青师资队伍,他们都拥有较高的教育信息化水平和能力,能较快地接受先进的教育信息化理念和思想,学校优越的硬件装备条件给他们提供了锻炼和成长的机会,激发了大家在智慧化环境中积极工作和学习的自觉性,为建设智慧化校园奠定了良好的基础。

(三)学校智慧化校园建设的意义

智慧校园的建设将促进传统教育观念的革新,改变学校教育的管理方式、思维和操作模式,推动学校教学、管理效率的革命性提高;智慧校园的建设将大力推进信息技术在教学过程中的普遍应用,促进现代化教育技术与学科课程的整合,落实课程改革,提高教学质量,推进素质教育;智慧校园的建设将促使教师成为整合信息技术与学科教学探索者,逐步实现教学方式的变革,有利于培养适应新世纪要求的,具有信息素养的高素质教师队伍;智慧校园的建设将使学生在信息化的环境中进行自主合作、探究学习,培养信息技术素养和创新精神,实现学习方式的转变,满足学生个性化学习需求;智慧校园的建设将提高学校各职能部门、各年级、各教研室和组的办公、教学、管理水平,提升学校智慧化办学环境。

(四)学校智慧校园建设总目标

智慧校园是以网络为基础,利用先进的信息化手段和工具,实现从环境(包括设备、教室等)、资源(如教案、课件、微课、视频等)到活动(包括教、学、管理、服务、办公等)的全面智慧化,在传统校园的基础上构建一个智慧空间,以拓展现实校园的时间和空间维度,提升传统校园的效率,扩展传统校园的功能,最终实现教育过程的全面信息化,从而达到提高教育管理水平和效率的目的。①

把学校建设成为校园人文环境与网络环境有机融合的智慧化校园,全体师生能够充分利用智慧化环境进行教育、教学、管理、学习等活动。构建起有线网络与无线网络双覆盖的校园网络,搭建起智慧化的学校管理平台、教与学的互动平台、教学资源管理云平台。学生自带学习终端参与交互式教学,加强翻转课堂的教学实践与研究,形成具有学校特色的一对一智慧课堂教学模式。

(五)学校智慧校园建设具体实施计划

1. 指导思想

通过硬件环境的建设,带动学校智慧化教育教学的发展;通过智慧化教育教学推进,完善智慧化环境的建设。同时建立各项管理制度,加以督促和引导,做到管理、技术、观念三位一体,即管理是基础、观念是关键、技术是保障,使三者有机的结合,不断更新,从而推动学校智慧化校园建设。

2. 具体措施

(1)完善管理体制和管理模式。学校成立数据中心,中心下设信息技术教研组、网络中心、电教组三个部门。信息技术教研组职能:信息技术学科教学,组织学生信息技术奥赛辅导,负责全校教师信息技术应用培训,为学科老师提供技术支持。网络中心职能:保障校园教育、教学数字化管理网络系统日常维护与功能研发。确保校园内部信息及校内与校外信息交互通畅。逐步在校园实施信息管理系统、多媒体教学系统(校园多媒体教学系统、教室网络多媒体教学系统)、图书管理系统、校园一卡通等系统的应用。建立符合教师、学生、家长需求的功能全面的校园网站。电教组职能:指导并督促学科教师构建完善学校的教学资源库(包括导学案、教学设计、课件、微课视频等)。保障电脑、多媒体设备、校园电视台(包括演播室、学生电视台、自动录播室)等设备的使用、维护与管理。

根据学校智慧化发展要求,在市、区教育信息中心的领导下,结合学校实际情况、学校特色、发展需求,成立以校长为首的学校智慧化校园推进办公室。主要职能:研究当前教育信息化走向,针对学校教育信息化需求,按照学校的办学思路,设计、指导、实施、推进智慧化校园建设。在智慧化校园推进办公室的指导下,成立学科支持工具的研究团队。根据学科特点,积极探索学科支持工具的有效应用,促进学科教学的智慧化。在建设过程中及时总结、积极探

---

① 李春一.中小学智慧校园建设中的地方政府监管研究:以X市为例[D].西安:西北大学,2022:3-6.

索学校智慧化建设的模式,充分利用学校教科研的优势开展相关课题的研究,形成具有学校特色的智慧化管理模式、教学模式及交流模式。

(2)完善智慧化环境建设。学校硬件环境建设规划主要分三步走。第一步完善学校教师教学智慧化环境建设。在为每个教学点配置交互式多媒体教学设备的基础上,每位教师人手一机或多机,构建起校园无线网络全覆盖。让老师们在学校网络环境下,快捷、方便地使用学校网络资源。第二步科研引领,逐步完善智慧化教育教学资源的建设,通过教学实践资源的开发和自建,以及外界优秀数字资源的购买,形成学校特色的网络资源,打造好教育教学资源云平台。第三步完善智慧化网络环境,积极开发整合,构建起管理平台、教与学互动平台,实现网络环境支持下的教育教学、管理考核、家校沟通、网上学习、教师培训、师生交流、生生交流全面智慧化。

(3)科研引领,努力推进应用。发挥科研优势,成立课题小组,教育的信息化服务于教育,而科研能引领教育。三年的应用推进,都以科研为抓手,首先做好课题的选题,然后充分使用信息化手段,实现课题的研究,从而推动学校智慧化校园建设的进程。充分发挥学科支持工具研究团队的优势,将学科支持工具的研究项目化、课题化,充分发挥他们的引领作用,积极探索适合不同学科的智慧校园环境下的课堂教学模式。

学校信息技术组成立了智慧教学平台课题研究小组,结合教学实践进行研究。目前,我们已经申请了校级和市级课题,下一步,课题组老师们将深入研究教学平台功能,推广带动学校所有学科在智慧教学平台下促进智慧课堂教学的发展,最终完成适合学校的智慧化特色校园建设的大课题。

完善师资校本培训模式,智慧化校园建设和应用,学校教师的培训是关键。要通过校本培训的方式,让全体教师都能感受到智慧化校园带来的变革。首先,通过交互式智慧黑板应用培训、数字实物展台应用培训,提高教师的信息技术应用水平,提高教师们对智慧化教学应用的认识,同时以课题组校本培训的形式推广教学平台和学科支持工具的使用,以点带面推进数字化的应用;彻底转变所有教师的教学理念,使其能主动使用信息化环境开展教育教学工作。

3. 具体目标

(1)加强面向"互联网+"的教师专业发展。加强"互联网+"教师专业发展队伍建设,培养信息技术应用学科带头人,促进骨干教师信息素养提升。邀请校外专家团队到校指导,探索信息技术环境下高效课堂教学模式,提高教育教学成绩,形成科研论文成果。

(2)持续推进智慧课堂改革。严格按课程标准和教学计划循序渐进地开展教学，探索建立培养核心素养的教学方式和评价方式。积极探索基于真实情境、问题导向的互动式、启发式、体验式等教学方式，加强跨学科综合性教学，推进基于大数据的精准教学，提高课堂教学效率，促进信息技术与教育教学的深度融合。进一步完善并用好教育教学资源，通过智慧课堂评比活动，带动各年级、各学科信息技术应用水平提高，常态化用好"三屏互动""课堂练习""手阅卡""作业纸""智批改"等微技能，推动信息技术与学科教学的深度融合，推进精准教学。进一步规范课堂教学、提高教学质量，开展青年教师"教学新秀"评选活动，激发青年教师参与课堂教学改革的积极性，提高教师的专业素养。

（3）推进智慧课堂的常态化。认真总结学校智慧教学经验，利用智慧教学跨时空、多资源、可重复等特点，探索适合学校实际的双师课堂模式。充分利用好学生自主学习时段，充分发挥智慧教学对促进优质教育资源共享、推进个别化教学等重要作用，有针对性地进行学法指导和学科答疑辅导。研究开发"空中课堂"的教育教学拓展功能和应用场景，实现教育资源共享，关注学生个性化差异，打破学习时间和空间的限制。促进教师进一步转变教育教学观念，推进教学方式改革，提高教育教学质量。

（4）构建一体化教学体系。筑牢学习根基，降低教学重心，吃透"课标"要求，做好精讲精练；夯实"双基"目标，培养良好习惯；建立学科思维，提升核心素养；做好生涯规划，指导学生健康成长。

（5）做好因材施教。确立阶段发展目标，整合重点难点，落实分层教学、分类指导，提高教学效益；转化潜能生，培养优生，发展中等生，提高教学质量；坚持问题导向，构建思维导图，深化学科核心素养；做好教学衔接，实现平稳过渡。

（6）学生培养目标。提高学生信息素养。掌握必要的信息科技知识、技能和能力；培养运用信息技术发展思维、学会学习、自主探究和合作交流的能力；培养学生在信息技术应用过程中形成的个人自律能力和个人对信息社会所应承担的社会责任感；培养学生在信息化学习平台上进行各种学科学习和应用能力；使学生在学习过程中能自主探索研究构建认知结构，网络环境下培养学生自主、合作、探究的学习能力。

（7）教师培养目标。提高教师素质教育能力，促进教师的专业化发展，提高教师进行课程和教育技术的整合能力，促进信息技术在教学中有效运用，提高教师利用信息化环境和设备，开展学校管理和教育教学能力。根据不同的需求灵活地和创造性地运用各种评价手段，全面真实地评价学生，促进学生发展。

4. 具体阶段目标

表 3-2　阶段目标规划表

时段	阶段规划			
	目标	任务	项目	培训
第一阶段	1. 建设市智慧化实验学校 2. 提高校园无纸化办公水平 3. 学生逐步实现个性化学习 4. 教学评价实现网络化	1. 完成校园智慧化教学平台的应用研究 2. 逐步建立数字化学习资源 3. 完善文件中转站FTP平台功能 4. 继续利用"微课"指导学生日常与假期自主学习 5. 进一步探索网络环境下学生个性化学习平台的建设和实验 6. 进一步推进全自动录播室、微课录制室有效应用 7. 进一步加强智慧黑板等技术在教学中的应用，不断提高教师在教学中利用率	1. 成立信息化推进办公室，完善学校办公平台的使用 2. 成立学校数字化课题研究小组 3. 完成学科网络资源管理平台架构 4. 建立教学评价考核系统 5. 各学科探索学科学习支持工具的使用 6. 在教学中探索实践"翻转课堂" 7. 完成部分教师电子书包配备 8. 主要功能用房与部分教室无线网络覆盖	1. 全体教师信息技术应用与教育教学理念培训 2. 骨干教师与部分学生信息技术应用能力培训

续表

时段	阶段规划			
	目标	任务	项目	培训
第二阶段	1. 成为智慧化实验学校 2. 校园数字化平台开发、题库建设、资源建设等初见规模和成果 3. 逐步实现教师教学方式与学生学习方式的转变，实现学生个性化学习 4. 教学评价全面实现网络化	1. 推广校园智慧教育教学平台的学科应用 2. 逐步完善数字化学习资源建设 3. 逐步完善网络环境下学生个性化学习平台的建设 4. 加强智慧教育云平台在教育教学的应用 5. 积极构建网络学习社区，满足学生个性化学习需求	1. 完成校园网的更新和升级 2. 各学科推广使用学科学习支持工具 3. 在教学中推进"翻转课堂" 4. 推进校园智慧化应用科研课题项目研究 5. 完善评价考核系统 6. 继续部分教师电子书包的配备 7. 学校无线网络全覆盖	1. 骨干教师完成教学设备数字化应用培训与考核 2. 骨干教师学科学习支持工具应用培训
第三阶段	1. 成为智慧化特色学校，形成具有学校特色的智慧化学习资源，形成各学科教师的智慧化教学特色，形成学校教育管理的智慧化特色 2. 校园智慧化平台开发、题库建设、资源建设等形成规模，完成成果展示和汇报交流 3. 实现教师教学方式与学生学习方式的转变，实现学生个性化学习	1. 建成系统的具有学科体系的智慧化学习资源 2. 完善网络环境下学生个性化学习平台建设 3. 积极探索学科智慧化题库建设及应用的研究，形成体系完整、覆盖知识点的学科题库	1. 完成智慧校园教育教学、行政管理、网上学习等功能的整合 2. 各学科总结使用学科学习支持工具的成果 3. 继续推进"翻转课堂"教学应用 4. 推进校园智慧化应用科研课题项目研究 5. 教师人手一部电子书包	1. 全校教师完成教学设备智慧化应用培训与考核 2. 全体教师学科学习支持工具应用培训

二、学校智慧教育发展初见成效

（一）学校教育教学管理全方位智慧化推进

以教育信息化带动教育现代化，2018年校园中两座崭新的现代化教学楼全面建成并投入使用，楼内90间未来教室全面建成，智慧黑板、无线网络、教学观摩、智学评测等系统相继投入使用，全校学生人手一台电子书包，在大数据系统分析和支持下进行随时随地的个性化学习。"小电子书包，教学大变化"，学生全部使用电子书包在智慧课堂环境下学习，奠定了学校的教育信息化应用全市领先，全省乃至全国一流的地位。2017年10月，全省教育信息化现场会学校作为全市高中唯一代表做典型发言，与会领导、专家给予高度评价。

2017年7月，学校在山东省第一批教育信息化试点单位工作中验收优秀，被确定为山东省教育信息化示范校。

（二）"智慧教育"在每位学生身上有效发生

自2017年学校被确定为山东省教育信息化示范校以来，学校领导积极开拓创新，推动智慧教育在学校落地生根、开花结果。除本项目研究作为课题的市级立项外，还积极参与了全国著名信息技术教育专家，华东师大祝智庭教授负责的全国智慧教育课题组，同时立项《智慧学习环境下教学行为的影响及对策研究》子课题研究。2015年6月15日，华东师大祝智庭教授等一行亲自到校为学校智慧教育实验校授牌，因为学校的智慧教育工作有特色有创新有成效，学校参与的全国智慧教育课题子课题《智慧学习环境下教学行为的影响及对策研究》在2018年3月顺利完成结题。

围绕信息技术环境下的"教与学"，探索构建混合式学习模式，自主研发适合本校的学习资源平台和课堂互动系统，全力打造智慧课堂，大力推进精准教学。开启"运用技术、聚焦课堂、打磨细节、提高质量"的课堂教学改革，持续推进全体学生"一对一"电子书包学习。从智慧课堂到智慧校园再到智慧教育，实现了教、学、管、评无缝对接，完成了教育信息化的"化人""化物""化式"的校园嬗变，率先实现了习近平总书记提出的"人人皆学、处处能学、时时可学"的学习生态。

三、基于电子书包支持下智慧课堂的实践成果

2018年6月，学校《信息技术撬动学校整体变革的实践与探索》教学成果获山东省教学成果二等奖。学校的教育信息化改革已经完成了第一轮，首批基

于电子书包支持下智慧课堂中成长的学子已经毕业，他们在高考中取得了优异成绩，刷新了学校的历史纪录。接下来，我们会持续推进第二轮、第三轮……持续推进学校智慧教育教学改革，为国家培养更多更优秀的社会主义事业接班人。

智慧教育实践中，师生有"法"可循、有"法"可依，才可以做到执行与落实，这里的"法"就是指的教学方法。刚开始无论是老师还是学生，都是摸着石头过河，所以为了让大家尽快找到智慧教育的"正法"，我们派骨干老师外出"取经"，回来后结合学校实际认真研究分析，制订出切实可行的教学流程方案，在面上给师生培训，过程中也根据学科特点、学生情况不断调整。

在电子书包支持下的"智慧课堂"中，学生人手一台电子书包，任课教师通过"屏幕广播"推送题目，引入本节实验课题。在实验操作环节，师生在前台边做演示实验，边"拍照留影"，借助电子书包的拍照上传功能，再把"留影"传送到每个学生的电子书包上。有的学生没看清楚或没看明白，通过电子书包发送请求，老师再通过"回放"的方式进行"点穴"式讲解，这一"实验+电子书包"的化学实验课模式，让听课的老师大开眼界，直呼"神奇"。

化学老师说："化学实验操作起来较为复杂，学生参与难度大。同时，呈现的现象往往是瞬间的，稍纵即逝。借助电子书包，既摆脱了分组实验的繁杂，又克服了演示实验部分学生看不到、看不清的尴尬，现在学生上课比以前活跃多了。"这是学校正式启用智慧教学云平台和智慧课堂系统以来的"智慧课堂"创新场景。

智慧课堂激发了老师们的教学创新能力，启迪着老师们的教学智慧，激励着老师们的专业发展，涌现了一批主动用、用得好、用得巧的老师。生物老师课堂上，让学生利用"涂鸦功能"在曲线上对根和茎的生长素浓度进行定位，然后根据每个学生的作答情况进行分析诊断、对症纠错。任课老师说："过去我们让学生画图，只能采用板演或纸上作图。前者只能看到板演者的答案，其他学生是对是错无法展示；后者受限于纸张大小，无法让全班同学都看到，也不方便进行点评。现在通过'涂鸦功能'，每个学生的答案都在电子白板上一览无余，教师可以根据需要点击一个或多个进行点评。"

捕捉智慧火花，加快推广应用。学校适时组织了"智慧课堂"模式专家培训会，邀请教育专家到校现场指导。多位教师分别执教观摩课，展示了学校"智慧课堂"的阶段成果。专家们非常认可并给出了好评："智慧课堂"是改变教学质量增长方式的有效途径。课堂教学插上了信息化的翅膀，许多教学的瓶颈得以突破，课堂教学的内涵之美得到更好呈现。

对于学校特色的"智慧课堂",我们有自己特色的全新的阐释:基于智慧教学云平台和智慧课堂系统环境下,以电子书包等移动终端为载体,能够突出一个教学中心——学生的主体地位,抓好两个教学环节——预设—智慧实施、激发智慧,生成—智慧碰撞、呈现智慧,整合三个培养目标——立德树人、核心价值、社会责任,实现四有成果——有兴趣、有互动、有深思、有收获,这样的课堂我们就叫智慧课堂。

我们通过理论研究、实践探索,对"智慧课堂"进行了再定义,实现了信息化和课堂的全程对接,为全国中小学建设"智慧课堂"提供了一个很好的范例。学校已先后承办了鲁中半岛联盟层面的同课异构智慧课堂展示活动等,目前已有海南、江苏、河南、江西、上海、天津、广西及省内多个学校或部门的多位专家、领导和教师来学校指导、调研、考察、交流。学校正站在全国教育信息化的改革的舞台中,但我们不会就此止步。当下,信息化建设已提升为国家战略。国家教育战略提出,要打造"没有围墙"的学校,坚持应用驱动,推动"课堂用、经常用、普遍用"的信息化教学"新常态"。

国家信息化教育的顶层设计给学校的"智慧教育之梦"注入了强劲动力。他们将依托"智慧校园",拓展平台、丰富内涵,以更高站位和更宽视野,扎实推进教育信息化,打造学校智慧教育的"数字航母"。航母是一个战略层面的宏大载体,展示的是综合实力,我们定名的"数字航母"是为智慧教育勾画的未来梦想。志存高远,方能进取有为。我们不奢望何时到达,但我们会每天执着地走在前行的道路上。

智慧教育,未来可期。在信息化上升为国家战略的新阶段,信息化水平已经成为大国之间竞争的核心软实力。如何提高一个国家的核心软实力?国家发展就必须要依靠教育,教育发展就必须聚焦课堂教学。从这一意义上讲,智慧课堂已经成为信息化的敲门砖、播种机、孵化器和助产师。①

从微机室到多媒体教室再到智慧教室下的智慧课堂,当下的信息化教学改革已进入"深水区"。而在"互联网+"的新型业态下,课堂教学乃至学校管理如何借势破题?学校审时度势,创新思维,提出了"智慧教育"的全新理念:以互联网技术为基础,以"三平台三系统"为载体,以"智慧课堂"为核心,建设"智慧校园",奠基幸福人生。

谋定而启动,学校的"智慧校园"初步成型,高效的执行力造就了罕见的

---

① 张宇. 大连市中小学智慧校园建设问题及对策研究 [D]. 大连:辽宁师范大学,2022:2-7.

"智慧教育发展速度"。但我们走过的每一步都是在"发展—需求—新发展—新需求……"的循环切换中，中间有曲折和坎坷，但随着不断努力，我们一直是在螺旋上升，我们走出了一条具有鲜明校本特色的"智慧路径"。行走在智慧教育的道路上，我们实践着"师生有舞台，耕耘有幸福"的教育理想。

第四节 智慧教育改革需要制度保障

建立保障机制及激励方案，是保证教师积极参与并不断提升应用水平的"硬招"。学校先后出台了《微课录制工作推进方案》《全自动录播室使用推进方案》《信息技术应用学科带头人培养对象评选办法及培养方案》《智慧课堂应用考核方案》等，这些文件对学校智慧教育起到了非常关键的推动和引导作用，刚开始的时候或许有老师觉得这些文件有些"硬"，无法理解和接受，但当他们按照文件开始去做了，就会发现原先教学工作中困扰他们多年的问题解决了，这让他们不但不觉得文件"硬"了，还会对智慧教育教学工作着了魔。这些文件内容在此不再呈现，如有读者感兴趣，本书的最后一章将把它们统一呈现，供读者们参考。

一、行政推动是智慧教育改革的推进剂

在"素质教育轰轰烈烈，应试教育扎扎实实"的大环境下，置身其中的教师锐意改革创新未必分数一定会高，而因循守旧满堂灌，逼着学生进入书山题海，抓出分数反而可能会名利双收。因此，要想让已经熟悉传统教学流程甚至于已经初步形成自己教学风格的教师去接受一种新的教学模式的确有一定难度，这需要借助行政力量的推动。充分发挥骨干引领和行政推动的作用，然后从骨干教师逐步推广到教研组长、备课组长，接下来再在全体教师中推行。

学校由教务处牵头，各年级每周都安排公开课，保证每学科每周至少有一节智慧课堂示范课。每周的公开课都安排在自动录播室，各教研组自行组织听课、评课，明确要求所有授课教师必须按智慧课堂教学流程上课。目前，智慧课堂公开课已经成为全校教师习以为常的事情，每学期一次的智慧课堂评优展示课也成了学校每学期一次的教学基本功大比武中的"重头戏"。

二、校本培训是智慧教育落实的保障

要保证学生智慧地学，首先要解决教师能智慧地教，因此，加强校本培训，

提高教师对智慧课堂教学流程的认识,熟练掌握智慧课堂各个教学环节,特别是各环节中使用的智慧课堂教学技能。为此,学校信息处人员全面总结了智慧课堂中常用的十项技能及使用技巧和要领,学校采取了多方面的措施,为全校教师提供了全方位的培训。

(一)智慧教育技能培训要小步子勤迈,分期分批进行

在智慧课堂执行伊始,很多教师不理解智慧课堂的本质,对于改变传统的教学方式存在抵触心理,不了解新的技术手段给教学带来的便利,特别是有些年龄偏大的教师,他们已经习惯了传统课堂的模式,不想做出改变。面对这种情况,学校采取了小步子迈进的方法,分批为教师配置电子书包,制订《信息技术应用带头人培养对象评选办法及培养方案》,采取个人申报与教研室推荐相结合的方式,每批限定名额 100 人左右,学校组织评委根据教学平台、智学测评系统的应用情况,最终确定人选。随后,学校会为确定的信息技术应用带头人发放电子书包并进行培训。培训由专门的培训人员负责,主要包括电子书包的使用,电子书包如何与智慧黑板连接,智慧课堂软件的使用等。对于学校开展的公开课授课会有专门的技术人员一直陪伴在侧,为老师们解决授课过程中出现的任何技术问题。当然,随着现在教师对电子书包和智慧课堂的进一步熟悉,教师现在已经能独立授课,不再需要技术人员的协助。学校先后进行了四次信息技术应用学科带头人培养对象的评选,全校教师人手一台电子书包,使用电子书包和智慧黑板教学已经进入常态化。

(二)充分发挥信息技术应用学科带头人的榜样作用

有电子书包的教师在上课的过程中体验到了智慧课堂模式所带来的高效和便捷,也看到了其他教师在信息技术辅助教学的相关比赛中获得的成绩,这极大地鼓舞了教师应用智慧课堂系统的信心,更多的教师申请加入信息技术应用带头人培养。兴趣是最好的老师,对学生是这样,对教师亦是如此。教师自主探索电子书包和智慧课堂软件的现象在各学科的集体备课中层出不穷,各学科教师都在研究如何把电子书包和智慧课堂与课堂内容结合好,如何更大限度地发挥技术手段的辅助作用,这种氛围极大地影响了教研组的教研氛围,并形成了良性循环,信息技术应用学科带头人的榜样作用得到有效发挥。

如果说老教师是学校的中坚力量,那么新教师就是学校的未来力量。学校信息技术的发展水平一直处于较高层次,对新入职的教师来讲,电子书包+智慧课堂的模式是他们的"技能盲区",没有接触过这方面的训练,尤其是随着学校的发展,每年新入职的教师都比较多。对于新入职的教师,学校每年会在入职培训时着重培训学校"三系统三平台"的应用,年轻人的理解能力和接受能力

比较好，实践能力也比较强，他们对于智慧课堂系统和平台的应用往往会超越老教师，还可以反过来在教研组的日常教学中帮助老教师更好地应用智慧课堂授课。学校每周一节的智慧课堂公开课，也为新教师的成长提供了很好的"抓手"，新教师在不断模仿中形成自己的教学风格，每周都有课可听，能促进新教师更好地融入学校教学。

（三）组织智慧课堂评优比赛，为智慧课堂推进注入活力

如果没有相应的激励措施，智慧课堂的建设可能会陷入瓶颈期，智慧课堂的推进会遇到层层阻碍。学校领导高度重视，信息处和教务处牵头组织智慧课堂评优比赛。比赛每学期进行一次，参加比赛的教师由各教研室推荐参赛，由学校组织评委团进行现场评审。根据智慧课堂比赛的评优结果，淄博一中将择优推荐获奖的教师参加市、省级的各种教育教学比赛。

智慧课堂的比赛，为教师们提供了一个展示自我的平台，竞争机制的建立，为老师们使用电子书包和智慧课堂平台教学提供了更好的激励。在智慧课堂比赛的授课中，对教师们利用电子书包和智慧课堂软件会有一定要求，也在一定程度上推动了智慧课堂系统的常态化教学应用。

（四）组建名师工作室，充分发挥名师的引领作用

淄博一中作为一所历史悠久的老校，有全国优秀教师，也有齐鲁名师，还有一大批市级优秀教师。这些优秀教师对新技术有着充足的好奇心，也有扎实的学科专业知识基础，对于信息技术与学科教学的深度融合有一定的经验和自己独到的理解。为此，学校成立了18个名师工作室，工作室主持人须具备齐鲁名师、淄博名师、省市特级教师、省市学科带头人、省市教学能手、市级骨干教师称号。"名师工作室活动月"期间，工作室成员须完成一期"同课异构"活动，全员参与观评课，提交教学设计、教学反思以及听评课记录单；主持人需组织一次"主题学术沙龙"活动，提交活动资料。在发挥名师的示范、辐射和引领作用的同时，实现资源共享、全员提升的目的。

为方便名师工作室组织活动，淄博一中在办公平台上新建了"名师工作室"研讨交流模块，工作室成员可以线上线下相结合，更好地参与名师工作室的各项活动。青年教师必须参加某一"名师工作室"，在一定程度上为青年教师在教学评优、班级管理、教育教学案例与反思等各方面提供了方向与目标。同时，淄博一中为各名师工作室提供了一定的资金支持。

（五）成立校级课题组，探索"互联网+"环境下的教师专业发展

教师专业发展，仅仅依靠广大教师自己的努力是不够的，为了更好地指导教师的专业发展，探索在"互联网+"环境下教师的发展路径，学校聘请了山东

师范大学专家担任课题组指导，成立了"互联网+教师专业发展"课题组。课题组成员涵盖了学校各学科各年级的不同教师群体，通过观课、磨课、聘请高校专家到校指导等方式，指导学校教师在智慧课堂的环境下更好地进行教学设计，突破教学重难点。专家教授们从学科前沿的角度给教师指导，教师通过与专家教授的面对面交流，更好地理解信息技术与课程的深度融合。课题组成员选择教学内容，从教学设计、教学过程、教学反思、教学评价这几个环节进行设计，专家组成员给予高端指导，现场听课、现场观摩，也可以通过远程连线的方式给予网上点评，指导教师的成长和发展。

最近几年，学校教职工外出参加各种比赛，均取得了优异的成绩。2019年3月，淄博一中被教育部表彰为2018年度网络学习空间应用普及活动优秀学校。学校在2019年4月承办了全国第二届"实践中的教育信息化"大会，全国各地的教师在学校举行了同课异构、说课、智慧课堂展示等活动，学校教师在本次会议中取得了优异的成绩，也收获了同行的一致肯定。两位老师获得山东省中小学实验教学说课比赛一等奖，两位老师制作的《物理小家》荣获全国基础教育组学科主题社区一等奖第一名。2019年7月，在淄博市举办的第十七届"全国中小学信息技术创新与实践大赛"（NOC）活动中，学校三位老师组成的STEAM创客课程组斩获一等奖和恩欧希教育信息化发明创新奖，并在7月19日上午"恩欧希教育信息化发明创新奖获奖作品分享会"上，以选手陈述的形式展示了学校基于STEAM理念的高中创客普惠课程，从课程介绍、课程实施的典型案例到课程教学效果，获得了在场的评委和教师团队的高度评价。

三、考核评价是智慧教育发展的导向

智慧教育的推进不是一蹴而就的，过程中难免会遭遇一些坎坷，有很多学校没有成功推行和实施，往往不是硬件条件不具备，也不是领导班子不够坚决，而是考核评价的方式有问题。如刚开始阶段，特别是部分年长的教师，其中也有传统教学中的骨干教师还没有完全掌握智慧课堂教学的技能时，就强行推出各种针对智慧课堂教学的全员考核方案，这肯定会打击部分老师，特别是部分骨干老师的积极性。如果没有针对智慧课堂教学的考核方案，又怕老师们的学习和研究积极性不高，推进过程缓慢。智慧校园环境下，如何智慧地设计教师考核评价方案来避免这种两难的选择呢？我们采用的办法是开始阶段的考核评价是鼓励先进，鞭策后进型的制度，请参见第九章学校推行智慧课堂教学应用初期制订的《智慧课堂应用考核方案》，此方案在后期智慧课堂实现全员常态化教学后就自动废止了。

第五节　中小学智慧教育发展中的问题

目前，基于电子书包支持下的智慧课堂在学校已经成为常态化课堂，随时推门听课已经不是问题，智慧课堂教学模式已经基本成型，在"互联网+教育"的浪潮中，学校的信息化建设正在朝着智慧教育的方向稳步前行，但是在前行过程中，可能依然会遇到一些困难和问题，需要我们全校师生共同去面对和解决，因为我们始终相信，尽管智慧教育之路可能是曲折的，但前途一定是光明的。

一、避免电子书包和智慧课堂的泛在化模式

当下随着教育现代化的推进，教育信息化在全国中小学校正如火如荼地展开，教师应用信息技术与学科教学融合，大幅度提高教学质量和教学效率已成共识。但我们也要清醒地认识到，在学校全员推广智慧课堂的同时，教师看到了电子书包和智慧课堂教学带来的益处，但也有人会走进"每节课都必须使用电子书包+智慧课堂"的思维定式中。信息技术是为教学服务的，教学是主体，技术只是辅助和工具，如果只是为用技术而用技术，就本末倒置了，有些课反而会受累于技术的运用，影响了教学效果，得不偿失。

智慧课堂的模式是根据绝大多数教师上课的一般流程而总结归纳的，每节课需要根据不同的学科、不同的课型、不同的教学内容、不同的学生群体等进行适当取舍，选取最适合的技术以更好地为学生呈现教学内容为目标进行授课，不能将"智慧课堂"的模式固化，走入"每节课都必须使用电子书包和智慧课堂"的误区。有些教师戏称没有电子书包就不会上课了，这种想法是非常危险的，不管在任何情况下，课堂中最重要的始终都是学生、教学内容和教师，不管是信息技术应用还是实物演示，都只是为了更好地教学而选取的辅助工具，那不是教学的必需品，更不是教学的全部。根据教学内容和学生实际情况，在现有条件下选取最合适的信息技术手段辅助教学才是正确的做法。

为避免这种智慧课堂和电子书包泛在化的思想，目前教育部中央电化教育馆等部门在全国举办了相关的教学研讨会，会上鲜明地提出了混合式教学的思想，避免走极端化道路，我们要继承传统教学中的精髓并发扬光大，教学有法，但教无定式，不同学科、不同学段、不同课型、不同内容，我们的目标是教学质量的提升，学生素质的培养。

混合式教学是一种结合了网络教学和传统教学优势的"在线"+"线下"

教学。通过两种教学组织形式的有机结合，使学习者的学习由浅到深地引向深度学习。混合式教学法是一种将在线学习形式与面对面教学相结合的教学方式，综合运用各种教学理论进行教学设计，利用教学媒体技术开展教学活动，最终实现教学目标。①

混合式教学思想鲜明地提出了继承传统教学中的优势，即师生面对面完成教学。基于电子书包的在线教学是要解决原来传统教学中的瓶颈，真正实现个性化教学，解决大班额而造成的因材施教难以落实，课堂评价以及学情的及时反馈，还有教学大数据记录和留存等，这是我们对传统教学的升级和改革，而非直接简单的取而代之。同样，这也解答了部分老师认为将来人工智能要完全取代教师这个行业的优虑。

学校聘请高校专家教授，成立课题组，从学科和教育技术两个角度，帮助教师正确认识信息技术辅助教学，避免出现本末倒置的现象，帮助学校教师更好地在"互联网+智慧教育"的浪潮中站稳脚跟。

二、教学平台间尚未形成有效的数据融合

2023年，学校基于电子书包支持下的智慧课堂已经走过了十个年头，学校约5000名师生参与智慧课堂，在教学平台、测评平台上留下了大量的教学数据，每位学生的电子书包使用情况都会留下大量的数据，这些海量数据为学生的成长和教师的发展提供了依据。学生的电子书包本身就是一个电子档案袋，学生在教学资源平台的浏览数据和在智学测评系统的测评数据构成了学生三年高中生涯的学习数据。教师在教学资源平台的资源建设，在智慧课堂系统的授课过程，构成了教师智慧课堂授课的成长轨迹。录播平台、手阅系统等的使用记录，记录了学校智慧课堂建设的路径。这些数据的分析，可以为学生更好地个性化成长、教师更好地发展、学校更加智慧化地应用智慧课堂提供有力支撑。

目前，学校各平台间的数据融合还未完成，学校正在积极探索数据融合的方式，拟采用引入外来专业团队的方式，将教学资源平台、智学测评系统、电子书包等的各种数据进行深入分析，希望能够通过与高校、政府合作的方式，即学校提供数据，高校提供技术支持和专业引领，政府搭建沟通桥梁，促进智慧教育数据深度挖掘分析的顺利进行，为学生更快地成长、教师更好地发展、学校更上台阶打造数据基础平台。

---

① 李娟. 第三方企业代理智慧校园建设、评价与改进策略［D］. 天津：天津大学，2020：4-7.

三、教学资源建设存在"资源孤岛"现象

不管是学生的学习，还是教师的备课、上课，最重要的都是教学资源。虽然学校在数字化教学资源建设上投入了大量的精力，也购入了诸如中学学科网、中国知网，加入全国省市公共资源平台等，但是教师对于优质教学资源的需求还是远高于我们现在能提供的资源。学校教学任务重，教师时间也有限，仅凭教研组老师的力量，很难建设出完全符合教学需求的优质数字化教学资源，尤其是随着新教材的更新，教师对优质教学资源的需求达到了新的高度。国家基础教育资源公共服务平台上因为版本的不同，想要检索到符合需求的资源也有困难。

对于一线教师来讲，教师所需要的不仅仅是自己设计教学资源，更多的是观摩别人的教学资源，比如，课件、微课、教案等，通过观摩别人的资源，结合学生的实际情况和自己的教学风格，融百家之长，补己之短，最终形成适合的特色的优质的数字化教学资源。如何能够获得更高质量的教学资源一直是教师们普遍关心的问题。

仅凭一校之力想要构建优质完善的数字化教学资源库非常困难，与省市属其他学校的教学资源库不通，造成了学校现在"资源孤岛"的局面，当然，这也不仅是我们学校的困局，其他各校也有这方面的困惑。如何打通各个"资源孤岛"，形成浩瀚的"资源海洋"成为一个难题，成为各中小学校亟须解决的问题，也希望能引起教育行政部门的重视。

四、电子书包进校园存在着一定的阻力

2018年9月，山东省教育厅发布了《山东省学生体质健康促进条例》（以下简称《条例》），《条例》中规定："中小学校应加强学生在校期间电子产品使用管理，知道学生科学规范使用电子产品；严禁学生将个人手机、平板电脑等电子产品带入课堂；发现学生将上述个人电子产品带入学校的，实行统一保管。"《条例》的出台引起了民众的广泛热议，对于一直使用电子书包进行教学的学校，更是陷入了"以后还用不用电子书包"的焦虑中。《条例》的出台，是针对现阶段中小学生近视眼发生率较高的现象，想要通过禁止学生将个人手机、平板电脑等电子产品带入课堂来降低青少年近视发生率。用电子书包会增加近视发生率，这也是普通家长的担忧，《条例》的出台在一定程度上增加了他们的焦虑，新的一级学生用不用电子书包是家长们广泛讨论的话题。

其实这不只是关于用不用电子书包的焦虑，也是家长们对于在高考的巨大压力下，孩子们分心去玩游戏、去使用电子产品的担心。家长们希望孩子将全部的时间投入学习中，同时又担心电子产品会影响学生的身体健康。对于家长的担忧学校充分理解，而且在学校开始引入电子书包之时也曾有过担忧，学校领导曾赴全国多地考察，并找专家论证，最终参考了全国主要城市的教育信息化发展趋势，学习了国家教育信息化的有关政策，才决定引入专用于智慧课堂教学用的电子书包。

中小学生需要培养其自我管理能力，这也是一项基本的社会生活技能，而且学校的电子书包是用来学习的工具包，是一种特制的系统，就是一个专门用智慧课堂学习的工具，不同于一般娱乐性平板电脑，学生也不可能沉迷其中无法自拔。其次，在上课过程中，学生也并非一节课全部在使用电子书包，因此对学生视力的影响是有限的。其实传统课堂模式中的学生对黑板的可视角度、光线等因素也会对学生的视力造成一定的影响，在这一方面，肯定不能一概而论，更不能"一刀切"。最终学校决定继续使用智慧课堂模式的电子书包开展智慧教学，但前提必须是学生自愿购买电子书包，在使用过程中，教师要特别注意对学生保护视力的引导，学校安排了一天2次的眼保健操时间，让学生眼部得到充分休息。从学校到班主任和任课教师一起对学生电子书包的使用做了全面的培训指导和教育管理工作，关于中小学生学习用电子书包使用标准和规范，希望国家教育行政部门尽快出台相关规范性文件，让全国广大中小学校在这个问题上有法可依、有法必依。

第四章

中小学智慧教育网范例

为建设好国家级信息化教学实验区，聚力打造智慧教育新赛道，根据教育部《教育信息化2.0行动计划》《山东省教育信息化2.0行动计划》，聚焦信息技术与教育教学的融合创新，推动教育信息化应用模式的创新发展，淄博市采用合作方式，采购智慧教育平台软硬件设备和服务，打造云、网、端一体化、交互式的AI同步课堂智慧教学系统，推进智慧教育联网工程，深化"三个课堂"常态化应用，促进网络条件下的教育资源均衡配置，服务义务教育城乡一体化，最终促进教育的优质、公平，均衡发展。

第一节 智慧教育网建设依据

一、教育信息化2.0行动计划

基本目标。通过实施教育信息化2.0行动计划，基本实现"三全两高一大"的发展目标，即教学应用覆盖全体教师、学习应用覆盖全体适龄学生、数字校园建设覆盖全体学校，信息化应用水平和师生信息素养普遍提高，建成"互联网+教育"大平台，推动从教育专用资源向教育大资源转变，从提升师生信息技术应用能力向全面提升其信息素养转变，从融合应用向创新发展转变，努力构建"互联网+"条件下的人才培养新模式、发展基于互联网的教育服务新模式、探索信息时代教育治理新模式。

网络扶智工程攻坚行动。推进网络条件下的精准扶智，坚持"扶贫必扶智"，引导教育发达地区与薄弱地区通过信息化实现结对帮扶，以专递课堂、名师课堂、名校网络课堂等方式，开展校际结对网络课堂、数字学校建设与应用，实现"互联网+"条件下的区域教育资源均衡配置机制，缩小区域、城乡、校际差距，缓解教育数字鸿沟问题，实现公平且高质量的教育。

智慧教育创新发展行动。以人工智能、大数据、物联网等新兴技术为基础，依托各类智能设备及网络，积极开展智慧教育创新研究和示范，推动新技术支持下教育的模式变革和生态重构。

构建智慧学习支持环境。加强智慧学习的理论研究与顶层设计，推进技术开发与实践应用，提高人才培养质量。大力推进智能教育，开展以学习者为中心的智能化教学支持环境建设，推动人工智能在教学、管理等方面的全程应用，利用智能技术加快推动人才培养模式、教学方法改革，探索泛在、灵活、智能的教育教学新环境建设与应用模式。

二、关于加强"三个课堂"应用的指导意见

总体目标。全面实现"三个课堂"在广大中小学校的常态化应用，建立健全利用信息化手段扩大优质教育资源覆盖面的有效机制，开不齐开不足开不好课的问题得到根本改变，课堂教学质量显著提高，教师教学能力和信息素养持续优化，学校办学水平普遍提升，区域、城乡、校际差距有效弥合，推动实现教育优质均衡发展。[1]

优化硬件设施和软件资源，改善应用条件。统筹多方资源，全力补齐农村薄弱学校和教学点在"三个课堂"硬件设施与软件资源等方面的短板。鼓励充分利用现有配备多媒体教学设备的普通教室，避免重复建设，提高设备的使用效益。充分发挥国家数字教育资源公共服务体系对"三个课堂"的基础支撑作用，增强优质教育资源的有效供给和基础数据的互联互通能力，广泛开展直播式、录播式、植入式、观摩式等多样化应用。加强"三个课堂"与网络学习空间应用的融合，依托网络学习空间拓展资源共享、教学支持、学习交互、学情分析和决策评估等服务。综合利用人工智能、云计算、大数据、虚拟现实等技术，不断增强"三个课堂"的智能化、共享性、互动性。

三、山东省教育信息化2.0行动计划

智慧教育覆盖行动。建设"齐鲁智慧教育网"平台，以同步课堂应用模式为基础，融合专递课堂、名师课堂、名校网络课堂、直播课堂、点播课堂、双师课堂和同步教研等应用模式，搭建齐鲁智慧教育网平台。将优质资源输送到农村学校和偏远地区，促进网络条件下的教育资源均衡配置，形成先进带落后、

---

[1] 张瑶. 西安市中小学智慧教室建设与应用现状研究 [D]. 西安：陕西师范大学, 2019：1-5.

城市带乡村、优质学校带薄弱学校、优秀教师带普通教师的格局,缩小区域、城乡、校际差距,促进服务义务教育城乡一体化改革发展。

智慧教育引领行动。推进人工智能技术应用,探索人工智能技术与教、学、测、评、管等教育教学主要环节的融合创新。聚焦学生作业和考试两个痛点问题,开发成熟可靠的自适应学习系统,促进全市师生开展深度应用,并持续迭代优化。记录和分析课堂教学数据和学生作业数据,向教师和学生推送个性化教情、学情报告,帮助教师调整教学目标,优化教学设计和教学方法,促进学生针对性、自主性学习,补齐学科知识短板。发挥信息技术优势,有效减轻教师负担,提高学生学习效率,真正实现精准化、个性化教与学。

信息素养提升行动。提升教师信息素养,构建适用于教师教育管理、教育教学、教育科研、培育进修的人工智能支撑体系,助力教师提高教育质量和工作效率。开展对教师新一轮的专项培训、全员培训,举办教育信息化交流展示活动,推动教师更新观念、重塑角色、提升素养、增强能力。开展校长信息化领导力培训,全面提升学校管理者信息素养。

四、教育部关于贯彻落实党的教育方针政策的文件精神

加快推进教育治理体系和治理能力现代化。深入总结应对新冠疫情以来大规模在线教育的经验,推进信息技术与教育教学深度融合,更新教育理念、变革教育模式。健全学校家庭社会协同育人机制,加快和扩大新时代教育对外开放,优化教育开放全球布局。①

根据以上政策要求,淄博新经济发展大会中提出要打造工业互联网、人工智能、智慧教育等11条产业"新赛道",其中包括打造智慧教育新赛道,其主要内容包括发展智慧基础教育、打造智慧教室、发展智慧职业教育等。

淄博市被确定为"国家级信息化教学实验区",利用五年时间,打造融合信息技术的新型教与学模式。一是推进"五大行动",以信息化赋能城乡教育优质均衡一体化发展。推进教育资源优化配置共建共享行动,推进实施教育大数据服务教育管理行动,推进实施"三个课堂"(城乡专递课堂、名师课堂和名校网络课堂)建设与应用行动,推进"互联网+教师专业发展"行动,推进实施中小学智慧校园创建行动。二是落实"十项重点工作",以信息化赋能"教与学"变革。推动课堂教学与信息化的深度融合,开展线上线下混合教学研究,推动

---

① 袁帅. 基于低功耗蓝牙的智慧校园网关的设计与实现[D]. 武汉:华中科技大学,2020:3-8.

网络教研提质增效，深入开展自适应学习的探究，推动具有淄博特色的"互联网+教、学、测、评、管、家校共育"新机制不断完善。通过教育信息化建设，打通线上线下，贯穿课堂内外，连接城市乡村，实现数字资源、优秀师资、教育数据、信息红利的有效共享，不断促进淄博市教育的全方位、高质量发展。

第二节　智慧教育网需求分析

淄博市作为全国首批信息技术教育实验区，坚持以教育信息化带动教育现代化，先后实施了"校校通"工程、教育区域宽带网建设工程、农村中小学现代远程教育工程，普及了中小学信息技术学科教学，为教育信息化发展奠定了良好基础。全市中小学全部宽带接入互联网，共建有计算机网络教室670间，各个学校班级实现多媒体显示设备进教室。区县全部成立教育信息中心，均构建了光纤直连或虚拟VLAN的独立教育网，实现与互联网的连接。目前，全市共有小学296所，初中学校（包括初级中学、九年一贯制学校、职业初中）154所，普通高中（含完全中学、高级中学、十二年一贯制学校）34所，共484所。全市普通中小学计算机生机比约为10∶1；中小学专任教师用计算机为37201台，师机比为1.2∶1。目前，学校原有的信息化设施，主要是满足课堂教学和教学资源共享。

智慧教育作为淄博市智慧城市建设的重要组成部分，进展明显，尤其是在疫情防控期间，在网络教学、线上学习等方面发挥了巨大作用，得到社会各界的广泛认可。但是，淄博市的智慧教育建设也是初步的，距离教育部"三全两高一大"的要求尚有差距，特别是"新基建"概念的提出，大数据、人工智能、5G等新技术必将对教育产生革命性影响，对未来人才的培养提出新的要求。淄博市是全国"基于教学改革、融合信息技术的新型教与学模式实验区"；山东省4个省级人工智能教育试点市之一。为此，要全面推进智慧教育建设，为教育现代化建设奠定坚实的基础。

一、促进教育均衡发展的需要

中小学教育面临区域间、学校间均衡发展的问题较为突出，智慧教育需要整合省、市、区县各级教育资源平台上的优质教育资源，以及名校智慧课堂、同步课堂、专递课堂、同步教研等资源共享，各级资源系统实现互联互通，打破由时空限制所导致的校际壁垒，让比较薄弱的中小学也可以分享到名校、名师的优质教学资源，可以极大地缩小学校间的差距，有力地促进区域教育的均衡发展。

二、利用新技术变革教与学方式的需要

由于历史原因，学校的应用和管理系统良莠不齐，数据标准不统一、数据统计准确度和及时性不佳。目前，中小学校的校务管理、资源管理、教学应用系统等大多是各个学校分头建设，所涉及的平台在易用性、标准、安全等各方面根本无法满足数据采集、资源互换、教学交流等需求。基于信息化的家校共育短板突出，家长非常期待能够广泛参与到孩子的学习和培养过程中，和学校形成良性的互动，但由于缺乏有效的沟通平台和手段，使得他们对孩子的教育过程感到茫然和无助。

智慧教育要求对课程设置、实施、评价进行全生命周期的数字化管理和"伴随式"数据收集，建设基于大数据的综合素质评价、学业水平评价和现代化课程体系、校园服务体系，运用教与学过程大数据的行为记录、分析和诊断，实现教师教情、学生学情的及时精准反馈，提供教育资源的适配性服务，实现个性化学习。利用大数据、云计算等新技术变革教与学方式，不仅是全面系统构建基于大数据的全新的人才选拔和招生制度体系的需要，也是改变教育从知识传授到能力发展的重要举措。

三、利用新技术变革教育管理的需要

开展基于大数据的学校教育管理应用，利用区域教育管理公共服务平台实现全市学校的教育办公管理系统、教务管理系统、课程管理系统、选课管理系统、学生成长档案系统、教师评价系统、后勤管理系统、智能决策系统等一体化建设。实现应用系统互联互通，将各种应用系统无缝集成。实时动态分析学校、教师、学生发展状态和水平，实现全市教育管理科学决策。

四、基于教育信息化2.0的建设目标，需要转段升级

（一）互联网宽带接入

学校互联网光纤宽带接入的总带宽应不低于100M，大于（含）42个教学班或一对一教学班大于（含）16个的学校互联网宽带接入的总带宽应不低于1000M，积极采用5G和IPV6技术满足学校教育教学应用的需求。

(二) 校园网络环境

校园网应建设或改造升级为千兆/万兆为核心的以太网，保证千兆以上的校园骨干带宽，力争千兆到桌面，实现互联网、通信网、校园广播网、校园电视网、校园安防网、物联网等多网融合，网络应满足冗余性和安全性要求。校园网覆盖到学校的教学、活动和办公场所，能承载高峰期的群体并发访问，支持师生与管理者方便获取网络信息。

1. 校园网覆盖。做到有线网络覆盖到学校的每个教学、活动和办公的场所，无线网络支持移动学习、移动教学、移动办公，无线网设备部署应依据教师和学生的无线上网活动范围和使用密度特点合理规划覆盖，要保证为一对一高密度无线教学场景提供高效可靠的无线环境，有条件的学校可按照国家相关标准建立便于学校管理的物联网。

2. 综合布线。有线网信息点位应结合教师办公室、会议室、学生教室、功能实验教室、运动场地、监控值班室、门厅走廊、车辆进出口、安防设备安装点、广播设备安装点、无线设备安装点等进行合理综合设计，校园综合布线应符合国家相关标准，做到规划、设计、施工流程规范，设计及工程文档图纸资料齐备。

3. 网络架构。校园网一般采用星型架构，核心交换机为千兆/万兆三层可网管交换机，多栋独立建筑一般采用光纤（千兆/万兆）直连，有条件的学校可设计冗余的网络拓扑，以保证网络数据传输的安全高效，结合办公教学实际合理划分 Vlan 网段。

4. 网络安全。校园网应根据《教育行业信息安全等级保护定级工作指南（试行）》文件规定，达到网络安全等级保护第一级或以上要求，配备良好的网络安全和统一上网管理系统，基于身份认证实名上网，有效隔离不良信息，保留网络设备日志不少于六个月，有条件的区县可考虑区域的统一安全部署，以集约分散配置的安全资金和人力技术资源。

5. 网络管理。建立有效的有线、无线网络设备运维管理平台，配备网络管理人员或购买网络管理服务，有条件的区县可考虑集约化统一管理有线或无线网络设备。

(三) 数字终端设备

学校提供实现信息化应用的数字终端设备，支持师生与管理者开展教学与管理活动，终端设备可以通过校园有线网或无线网安全接入互联网，新购终端设备应配置正版操作系统和办公软件，鼓励选用国产设备与软件。

1. 学生终端。在满足信息技术教学的基础上，按照不低于山东省办学条件标准和淄博市数字化校园建设相关文件要求为中小学生配备计算机，满足学校应用需求。鼓励学校利用各类终端开展数字化教学，学校为学生自带设备提供技术标准、网络接入、管理、充电、保管等使用配套服务。

2. 教师终端。中小学每位专任学科教师配备1台计算机，满足正常教学和办公需要，有条件的学校可为教师配备用于教育教学活动的移动智能终端，每个教研组（或办公室）配备1套辅助设备（打印机或扫描仪）。

3. 教室终端。每间教室（含功能教室）配备1套多媒体教学设备，设备完好率100%，能够满足课堂数字化教学。多媒体教学设备应包括音频扩音系统、视频显示系统、设备控制系统、视频展台、计算机及信息化教学软件应用环境等。鼓励使用基于交互技术的大屏幕一体化多媒体设备和集成度高的智慧黑板，显示尺寸应满足每位学生清晰可视，每个班级可配备适量公用计算机，并有机融合到教室环境中。

4. 办公终端。根据需要，为学校管理人员配备计算机设备或云终端设备，以满足管理信息化的需要，并配备打印机等辅助设备。

（四）功能教室

学校应配备计算机网络教室、多功能教室、电子图书阅览室、网络直播互动教室（直录播教室）、数字化实验室等功能室，满足教学应用开展，功能相近的功能室可以并建合用。

1. 计算机网络教室。学校建有计算机网络教室，性能和数量按照不低于山东省办学条件标准和淄博市数字化校园建设相关文件要求，满足信息技术教学需要和数字化学习需要，上课时必须满足每生1台，鼓励建设满足应用需要的云终端教室，机房和设备安全符合国家相关要求，具备消防、安防、防雷等功能。

2. 多功能教室。可与大报告厅（或会议室）合建，配备1套与面积相适应的多媒体设备，包括多媒体讲台、多媒体控制设备、大屏幕数字投影机、计算机、屏幕、视频展台、扩音设备、网络直播互动教学系统等，如空间较大有条件的学校可配备小点距的室内彩色LED大屏。

3. 创客空间。各学校根据学段、学情，按照国家及省市有关文件，借助人机交互、传感感应、三维仿真、3D打印、虚拟现实、人工智能等技术，创新开展数字智能实验室或学习体验中心建设，支持学生在创造中学习。

4. 电子图书阅览室。阅览终端数高于计算机网络教室，鼓励选用满足阅览需要的较为廉价且易管理的云终端。

5. 智能直录播互动教室。具有课堂录播、互动教学、网络直播、远程交互培训、视频会议等功能，必须具备自动课堂录像、网络直播功能。

6. 智慧教室。依托区域教育云和教学资源平台、智能学科辅助工具、智慧学习社区以及第三方服务，实现课堂教学云端一体化的"一对一"学习。实现深度学习、翻转课堂教学、个性化教学等教学模式变革与创新，提升教学效率和学习成绩，从而促进教师教学方式和学生学习方式转变，实现信息技术与课堂教学的深度融合。

7. 未来教室。以人工智能、教育大数据、模式识别技术为基础，基于物联网技术集多媒体教室和录播教室功能于一体，结合多种灵活互动的不同教学方式，让师生能够沉浸在教学环境中进行自然人机交互学习，利用 AI 统计进行学生课堂行为分析，解决学情数据采集、智能批改、学情动态诊断与个性化补救等关键问题。形成课前、课中、课后一体化教学及评价体系。支持面向学校、教师和学生提供全方位学情分析及教学改进服务。

（五）文化生活空间

学校可在主要公共服务区域，比如，教室门口、门厅、图书馆、活动室、教学楼等，配备多媒体互动展示系统，提供学生作品与校园宣传空间，在休息空间配备多媒体互动设备，为师生提供适量的休闲娱乐服务，如大屏幕电视，触控一体计算机等，学校主要出入口配置户外 LED 显示屏。

（六）辅助管理

学校应配备必要的辅助管理系统，满足校园管理和活动的开展。

1. 校园安防系统。校园安防系统应与当地公安部门安全防范系统联网，实现对校园数字视频监控、入侵报警、紧急呼叫求助报警、电子巡更、电子监考、学生出入控制、访客管理等统一管理和控制，范围涵盖校园的周界、建筑物主要出入口和通道、学生公共活动区域等，可能触及学生隐私的场所（如学生宿舍通道等）设有监控时不应接入校园网。有条件和特殊需要的学校，可以部署消防报警系统、紧急广播与疏散系统、视频智能识别系统、应急（紧急）定位求助系统和其他特殊类型安防子系统。

2. 校园广播系统。采用数字广播系统，满足学校升旗仪式、课间操、眼保健操、全校集会、考试时的听力测试，校园广播节日播放的需要。学校建有校园广播系统，实现校园全覆盖，支持自动播放、循环播放，临时广播。

3. 校园电视系统。采用基于数字网络的方式进行建设，具备自办节目播放、电视节日转播、召开视频讲座、教育教学录像播放等功能，可在校园网终端上播放。

"三个课堂"常态化应用中，淄博市共有 484 所学校，市教育局相关部门，通过网络问卷调研了其中 353 所中小学，调研统计数据如下表 4-1 所示。

表 4-1 全市学校"三个课堂"常态化应用调研统计表

"三个课堂"调研统计								
带宽				现有录播教室总数	是否需要开设"三个课堂"		
100M	200~500M	600~1000M	其他		需要	不需要	无要求
192	76	68	17	205	300	39	14

其中 100M 网络带宽的学校 192 所，200~500M 网络带宽的学校 76 所，600~1000M 网络带宽的学校 68 所。全市只有 205 个录播教室，而且绝大多数没有实现直播教学功能，因此，对于新兴的智慧教育（特别是网络在线视频教学），网络带宽普遍不足，教学硬件配备不足。经过调研，学校目前"三个课堂"无法常态化开设的主要问题：各个学校没有专项建设资金，日常维护经费严重不足；农村学校课堂配备电子白板是主流，老化、不足，硬件设备配备无法满足正常智慧教学；教师培训、技术培训，缺少相关专业能力强的第三方服务；各个学校建设标准不统一，技术融合存在壁垒，无法实现区域名师共享。在对学校是否需要建设"三个课堂"调研中，300 所学校需要，39 所学校不需要，14 所学校无要求，因此，需求是主流。

淄博市一直致力于推进教育均衡与公平，通过"传统和智慧课堂"，能够充分发挥名师名校示范带头作用，将名校师资有效辐射到周边薄弱区县，输出优质课程，让更多的孩子享受到公平而有质量的优质教育，为区域内全体学生提供无门槛、无差异化的均等优质教育服务，进一步推动教育均衡，提升整体教学质量。

因此，需要采用 BS+CS 的混合软件架构，利用升级改造多媒体教室或直播间，实现在线听课、评课、巡课。利用信息化手段，扩大优质教师资源的覆盖范围，解决薄弱校及偏远地区教师缺乏的问题，有效缩小城乡教育差距，促进城乡教育共同发展。

图 4-1　同步课堂结构模型图

五、需要灵活的智慧教学平台和客户端

可根据场景需要采用主教室+分教室、教室+客户端等模式，实现同步课堂、网络评教、教师培训、在线家长会等多种场景，学校间通过录播教室和云平台连接。

六、需要对课堂视频、音频统一标准建设

同步课堂设备要求智能化程度高，即插即用，不受外界干扰，语音清晰，最后一排学生也能听清晰，使用简单，可靠性稳定。

七、需要智慧课堂互动及时有效

智慧课堂能够进行网上课堂共享、文档共享、远程协助、语音答题、电子举手等双向互动，这种互动是对传统课堂的有效补充。

八、需要智慧课堂稳定的承载能力

平台能稳定支持上万个教学班以 1080p 30 帧的画质同时在线，课堂内所有学生均可同步共享直播课堂与资源，并参与课堂音视频教学互动，无延迟，同时支持云端录制，授课即录制，即开即用。

九、需要便捷精确的巡课管理

教育主管部门可以按照时间、日期、年级、学科、课程类型、教师等条件快捷地对所有直播课程进行巡课及监播,对课堂教学质量、纪律、效果等情况进行记录和分析。

十、需要破解农村学校课程开不齐和不足的难题,提升整体教学质量

教学质量高的学校集中在市区、县区、中心城镇,优秀教师集中在市区中小学,广大农村学校相对落后。通过智慧课堂,让名师跨越时空限制,有效解决农村学校课程"开不齐、开不足"问题,进而解决城乡优秀师资不足、配置不均衡等问题。

十一、需要帮助薄弱学校提升教师专业能力

薄弱学校通过智慧课堂开展网络教研,既能节省经费,又能解决教师路途劳累,同时打破时空的限制,为乡村学校师生提供低成本的学习机会,帮助乡村教师提高教育水平,从而带动整个区域提升教育水平,进而实现教师专业素质的提升。

因此,打造智慧教育新赛道,实现"三个课堂"的常态化开展,优化硬件设施和软件资源,搭建智慧教育专网、配备标准统一、技术先进的网络教学设备是前提条件。需要全力补齐偏远学校在"三个课堂"硬件设施与软件资源等方面的短板,鼓励升级改造现有普通教室多媒体教学设备,提高设备的使用效益,综合利用人工智能、云计算、大数据等技术,不断增强"三个课堂"的智能化、共享性、互动性。

第三节 智慧教育网建设目标

按照国家相关文件要求,落实《山东省教育信息化2.0行动计划》实施智慧教育覆盖行动。在淄博市范围内实现AI同步课堂互联互通,以AI同步课堂应用为基础,融合专递课堂、名师课堂、名校网络课堂、直播课堂、点播课堂、双师课堂和同步教研等应用模式,开展同步教学、同步教研、同步备课等活动,将优质教育资源输送到农村学校和偏远地区,助力义务教育城乡一体化改革发展。

以淄博市智慧教学大数据平台为基础,专网联结所有AI同步课堂和云教学客户端,专用通道一纤入云,实现云网端一体化、端到端的服务,打造AI同步课堂智慧教学系统,服务于全市46万中小学生和3.1万余名专任教师,同时,

引入华东师范大学的优质课程、名师团队以及教师培训服务等基础教育资源，全面提升全市的教育品质，推进淄博教育优质均衡发展。通过本项目的实施为淄博市教育信息化提供技术先进、功能完善、应用普及、安全可靠、服务精准、示范引领的特色化解决方案，将淄博市打造成为教育信息化建设的山东标杆和全国样板。通过建设，可实现以下常态化应用场景。

一、"三个课堂"常态化应用

即教育部提出的专递课堂、名师课堂和名校网络课堂，这三个课堂均可通过两个或多个 AI 同步课堂远程互通互动教学等功能实现，进行在线直播、点播、录制，师生可使用任何系统的任何终端（电脑、手机、教室大屏等）随时加入课堂。[1]

"专递课堂"强调专门性，主要针对农村薄弱学校和教学点缺少师资、开不出、开不足、开不好国家规定课程的问题，通过 AI 同步课堂将各区县优质学校的师资及教育资源同步输送给相对薄弱的学校，可一对一或一对多进行结对，同步课表、同步授课，帮助薄弱学校开齐开足开好国家规定课程，促进教育公平和均衡发展。

"名师课堂"强调共享性，主要针对教师教学能力提升问题，通过 AI 同步课堂可组建网络研修共同体等方式，开展远程协同教研，或远程直播、点播观看名师课堂，发挥名师名课示范效应，探索网络环境下教研活动的新形态，以优秀教师带动普通教师水平提升，使名师资源得到更大范围共享，促进教师专业发展。

"名校网络课堂"强调开放性，可通过 AI 同步课堂及智慧教学大数据平台，将优质学校的优质课程进行直播或通过自动录制后放在平台上，供其他学校点播观看，主要针对有效缩小区域、城乡、校际教育质量差距的迫切需求，通过网络学校、网络课程等形式，系统性、全方位地推动优质教育资源在区域内共享，满足高质量教育的需求。

二、智慧教育常态化开展

可保障如疫情防控期间的"停课不停学"等特殊情况下师生的在线教与学，只要有终端有网络的地方，师生均可通过各种系统的手机、电脑、触控一体机

---

[1] 郑荣. 智慧教育下中小学非正式学习空间建设与应用现状调查研究 [D]. 曲阜：曲阜师范大学，2020：2-5.

等设备，利用云教学客户端软件，随时开启在线课程，在线音视频互通交流、互动答题、分组讨论等，保证学生的正常学习进度。通过云教学客户端软件，形成了全市统一的智慧教学系统，更加方便地进行智慧教学工作的安排与开展，确保师生使用效果。

三、网络教研常态化进行

具备全市教师开展异地协同教研、协同备课等，可由一位教师在学校 AI 同步课堂内进行授课，全市的教研组或课题组教师均可在各自学校或办公室使用电脑、手机等设备，实时在线观看课程直播，也可实时互动、远程点评等，大大提高了教研的深度与广度。另外，AI 同步课堂教室内还可实现人工智能识别，收集课堂内师生的教与学行为信息，自动分析生成课堂教学行为数据，为教学方法的改进提供客观真实的数据参考。所有的授课、教研还可实时进行自动同步录制，生成活动视频资料，使大规模教研活动随时都可高效开展，拓宽了教师教研渠道，对教师成长起到了重要的作用。

四、线上线下教师培训有效开展

开展教师远程培训工作，不仅全市范围内可开展，还可引入华师大名师线上线下培训，在应用场景、教师信息技术能力提升等方面均可提供专业且系统的服务。引入华师大的名师及优质课程，为全市各类学校开展为期五年持续性培训及指导，推动学校信息化领导力与教育教学有效融合。

五、远程视频会议促进校际交流

具备开展全市范围内各学校之间或学校内部视频会议，避免常态化疫情防控下人员聚集，所有参会人员只要在有网络的地方，均可通过各种系统的各种终端随时加入会议，还可进行互动，也可大规模直播，从此沟通变得及时高效。

六、优质教学资源共建共享

AI 同步课堂不仅可以具备实时互通互动，还可进行录制优质课程资源，并汇聚到智慧教学大数据平台上，资源可按年级、学科、学段等各种标签进行分类，方便教师查找使用，最终促进优质资源的共建共享，形成优质教学资源库，并保持资源内容不断迭代更新。

七、促进国际文化交流与学习

只要有网络的地方，均可通过 AI 同步课堂与国外的学校进行结对及智慧互动，实现文化交流与教学互动，特别是可以打造"一带一路"沿线国家的国际学习共同体。

第四节 智慧教育网建设方案

经多方调研、考察、征求意见和充分沟通后，淄博市智慧教育构建云、网、平台、端一体化的产品及服务体系一体化解决方案，其中云资源投资规模根据需求结合主流云服务商报价预估，网络建设投资规模根据接入学校数量及带宽结合通信运营商报价估算，平台和端投资规模根据集成工作量及部署平台规模结合软件提供商报价估算，具体建设方案后期由服务商提供。

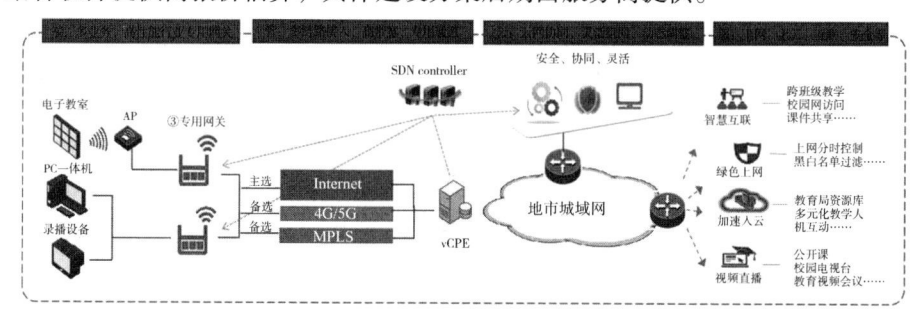

图 4-2 智慧教育网结构模型图

云：云资源采用虚拟化、分布式计算、分布式存储、资源管理等技术，建立弹性、可共享、可伸缩性的软硬件资源池，通过网络等方式提供上云的服务。云计算作为一种 IT 基础设施交付和使用模式，具有灵活、按需自服务、高扩展性、低成本等特点，能有效降低运营成本，节省投资。

网：网络根据山东省教育厅相关指导意见结合典型校网分析，应实现各学校及教室的全网 Overlay 网络互联，保证智慧教育平台大带宽、高可靠性行要求。

平台：建设淄博市智慧教学大数据平台，对多区域分散资源数据有效整合，实现教育数据的"一数一源"和伴随式采集与分析，增加教学过程中师生脱敏的结构化数据采集，形成以学生数据为参考，辅助教师和课堂数据评价为导向的教务管理评价体系和流程，提高教育数据的可信度和可用性。

端：AI同步课堂根据应用场景和功能需求的不同有多个配置版本，比如，AI同步课堂精品版、AI同步课堂标准版、AI同步课堂改造版。采用交互式智能平板、硬件互动教学终端、嵌入式中控系统及录播工作站、多机位高清摄像头、全自动跟踪系统、音响周边等设备进行常态化智能教学，为老师提供大量的优质教学资源及应用软件，使课堂教学更加生动精彩，并生成课堂教学分析评测报告，将远程互动教学与人工智能深入结合，有机统一。

一、云

依托公有云服务提供商的弹性可扩展云架构系统，采用公有云部署方式，为淄博市提供云主机、带宽、存储等资源。基于云计算技术模式下的教育平台，实现了教育教学管理支撑应用的统一部署，有效避免了应用软件的重复性购置问题，提高了软件的使用效率，节省了软件分散式采购的投入经费，同时教育教学管理应用的统一服务能有效降低服务成本，节约运营管理成本。

在云上部署智慧教学大数据平台，实现对所有AI同步课堂互通、点播、直播以及生成的视频资源内容进行管理和应用。通过可视化展示中心，以直观的方式呈现大数据并进行可视化管理，具体可以直接选择观看任意上课教室的视频画面，进行远程巡课等，还可呈现大数据分析界面，通过地图的形式呈现全市所有项目学校定位，通过人工智能图像识别与分析辅助教育管理者基于结构化图表数据进行高效分析，实现科学决策。

（一）云资源架构与配置

1. 智慧教育网云拓扑结构图

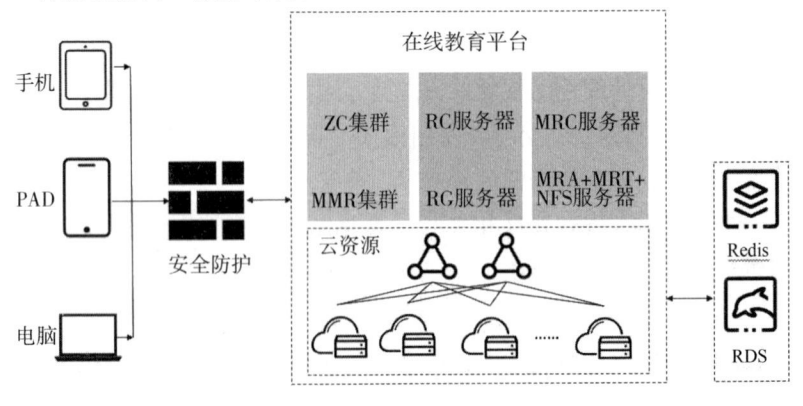

图4-3 智慧教育网云拓扑结构图

2. 资源需求分析

49.2万老师+学生，建议错峰上课，优化课程安排。按照5%并发计算，共24,600并发，按照每堂课1小时，录制1000堂课，需要800G存储空间，同时录制课堂按照20个计算，级联硬件终端的课堂按照10个计算。

3. 资源存储需求说明

表4-2 资源存储配置表

	资源计算说明（2.46万并发）
MMR+ZC	每一台MMR需要4核CPU、4G内存、80G硬盘、300M带宽 每一台MMR支持300个移动端并发 24600并发需要82台，考虑到冗余备份，按照N+1设计，一共需要83台、20.75G带宽
	每一台ZC需要4核CPU、4G内存、80G硬盘、10M带宽 每一台ZC支持管理200台MMR 83台MMR需要2台ZC，考虑到冗余备份，每组N+1设计，一共需要4台、40M带宽
RG+RC	每一台RG需要16核CPU、32G内存、80G硬盘、20M带宽 每一台RG支持10个硬件终端并发 10个并发需要1台，考虑到冗余备份，按照N+1设计，一共需要2台、40M带宽
	每一台RC需要16核CPU、32G内存、80G硬盘、10M带宽 每一台RC支持管理200台RG 2台RC需要1台，考虑到冗余备份，按照N+1设计，一共需要2台、20M带宽
MRC+MRA+MRT+NFS	每一台MRA需要8核CPU、16G内存、400G硬盘、40M带宽 每一台MRA支持20个录制并发 每一台MRT需要8核CPU、16G内存、50G硬盘、20M带宽 每一台MRT支持8个转码并发 按照20个录制并发，考虑冗余备份，一共需要2台MRA，4台MRT，160M带宽
	每一台MRC需要4核CPU、4G内存、80G硬盘、20M带宽 每一台MRC支持管理200台MRA+MRT，考虑冗余备份，每组N+1设计，一共需要2台 每一台NFS需要8核CPU、16G内存、800G硬盘、100M带宽考虑自身系统还需要空间 一共需要1T空间、120M带宽

4. 资源存储需求汇总

表4-3 资源存储需求汇总

合计CPU（核）	合计内存（GB）	合计硬盘资源（GB）	合计内网IP地址（个）	合计公网IP地址（个）	合计带宽（M）
984	1968	49200	45	93	20000

云资源通过租用云服务商解决需求，云计算需要984核CPU，内存需要1968GB，硬盘资源需要49200GB，内网IP地址需要45个，公网IP地址需要93个，带宽需要20000M，所需云资源以实际开通的规格和数量为准。

5. 云的运行能力与运维环境

淄博市现有3.1万余名专任老师和46万学生，智慧课堂最大并发量为49.2万（按照每个班级40位学生计算），以最大并发的资源用量为19680 Vcpu、39360GB内存，984TB存储以及399.75Gbps的带宽，并配套1845个弹性IP地址和负载均衡器。最大并发场景较为极端，根据疫情防控期间网课大数据模型，可以5%并发量作为一个并发单元，即24600师生同一时刻不同地点在线，以此为基础资源用量进行弹性扩容。云资源服务提供商主机和带宽资源支持随用随扩，秒级扩容，目前资源用量以最大并发的5%计算，避免造成资源浪费。

（二）云的安全兼容与扩展

1. 高性能

云基础设施不仅要满足计算、存储等基础资源使用要求，同时需具备高带宽支持能力，大量用户的接入将产生巨大的带宽需求，网络需具备升级扩展能力。

2. 高可靠

云平台架构应采用集群部署模式，满足物理设计上的可靠性；数据存储宜采用分布式的多副本技术，同时在必要情况下，具备提供云上快照、数据备份等数据保护能力。

3. 高安全

平台本身应达到国家等保三级标准要求，对于本项目可提供租户级的安全能力，包括网络层、数据层、主机层、应用层等层级进行全面的防护。

4. 易管理

对于云基础资源，可通过管理平台登录，管理资源使用情况，包括资源运行指标监控、资源扩容、日常配置等，以可视化界面进行管理。

5. 可视化管理中心

可视化管理中心采用显示系统屏幕采用P1.2产品，像素间距为1.25mm，单位像素为表贴三合一 LED，使用标准 LED 显示单元组成。小间距产品一体成型的压铸铝工艺，最大限度地保证了屏幕安装拼接精度和耐久度，并还具有图像无拼缝、静音、轻薄等特点。LED 小间距屏幕物理像素间距小，单位面积内的像素密数量非常多，可以在很近距离观看并且没有颗粒感。

以系统工程、信息工程、自动化控制等理论为指导，综合运用计算机、网络通信、信号控制、视频监控等高新技术，建设一个集信息采集、传输、显示和分析处理功能于一体的科学高效的 LED 全彩屏显示系统，既可灵活多样地显示高分辨率视频图像，颜色丰富、图像清晰，而且画面具备拼接、分割、漫游等多种显示模式，充分满足客户的信息显示需求。配合集中控制管理系统，形成一套功能完整的用于会议、监控、展示的大屏幕显示系统；各种计算机信号、监控视频能以实时、直观、灵活多样的方式显示在大屏幕显示墙上，使用屏幕的人员可以高效地组织及处理各种信息，在应急情况下能快速地综合资源及有效反应，创造一个高效直观的显示环境。

整套系统主要由三部分组成，分为 LED 全彩显示屏、图像处理系统及管理控制系统。除了这些主要部分，根据项目具体实施情况，系统还应包括配电系统、音响系统等。

通过可视化展示中心可以实现对学校基础数据、资源数据、互动数据、录播数据、考勤巡课、考试数据、教学分析行为数据进行汇总展示。其中学校基础数据、资源数据、互动数据、录播数据、考勤巡课、考试数据均来自定时同步各个相关业务组件（教学资源中心、教学基础数据、教学互动管理、教学课堂巡查、教学课堂考勤），实现将本级平台统计数据，汇聚到上级平台，实现数据共享。

教学分析行为数据主要是对已经结束的课程进行课堂行为分析，包含学生行为占比趋势、学生课堂行为趋势、学生课堂平均参与度、精准教研、教师教学类型、ST 数据等，实现对每个老师在本学期内不同时间段内的课程行为分析报告。

领导驾驶舱的看板模式，将根据不同用户（教育局管理员/校管理员）登录，查看到不同的页面内容，教育局管理员能看到整个教育局下所有学校的整体统计信息，同时还能查看不同学校之间的统计数据对比数据，校管理员只能查看本学校的统计数据。领导驾驶舱具备将基础数据、资源统计、教学分析、考勤巡课、考试数据这五块数据以 PDF 文件的形式展示导出。

（三）云基础设施整体能力优势

1. 场景与架构

智慧教育及 AI 同步课堂为 B/S 架构，面向公众提供海量的以视频业务为核心的分发服务，业务忙时数以十万计的客户端同时连接服务端，属于典型的高并发、高带宽的业务场景，因此云计算基础设施需具备强大的资源储备及弹性扩展能力。

2. 平台的延伸能力

随着云计算的深入演进，云原生技术在教育行业也得以应用。智慧教育业务场景中，采用云转码、云点播、云数据库、云容器等基于公有云的云原生技术已成为 AI 应用必不可少的基础组件，同时海量的直播、点播业务亦需要强大的 CDN 分发能力。

以视频业务为例，云转码、云点播可为客户提供离线视频一站式解决方案，即客户上传视频后自动完成转码、水印、定点截图、多屏切换等功能，并可实现 AI 的视频内容审查。最大程度地确保视频在相对较低码率的情况下清晰度不受损失，节省带宽进而节约成本。

3. 平台稳定性及扩展能力

公有云环境具备强大的计算资源、存储资源、网络带宽资源储备。一是公有云架构本身以大规模集群方式搭建，稳定性、可靠性、可用性都比私有云更强；二是基于平台本身资源储备能力，可以满足峰值出现时有资源可用，保持服务的连续可用性，可以满足智慧教育平台高并发、高带宽业务场景。

4. 简化运维

用户无需关心机房环境和硬件资源等基础维护工作，应更加专注于应用系统开发和维护，基于工单系统可实现对故障的快速反应及处理。

5. 网络能力

智慧教育平台具备直播、点播能力，为全市中小学提供智慧教育服务，满足日常教学需求，同时考虑紧急状态下的带宽保障能力，出口带宽应至少具备 50G 的服务能力，且可以扩展。

6. 虚拟私有云 VPC 组网能力

为保证云上资源的租户隔离能力，需通过虚拟私有云为本项目构建隔离的、可自主配置和管理的虚拟网络环境，提升资源的安全性，简化网络部署。

（1）子网划分。VPC 支持用户划分子网，用户可以在子网内设置子网段、子网关，不同子网之间的云主机需要通过路由交换才可以通信，同一个子网中的主机可以直接二层通信。

（2）网络 ACL 控制访问。通过网络 ACL 的方式控制云主机之间的访问权限。在定义 ACL 时，用户可定义各种访问规则，ACL 会根据与子网关联的入站/出站规则，判断数据包是否被允许流入/流出关联子网。

（3）安全组。安全组是一个逻辑上的划分，用来实现安全组内和组间虚拟机的访问控制，加强云主机的安全保护，安全组创建后，可以在安全组中定义各种访问规则，当虚拟机加入该安全组后，即受到这些访问规则的保护。

7. 计算资源能力

计算力是搭建系统的核心基础资源，为平台功能的实现提供算力支撑，至少应具备以下算力能力。

（1）云主机。云主机属于弹性计算服务，一般由CPU、内存、镜像、云硬盘组成，是一种可随时获取、即开即用、可弹性扩展的计算服务器。可为项目搭建安全稳定环境及应用，并根据需求动态弹性扩展资源。

云主机功能要求：支持多种规格，CPU与内存的资源配比支持1∶1、1∶2、1∶4；支持对云主机规格的升级和降级操作；可提供SATA、SAS、SSD三种存储类型；支持公共镜像、私有镜像、共享镜像；支持主流的Windows、Linux操作系统；支持虚拟私有云；支持安全组，可在安全组内设置访问规则；提供多种远程登录方式——密码登录、密钥登录、VNC登录等；可通过云监控服务，监控资源使用情况，也可预设告警通知；支持弹性伸缩，通过策略自动调整其业务资源，减少资源投入；支持云主机常用管理操作，如开机、关机、重启、重置密码等。

（2）物理机。云物理机以满足核心应用对高性能及稳定性的需求，同时可实现与弹性云主机混合组网，提供灵活的业务部署方案。

物理机功能要求：提供多种操作系统；支持常用的Windows、Linux操作系统，可指定操作系统类型；物理机与云主机网络互通；物理机服务支持部署在VPC中，可实现物理机与物理机之间、物理机与云主机之间网络互通，满足不同业务场景对物理机、云主机部署的需求。

物理机生命周期管理。支持物理机生命周期管理，可以通过公有镜像或者私有镜像进行快速部署及发放，网络自动配置，发放完成即可使用。

8. 弹性伸缩能力

弹性伸缩服务可根据业务需求，通过策略自动调整其弹性计算资源的管理服务。可通过管理控制台设定弹性伸缩组策略，弹性伸缩服务将根据预设规则自动调整伸缩组内的云主机数量，在业务需求上升时自动增加云主机实例，业务需求下降时自动减少云主机实例，降低人为反复调整资源以应对业务变化和高峰压力的工作量，帮助用户节约资源和人力成本。云平台提供弹性伸缩服务，伸缩预先设置容量范围和触发条件，当满足条件时按照预置的动作进行弹性伸缩。

9. 存储资源能力特点

基于分布式架构的、可弹性扩展的数据块级存储，云硬盘应具备高数据可靠性、高I/O吞吐能力，简单易用等特点，可为云主机提供系统盘和数据盘，满足文件系统、数据库或者其他应用等的存储，可在线操作及管理块存储，并可以像使用传统服务器硬盘一样，对挂载到云主机的磁盘做格式化，创建文件等，可提供不同类型的磁盘满足应用使用需求。

SATA：适用于大容量，读写速率中等，事务性处理较少的应用场景，如企业的日常办公应用或者小型测试等。

SAS：适用于主流的高性能、高可靠应用场景，如大型开发测试，Web服务器日志以及企业应用。

SSD：适用于超高IO，超大带宽的读写密集型应用场景，如高性能计算应用场景，用来部署分布式文件系统，I/O密集型应用场景和各类SQL/关系型数据库。

常规功能要求：

（1）扩容。支持磁盘空间大小从10G到32T，可按10G步长在范围内自由配置磁盘容量，并可随时扩容，满足不断增长的业务对更多存储容量的需求。

（2）挂载和卸载。支持与云主机的绑定（挂载）和解绑（卸载）。系统盘在创建云主机时自动添加，无需进行挂载操作，如在创建云主机时选择添加数据盘，数据盘也将自动挂载到云主机，当单独开通数据盘时，可手动执行挂载到云主机的操作。

系统盘和数据盘均支持从云主机上卸载，但需要在云主机处于关机状态时才可执行此操作。卸载的系统盘和数据盘可重新挂载到任意一台云主机，但系统盘仅支持可以作为数据盘挂载到其他云主机。

（3）云硬盘的备份与恢复。支持云硬盘备份，可以根据需要随时通过控制台对系统盘或数据盘执行备份操作，当用户发现因误删操作，黑客攻击等原因导致数据丢失或不一致时，可选择某个时间点的备份执行恢复操作，避免业务受到影响。

（4）性能监控。提供实时监控磁盘的读写速率、读写操作速率、读写流量以及IO监控的信息。

（5）对象存储。对象存储提供海量、弹性，高可用、高性价比的存储服务，以满足大量非结构化数据存储的需求，如视频类数据。

功能需求：权限控制。提供统一身份认证、Bucket权限、Bucket策略、签名验证等多种访问控制方式，对数据资源进行精准控制。支持操作跟踪和Bucket日志管理，实时记录访问请求的详细信息，可靠可用；服务设计可用性不低于99.9%；数据设计持久性不低于99.99%；存储规模可大规模在线扩展，不影响对外服务；支持多副本和纠错码冗余，可根据对象的重要程度选择不同的冗余方式。

10. 安全能力特点

按照等保三级V2.0防护要求建设，需充分考虑系统安全的建设，安全防护应贯穿物理安全、网络安全、云平台安全、主机安全、数据安全和应用安全等多个层面，需要从各个层次确定本系统应实施的安全规范要求。

（1）安全架构。为了满足本项目安全防护需求，平台应具备三级等保能力，且可以提供租户对于网络安全、主机安全、业务安全、数据安全和管理安全的需求，包括安全服务内容有云防火墙、DDoS防护、Web防护、网页防篡改、主机安全、主机杀毒、日志审计、数据备份等，且服务内容可根据客户需求持续性增加。

（2）网络层安全。为了保障云平台上业务系统的安全，有必要在用户访问业务系统的过程中建立安全隔离与访问控制机制，向不同的部门开放不同的业务访问权限、深度检测访问数据中的入侵攻击行为和恶意代码。为了满足业务网络边界防护的需求，可通过云防火墙服务阻断越权访问行为、非法办公人员恶意攻击行为和来自办公终端的病毒传播至业务主机。

（3）主机层安全。主机安全防护方面，云主机是云平台业务的支撑点，虽然云平台为租户提供的云主机操作系统均为正版且加固的操作系统，但在云主机运行过程中依旧会有大量的主机漏洞暴露出来，成为不法分子入侵攻击的目标。一旦租户的某一云主机被不法分子成功攻击，将会被作为攻击跳板，利用虚拟机间的东西向访问机制蔓延至同一租户的其他云主机，从而达到窃取敏感数据、破坏业务系统的目的。此外云主机间的病毒扩散同样会为主机和业务安全造成严重的安全威胁。云主机的安全加固、东西向隔离、入侵防护、恶意代码防护的需求不仅是要满足合规性的要求，更是保障业务安全的基础。

主机层安全管理方面，传统的运维管理方式，租户运维人员、软件维护人员、代维人员和云平台管理人员均通过云主机特权账号直接登录云主机操作系统进行操作，运维权限无法控制，运维操作过程无法审计，不仅无法满足等保三级身份鉴别、访问控制和安全审计的要求，而且一旦因为运维行为出现核心数据泄露、数据篡改，甚至因为误操作造成的业务瘫痪都将无据可查。为保障云主机及业务系统的管理安全，云平台为租户提供了云堡垒机服务，租户运维行为可通过云堡垒机作为整个租用平台运维的统一入口，为每一个需要远程维护的人员分配固定维护账号并严格划分运维访问权限，运维人员通过双因子认证可访问权限范围内的运维目标，全部运维过程均被详细的审计记录。

(4) 应用层安全。业务系统安全防护方面。基于安全需求分析中针对业务安全防护的需求，方案建议云租户通过云 WAF 服务抵御 Web 攻击保障业务系统安全。云 WAF 服务为 Web 应用专业防护，对来自 Web 应用程序客户端的各类请求进行内容检测和验证，有效应对 SQL 注入、跨站脚本及其变形攻击、实时检测网页篡改、提供挂码主动诊断，提供细粒度应用层 DDoS 攻击防护功能，确保其安全性与合法性，对非法的请求予以实时阻断，从而对各类网站站点进行有效防护，降低攻击的影响，确保业务系统的连续性和可用性。

门户网站安全保障方面。随着 Web 应用的普及，门户网站成为每个政务部门宣传党的路线方针政策、公开政务信息的重要窗口，成为各级党政机关履行社会管理和公共服务职能，为民办事和了解掌握社情民意的重要平台，同时更多的对外业务也越来越多地转到 Web 平台上。Web 应用的日益广泛及其中蕴藏价值的不断提升，引发了黑客的攻击热潮，如页面篡改、网站挂马、注入类攻击、DDoS 攻击等，极大地困扰着网站提供者，给企业形象、信息网络，甚至核心业务造成严重的破坏。

通过网页防篡改服务实时监控、实时报警和自动恢复等功能为用户 Web 站点提供实时安全保护，并通过日志实现对网站文件更新过程的全程监控，防止黑客、恐怖分子及网络病毒等对网站的网页、电子文档、图片等所有类型的文件进行任何形式的破坏或非法修改，从而为网站提供可靠的安全保障。

(5) 数据层安全。数据及备份恢复策略主要包括：规范数据备份的过程及操作行为，保障数据的备份可以满足业务连续性及灾难恢复，为其他安全措施的重要安全事件数据提供备份与恢复支撑。数据备份工作可通过人工和数据备份系统等措施完成，由于人工数据备份的频率一般为一天一次，对于重要的业务系统根本无法满足数据备份要求。根据业务和数据的安全级别要求，可通过数据备份系统，对数据备份实时性要求高的数据通过数据备份系统进行备份。

11. 公有云机房特点

项目所需云资源以公有云服务形式提供，不需新建机房，作为云资源的承载空间，较高的机房标准可以保障提供更好的云服务，公有云机房以符合国家 A 级机房标准为宜，公有云机房环境参考如下能力：

(1) 供电安全保障。供电安全方面，需配套 4 路市电+设备冗余+UPS+高压油机的供电保障系统，整体可靠性达 99.999%。全部采用 2+2 冗余配置，在高低压侧都可进行手动或自动母联，一旦市电停电，高压油机将在两分钟内完成自动并机，在此基础上，并具备接入专享 110kV 高压变电站能力。

(2) 高效制冷系统。空调系统采用集中式冷冻水+冷却水相结合的空调系统。配备 4 台冷水机组，每台冷机的制冷功率为 3500kW，采用 3+1 冗余方式。所有设备全部采用冗余互备，双管路设计，分布式阀门控制，蓄冷罐采用 270 立方，开放式蓄冷罐，可保证满载运行情况下应急制冷 15 分钟。同时通过板式换热器，壳管系统等，合理利用自然冷源，提高安全性，降低 PUE 值。至少有 1200m^3 的蓄水池，市政停水情况下，完全能够保证制冷系统两个周的用水量。

（3）模块化数据机房。机房采用封闭冷通道设计，活动地板下送风，侧回风，通道内温度为 23±1℃，湿度 40%～55%。送风口采用格栅设计，动态调节送风量，有效提高制冷效率。机架提供多功率的智能 PDU 接入。

（4）完善的消防和安防监控系统。机房需配置极早期报警系统和七氟丙烷气体灭火系统。安防监控系统，能够进行 7×24 小时监控，同时冷通道内外按照客户要求预留安装全视角的视频监控空间。

机房环境条件和指标

供配电—电力保障要求：

供配电采用四路市电、2+2UPS、高压油机等，整体可靠性达 99.999%。

1）四路高压市电接入

数据中心供电等级参照国标（GB50174），市电供电方式为两个电源供电，两个电源不应同时受到损坏。市电引入选用由两个不同变电站单独引接供电线路至数据机楼。

2）充足的 UPS 后备电源

机房供电设施部署在二层电力电池室（北侧），UPS 采用 2N 配置。包括 1 套 500kVA（2+2）的 UPS 系统、1 套 3000A 的 -48V 直流系统、1 套 500kVA（单机）系统，后备时间 30 分钟，高压直流后备时间 30 分钟，48V 系统后备时间 60 分钟。

3）柴油发电机组

为实现数据中心的应急供电目标，满足 IT 设备、制冷设备及消防供电系统及应急照明、保证照明、机房监控系统供电，在动力中心专门建设了容纳 24 台机位的后备柴油发电机组。满足数据中心供电需要。当两路市电中断故障后，自启动发电机组在 3～5 分钟并机输出供电，发电机供电与市电不并网，结合 UPS 系统，充分保障应急供电需求。

配套由 PLC 控制的自动补油供油系统和 2×25 立方米储油罐，配置输油泵及紧急回油系统，另设置有日用油箱 2 个，满足后备时间不少于 8 小时的用油需求。另外为保障充足的油品供应，需保证已同加油站签署供油协议，满足全部负荷连续运行 48 小时以上。

4）机架 PDU 情况

机架采用 32A/240V AC 双路 PDU。输出配置 20 个自复位防脱插孔。配置 ABB 总控型 32A/2P 交流空开，每机柜最大可支持 25A 电力容量。配置绿色电源指示灯，配置 20KA 热插拔防雷，配置液晶数显热插拔表，具有检测电流、电压、功率、电能等功能，组网方式：局域网、级别，具有 LINK 接口、RS485 配置及数据级联接口。

5）制冷系统要求

要求数据中心全年制冷，空调系统采用集中式水冷冷冻水空调系统+集中式冷却水空调系统相结合的空调系统形式，冷源选用离心式水冷冷水机组+板换，低温季节进行免费供冷。数据中心将保持每年 365 天×24h 的全年制冷运行工况，所选择的制冷设备质量稳定、运行可靠，使用寿命长，且节能环保，保证机房安全运行。主要设计标准如表 4-4：

表 4-4 数据中心制冷系统标准要求表

房间名称	开机时 温度（℃）	开机时 相对湿度（%）	停机时 温度（℃）	停机时 相对湿度（%）	新风量（次/h）	湿度变化率 ℃/h	噪声标准 dB（A）
通信机房	23±1	40~55	5~35℃	40~70	1.5	<5 并不结露	—
电力电池室、配电室	15~25	—	15~25℃	—	—	—	—

空调末端采用冷冻水型机房专用空调机组冷冻水空调系统，供回水温度为 12℃/18℃，每台冷水机组配套一台板式换热器，冬季或过渡季节室外温度较低时，由冷却塔及板式换热器提供冷源，减少冷冻机组开启时间，降低能源消耗。

项目离心式水冷机组、冷却塔、水泵等均配套变频控制，冷冻水空调系统配套集中控制系统，系统管道选用电动切换阀门，实现远程监控与自动切换控制，提高空调系统整体能效。机房加湿系统同采用柜式湿膜加湿器独立控制机房的湿度，加湿水引自各层走廊预留加湿水管，水质符合自来水法规定水质标准的饮用水。

a 应急制冷

应配套 2 个 135m³ 的蓄冷罐，2 台应急释冷泵（与冷冻水循环泵共用）。蓄冷罐采用闭式系统，蓄冷保障时间按满足 A 级通信机房满载 15 分钟冷量。

b 空调群控系统

设置空调群控系统以及 DDC 系统，每个控制系统需能显示并自动记录各通风设备、空调机组、冷源设备、水处理设备、水泵、蓄冷罐等的运行状况，故障报警及启停控制。所有设备需能采用自动或手动操作及就地开关、转换开关。当开关处于手动控制时，控制中心可以监视设备的运行状态，但不能进行控制。控制中心能显示出空调、通风、制冷等各系统设备的运行状态及主要运行状态及主要运行参数，并进行集中远距离控制和程序控制。

c 模块化设计

要求机房采用节能效果良好的封闭冷通道技术。通过两侧空调室的精密空调把产生的冷气最大限度地提供给 IT 设备，提高机房制冷的效率。气流组织采用下送风、侧回风方式优化机房气流，机柜采用"面对面、背靠背"摆放布局；地板 80 厘米高度，通道内地板采用孔洞地板。密封地板需铺有隔热层，精确送风，送风口采用格栅设计，可保证动态调节每个机柜的送风量。

冷通道内温度在 23+1℃，湿度 40%~55%。机柜两侧均需设置列头柜，列头柜采用能耗管理功能，每个配电单元的用电情况都能在控制器内实时展现。

机房配置极早期报警系统和七氟丙烷气体灭火系统。冷通道的顶部是跌落板方式的封闭式通道，供冷时跌落板关闭、火警联动时自动打开，当产生火灾报警状况时，所有冷通道顶部的封闭板会自动跌落，气体消防进行及时的灭火处理。

需具备数据中心安防监控系统，视频监控范围需包括机房公共区域、机房区域，动力中心、室外部分（围墙、室外主道路、门卫），进行 7×24 小时监控。

二、网

（一）网络架构与拓扑

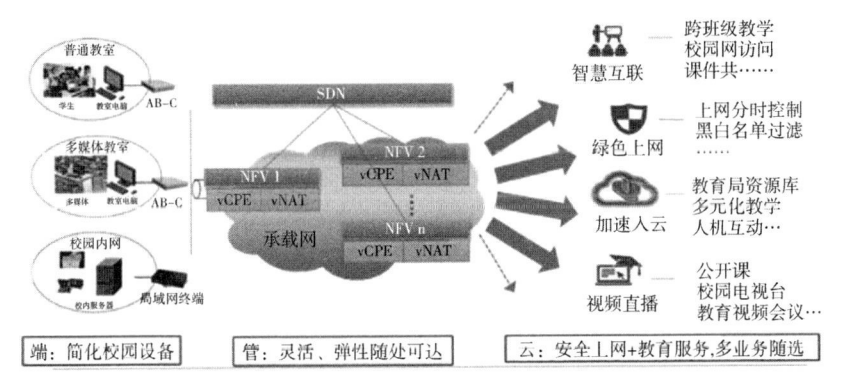

图 4-4 网络架构拓扑结构图

（二）教育专网建设概述

1. 带宽接入保障

为了提升学校各类多媒体设施的利用率，实现远程教育、AI 同步课堂等新兴信息化教学手段，需要为学校、班级提供大带宽的网络接入能力，提供远程点播、直播、空中课堂等业务。

2. 专用网络通道

学校师生的上网流量以及教学、办公所需要的各类业务流量，需要和非教育类客户进行区隔，保障教育网络的服务质量，实现专网专用。学校师生和各个教育信息点，需具备同时访问教育网络资源和可管可控上网的条件。

3. 多网互联

在保障大带宽接入和内外网隔离的基础上，公众互联网、现有教育城域网、校园网络之间需要打通，为各类云资源的访问提供便捷的网络通道。改造的 AI 同步课堂教室设备可以通过原有网络接入教育专网，跨运营商网络音视频互通所需带宽在能得到可靠保障的前提下，可确保 AI 同步课堂互联互通的整体效果。教育专网内班与班之间、班与校之间、家与校之间需实现高效率的互联互通，以满足学校师生和各类教育应用的网络传输需求。

4. 教育资源上云

在教育信息化 2.0 的倡导下，教育资源逐步向云侧迁移，需要一体化的云网服务，各级学校师生可简单、快速、安全地实现云上教育资源访问；同时教育系统存储着海量数据，应实现安全可控的访问，让学校、学生、老师更多地享受安全、便捷的云服务。

5. 教育网络安全审计

教育专网需要屏蔽游戏、色情、购物等和学习无关的网络访问业务，加强教育专网的信息安全管理能力，及时响应并快速处理各类安全问题。教育专网具备对各类安全事件的感知、管控、通报及监督的能力，满足公安部 82 号令和 151 号令对于用户统一认证和安全审计的要求。

6. 教育专网的可视化管理

由于校园内通常无法配备专职的网络技术人员，所以校园内网由学校自行运维，难度非常大，在网络出现故障时，不能及时修复，给教学使用造成不便。网络使用得不到保障，对网络环境下的信息化教学产生很大影响，因此，需要提供统一的可视化的网络运营管理平台引入相应的智慧运维手段。

在充分考虑淄博市现有网络的兼容性及互通性的基础上，网络管道采用专网+5G 主备方案，保证网络高稳定性。面向未来多业务场景打造 SDN 智能全光网络，实现班级/学校多层级的互联及多云资源平台的高速访问，配置全光网络到班级，教室端应用通过一根光纤可同时高速接入互联网和教育专网，并可实现班与班的跨地域互联，满足AI同步课堂无时延的互动教学场景要求；基于光网络的无线Wi-Fi覆盖，满足移动学习终端、电子书包、物联网智慧校园等无线终端的接入需求。学校不再需要部署多种网络，一条光纤智能随选，满足教育专网、互联网无感切换，课堂资源和数据一键上云下载。

在云网管理上，提供统一的可视化运营管理平台，可实现对云网运营的校园状态总览、安全态势感知以及数据统计分析等，形成云网的"教育驾驶舱"，便于管理者实时了解调度各学校的终端网络运行，实现数字化管理。

基于以上情况，为推进打造淄博智慧教育新赛道项目，运营商为淄博市AI同步课堂常态化应用量身定制专网。利用5G切片及先进的SDN技术构建多个专用的、虚拟的、隔离的、按需定制的可管可靠的高速全光网络，覆盖各学段及教育主管部门，满足AI同步课堂不同应用场景对网络能力的要求。构建AI同步课堂专网，光纤到班免维护，联结所有AI同步课堂教室和云教学客户端，云网融合专用通道一纤入云，实现云网端一体化、端到端的服务。

（三）智慧教育联网特点

针对AI同步课堂大带宽、低时延、多业务的网络要求，推出面向全市的基于SDN/NFV可扩展架构的行业专网。

一线多用：光纤进班+5G到校，多业务多终端一线承载，开机即用；智能敏捷：简化校园IT建设、统一运维，网络状态可视化；业务开放：新业务灵活快速上线；智慧教育联网网络能力——带宽：校园专线（1000M），班级（300M）；并发：视频3000个，其中高清1000个；多云：开放接口，为同步课堂扩展应用预留充足能力；上联：40G（后期分本地网部署数据节点，总容量达160G）。

1. 组网模型

该部分主要说明汇聚以及接入侧业务的接入方式。组网需求：学校4个班级放置4台网关，班级通过配线光缆上联至学校机房，学校机房按照GE带宽上联至就近的OLT。结合组网需求，专网电路承载可分为三部分，一是乡镇OLT上联区县中心机房，二是乡镇OLT下联至学校机房，三是学校机房至班级网关。

2. 教育专网接入计划

光纤资源已经到校。建设方案：将校园楼宇光节点作为起点，由垂直光缆将光资源引入教学楼楼层的二级分光器，考虑校园FTTH接入带宽需求，以及保证光功率（减小光衰），采用1：32分光，最后以蝶形引入形式，通过皮线光缆作为引入光缆将光资源引入教室。

光纤资源到街道未到学校。建设方案：当光资源没有接入到学校时，我们通过建设新的引入光缆，将校园附近片区的光资源引入到学校的光交接箱，由垂直光缆将光资源引入教学楼楼层的二级分光器，最后以蝶形引入形式，通过皮线光缆作为引入光缆将光资源引入教室。

学校超过 OLT 的覆盖范围。建设方案：当学校附近 15 千米之内没有可用的 OLT 节点时候，学校想要接入光资源，必须在学校附近建设新的机房，并且下挂 OLT，学校通过该机房将光资源引入学校的交接箱，由垂直光缆将光资源引入教学楼楼层的二级分光器，最后以蝶形引入形式，通过皮线光缆作为引入光缆将光资源引入教室。

3. 校内网建设计划

在教育信息化建设需求的学校内，每间教室通过无源的全光网络直接接入到 FTTH 光网，采用 FTTH 组网方式覆盖。校园建设段落为：从片区光节点引入光缆至楼宇光节点和楼层光节点。楼宇建设段落为：从楼宇光节点和楼层光节点，以蝶形引入光缆作为入户光缆引入教室。教室建设段落为：挂墙安装多媒体信息箱（含防浪涌 PDU），信息箱接入皮线光缆、电源线、双绞线（网线），信息箱内安装 ONU（政企网关），运营商负责到政企网关 FE 口能正常使用，对于不具备综合布线的教室，运营商要负责 ONU 到电子白板（教学主机）网口以明线方式布放双绞线（网线）。

（1）两级分光方案

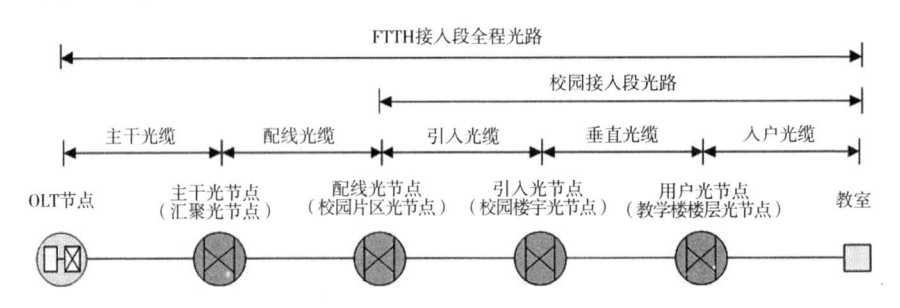

图 4-5 FTTH 接入段全程光路

在 FTTH 覆盖工程中，分光点设置在配线光节点（校园或校园周边片区）、引入光节点（教学楼楼宇）、用户光节点（教学楼楼层）中的两个位置。

（2）分光原则

GPON 制式及后续演进的 XGPON 制式支持 1：128 以上分光，考虑校园 FTTH 接入带宽需求，以及保证光功率（减小光衰），采用 1：32 总分光，一级采用1∶8，二级采用1∶8，一级分光器下挂二级分光器的数量不超过4个。

（3）教室设备及布线安装计划

设备及线路要求，终端类设备三个课堂设备：电子白板、教学主机、多媒体终端设备，通过有线网络接入ONU。

网络设备：非计算机教室单个信息点终端ONU需配置不少于8个100M上网端口，计算机教室单个信息点ONU需配置不少于2个1000M上网端口，具备端口管理，远程集中监测能力，支持IPv6双栈（具备业务流量监控）。

线缆：皮线光缆，符合《YD/T1997-2009 接入网用碟形引入光缆》标准，光缆敷设时的拉伸力和压扁力应符合下表的规定，光缆外护层不应有明显损伤。双绞线，不低于超五类线（CAT5e）标准。电源线，电压AC100-240V-50/60Hz，最大承载功耗2kW，符合国标。

三、平台

依托智慧教学大数据平台建立全市统一的用户认证中心，通过实名身份认证和权限管理，逐步实现单点登录，即一人一账号。全市统一的用户认证中心，统一建立了师生的账户信息，保证了教师在全市各学校调动过程中，账户和应用数据的连续性。学生账户建立后，从幼儿园到高中，实现一体化管理，保存了每名学生各学段的所有学习数据，提供了学生的全过程评价数据，提高了教育数据的连续性和全程性。

淄博市智慧教学大数据平台涵盖的智慧教学分析模块，实现利用AI技术对课堂进行记录，使记录的信息更全面，包括教师、学生的课堂结构化数据，系统基于自身的统计模型。每堂课结束后20分钟会自动生成课堂报告，报告中关于教研内容模块可以按照实际需求做相应调整。生成报告以S-T分析方法为基础，直观表现教学性格的教学分析方法，对教学过程进行定量和定性的分析和评价，判断课堂教学性格，获取具有共识的、客观的信息。以图形的方法直观地表现出教师的教学性格，属于哪个类型（对话型、混合型、讲授型、练习型），利于教师进行自我评价和反思。通过教学行为进行分析研究，得出互动数据，为新课标提供指导意义和启示作用，有利于贯彻新课标的理念。

在S-T报告的基础上，平台辅助同课异构和学科常模功能，开展"同课异构"活动，有利于教师更好地理解课程标准，提高教学的有效性。"同课异构"中的"异构"不是目的，而是一种手段，是通过不同的教师或者是同一个教师用不同的设计上同一节课这样的手段来帮助教师更好地理解课程标准，更好地把握适合不同教学内容的教学方法，更好地了解适合不同学生特点的教学情景，发现平时教学中的一些低效，甚至无效的教学方式等，来实现提高教学有效性的目的。疑难问题通过独自的思考很难得到透彻的理解并获得解决，但通过研讨后，很快就可以明确改进方向和措施。在学科常模上，通过对长期教学大数据的统计和分析，按照不同学科建立教学、学习常模，形成教学测评和成果检验的标准。构建具有"本校特色"的优秀教师教学常模。同时，青年教师可以将自己上课的课例数据与教学常模进行对比，开展教学行为横向对比和深入点评，放大名师效应，帮助教师个人提升教学实践能力。

（一）智慧教学大数据平台

1. 平台架构

（1）业务架构

智慧教学大数据平台采用组件架构，每个组件承担不同能力，从能力上分为行业组件、共性业务组件、通用服务组件、基础环境组件。

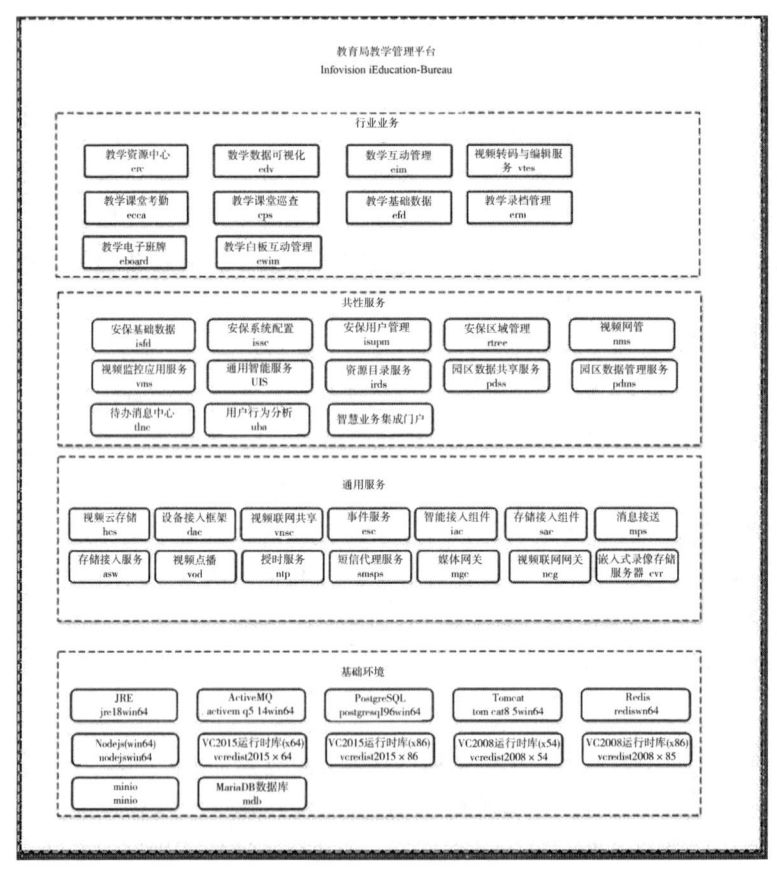

图 4-6 业务架构图

2. 逻辑架构

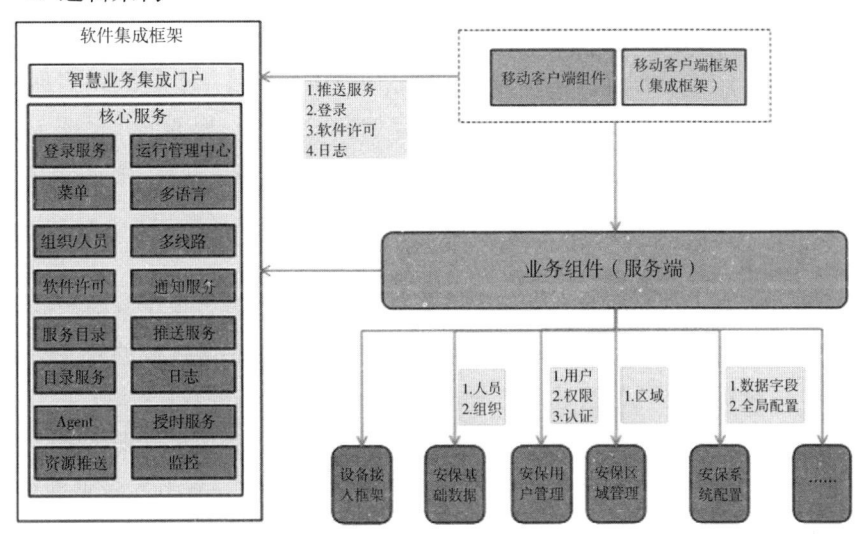

图 4-7 逻辑架构图

通过门户、移动客户端可以访问平台，门户为 Web 集成框架，集成各 Web 组件提供的菜单界面；移动客户端基于移动客户端框架实现，通过移动客户端集成多个移动客户端组件形成移动端应用。业务组件基于核心服务和系统管理及通用服务、基础环境的能力实现自身业务能力。各组件提供接口进行功能调用。

3. 数据架构

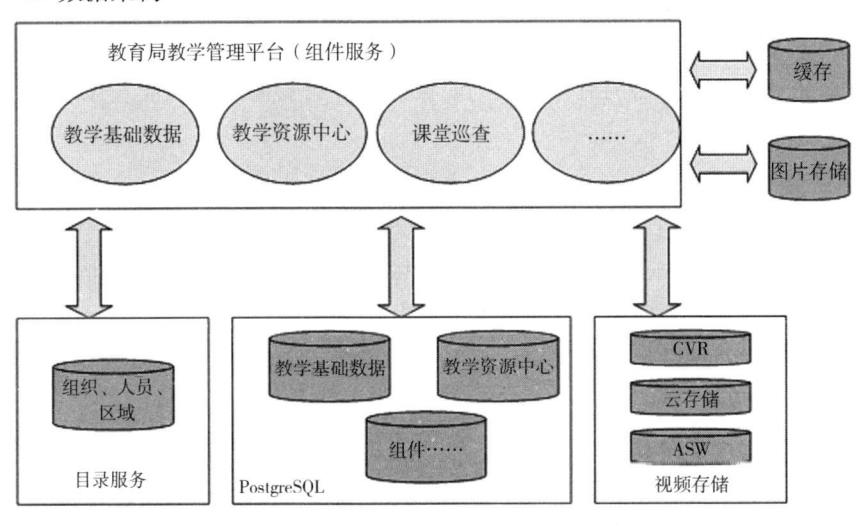

图 4-8 数据架构图

如图 4-7 所示，平台包含结构化的业务数据、资源数据、录像数据、图片存储及缓存；业务数据存储在 PostgreSQL 中，资源数据存储在目录服务（LDAP）中，视频数据存储在 CVR、云存储中，图片数据存储在 ASW 组件（存储接入服务）中，部分高重复调用的数据存储在"缓存"服务中，保证了访问的高效率。组件都是独立数据库设计，方便组件后续升级、迁移、扩容及维护。

（二）平台关键技术

1. 组件化

组件化提高了产品的能力复用，可通过组件复用的方式提供其他产品或者功能使用该能力，并且可以复用到各个行业。组件由熟悉该领域的专人团队开发和维护，能提供更优的领域解决方案，并提高研发及问题修复效率。

组件化对产品能力的扩展有先天性的优势，动态的增加组件即可满足能力的扩展需要，只需花费少量的产品打包调整成本。组件开发引入带来的难点：多个组件涉及集成问题，另外多个组件由不同的服务提供能力，各组件有各自独立的数据库，彼此隔离，数据一致性及接口调用会变复杂，需要更多的逻辑处理异常情况，增加了程序逻辑复杂度。

2. 分布式

产品采用分布式技术，通过将产品分布式化，采用多服务部署形式，增强产品在大型应用场景下的系统容量及性能扩展，同时分布式部署能显著提升服务可用率，减小单点故障对整个平台可用性的影响。

产品中的多服务功能，也具备部署在同一台服务器上，能适应小型业务场景部署要求，提高产品适应能力。产品将性能要求高、负载压力大的服务独立出来，能提升服务自身的可用性，同时也能减少自身的处理性能及压力给其他服务带来的影响。

3. 统一资源模型

根据各行业的资源数据特征，设计统一通用模型，满足各业务场景使用，并且具备扩展资源属性。统一人、组织、区域等资源模型，方便自研软件产品集成及数据交换，对第三方集成及数据使用，提供了统一标准。约定统一的资源目录，资源存取按照规范约定，减少资源集成过程中的各种重复确认。

4. 单点登录

产品由多个组件构成，访问组件功能需要进行身份认证。产品具备单点登录，一次登录多处使用，方便用户使用。具备 Web 端、客户端、移动端登录访问系统。具备第三方系统登录对接。

5. 完善的安全性

平台默认使用 https 访问，通过授信证书，降低恶意中间人服务劫持安全风险，并且 https 加密传输保护信息明文传输过程中数据嗅探带来的信息泄露。通过代理访问平台，并且配置符合安全要求的加密算法访问，减少内部服务端口直接对外暴露，提高服务安全性。

服务只响应授信 IP 的访问，防御对于跨站点攻击，及非授信服务器的恶意访问。各组件存储独立加密，密钥各自保管，互相隔离，即使少量组件安全密钥攻破，也不影响其他组件存储数据的安全性。用户密码等高敏感安全数据，存储采用防篡改及不可逆加密算法，保障原始密码的安全及不可篡改。前端到后端请求，敏感说明传输采用 https 的同时，使用非对称加密算法进行数据加密后传输，进一步保障数据传输的安全性。密钥存储使用公司的安全盒子进行加密存储管理。平台访问存储，访问设备时采用各自的安全认证进行访问。

6. 产品运维一体化

产品提供配套运维系统（运行管理中心），具备监控服务器状态，服务运行状态，对异常状态的服务器或者服务发出告警，对于掉线的服务尝试进行启动；具备远程界面配置服务运行参数，并且界面具备重启服务生效，减少人工去服务器手工修改配置文件及手工停启服务；具备自动采集及清理日志功能，减少人工清理日志，方便日志查询；界面具备组件安装、卸载、打补丁包、资源包的更新；具备多线路配置、校时配置及手工添加服务，授权文件导入及反激活；具备系统数据的备份及还原以及定期自动备份；提供知识库查询解决常规平台问题，及提供平台菜单管理。

7. 数据存储技术

平台提供多种视频存储方式：前端设备存储、嵌入式服务器存储以及 CVR 存储及云存储，多种存储方式可并存。阵列也内置 CVR 服务器，调取底层 SDK 直接取流存储，节省硬件服务器，且可以更好地满足视频子系统 7×24 小时不间断运行的需求。平台图片数据存入 ASW 组件（存储接入服务），具备可覆盖的存储及不可覆盖的存储配置。平台业务结构化数据统一存入关系数据库中，方便增删改查等各类关系数据操作。平台资源数据集中存储在目录服务（LDAP）中，提供直观的树形结构，方便查询及共享。

8. 多线路

平台通过多线路配置，能够适应多局域网、公网混合，含有防火墙、网关、网闸隔离的物理网络，也能适应跨多个隔离网域的更复杂情况。具备端（浏览器、移动端）、设备可以在不同的线路访问平台。

141

（三）可视化数据统计

1. 基础数据

具备查看从教学基础数据组件、教学互动管理组件、教学资源中心获取每个学校的位置、教师数量、学生数量、教室数量、录播时长、互动时长、互动开课数、互动开课率数据。具备教育局管理员能在页面上查看到所有学校的统计数据（包含下级平台数据）。具备每个学校的基础数据，能够推送到上级平台。

2. 资源统计

具备查看从教学互动管理组件、教学资源中心获取每个学校的教学资源统计数据（资源总数、观看总数、收藏总数、资源新增量、观看新增量、收藏新增量）资源活跃趋势、资源学科资源排行、互动课程统计数据（互动教室总数、正在使用中教室数量、本学期计划课程数量、本周计划课程数量）、录播教室使用率统计数据（录播教室数量总数、正在使用中的教室数量）。

具备每个学校管理员能在页面上查看到本校的以上数据的统计数据；教育局管理员能在页面上查看到所有学校的统计数据（包含下级平台数据除学科资源排行榜外）。具备每个学校的资源统计数据（不包含学科资源排行），能够推送到上级平台。

3. 教学分析

具备查看本平台所有具有行为数据的不同学科的行为统计数据。按照学科，查看数据的时间维度，查看每个老师的教师教学类型，查看学生平均参与度分布、学生课堂行为平均时长、学生课堂行为趋势数据。

4. 看板模式

具备从教学资源中心、教学基础数据、远程巡视获取每个学校的教师数量、学生数量、教室数量、录播时长、互动开课数、互动开课率等数据。具备从本组件获取课程行为统计数据。具备每个学校管理员能在页面上查看到本校的以上数据的统计数据；教育局管理员能在页面上查看到所有学校的统计数据（包含下级平台数据）以及学校之间的对比数据。

5. 教学数据统计

具备查看单个学校中老师所教授课程中有行为数据课程的行为统计数据。用户根据自身角色不同，能查看的教师列表数据不同。学校管理员能查看本校的所有老师，教研组长能够查看教研组下面的所有老师数据；任课老师只能查看自己的课程数据；同时查看数据根据每个老师所教授的科目，查看数据时间维度（不包括今天）来查看数据：近七天学生课堂行为统计时长、学生课堂行为平均时长、教师教学类型、教师互动趋势、学生平均参与度分布。学校管理员和教研组长能够对教师列表中的两个教师进行选择对比数据。具备页面统计数据以 PDF 的形式导出文件。

6. 同课异构

具备校管理员根据不同的学段、年纪、学科、教师选择已有分析的课程进行查看两个课程或者课程和学科之间进行比对统计数据查看。具备年级组长查看自己所带年级下的所有班级的已有分析数据的课程，进行查看两个课程或者课程和学科之间进行比对的统计数据。具备教研组长查看自己所带教研组下的所有老师的已有分析数据的课程，进行查看两个课程或者课程和学科之间进行比对统计数据查看。具备班主任查看自己所带班级下的所有已有分析数据的课程，进行查看两个课程或者课程和学科之间进行比对统计数据查看。具备任课教师查看自己所带课程的已有分析数据的课程进行查看两个课程或者课程和学科之间进行比对统计数据查看。具备页面统计数据以 PDF 形式导出文件。

7. 学科常模

具备查看本平台本学期所有的已有分析数据的学科，具备按照时间维度查看不同时间段不同学科的行为统计数据和精准校验评价数据。具备页面统计数据（不包括近七天学生课堂行为统计时长）以 PDF 的形式导出文件。

8. 课程分析报告

具备查看单个学校中某个老师所教授某节课的课程详情（有录课信息的）。课程详情展示的数据：学生行为占比、录课视频、学生课堂行为平均时长、学生参与度分布、教师教学模式、课程信息、听评课评价、巡课内容、巡课评价、精准校验评价。具备课程分析页面统计数据以 PDF 的形式导出文件。

9. 免登录首页

具备用户无需登录就能看到整个教育局下，部分统计数据的展示，以及能够通过查看学校列表，选择某个学校来查看单个学校的统计信息。

(四) 教学资源中心

1. 直播课程

具备课程名称、教师、教材、知识点、学校、所在空间等条件搜索直播课程；具备按照课程状态未开始、进行中、已结束、任课老师讲授和参与的搜索直播；具备录课直播，教育局下具备互动直播课程；具备直播课程中任课老师、评课人发送讨论信息，观摩人查看讨论内容，最大单节 100 人同时在线讨论，200 人参与讨论。单平台最大具备 500 人同时在线讨论发送讨论信息；具备查看直播课程详情、讲授人、上课时间、上课所在教室、上课班级等信息；具备在

http 协议下下载课件资源附件；具备扫码使用智慧教学 APP 扫码观看直播；具备课程留言功能；具备评课人对直播课程进行点评、讲授人、观摩人、评课人查看评价结果；具备讲授人在详情界面具备互动课程的提前开始、延迟开始、提前结束、延迟结束直播课程；具备直播结束前发布空间。

2. 学科资源

具备展示用户具有访问权限的所有空间列表；具备展示播放量和收藏量排行榜，展示前六个资源列表；具备展示推荐资源，和用户具有访问权限的每个空间最新发布的资源。具备进入带主题的空间，展示该空间所有的主题列表：如果是教师主题，选中某个教师，会展示该空间下该教师下所属的所有资源；如果是学科主题，选中某个学科，会展示该空间下，该学科下所属的所有资源。具备课程名称、教师、教材、知识点、学校、播放量、收藏量等条件搜索学科资源；具备点击资源，进入资源播放页面，观看视频。视频播放页面，可以切换视频的清晰度，点击收藏对资源进行收藏，下载资源。点击手机观看，可以产生二维码，可以用教学 APP 扫码观看。用户可以下载课程的附件，并留言。如果用户是该节课的评课人，可以对课程进行评价。还可以选择一段时间进行打点评论。

3. 我的课程

具备老师二维码课表，具备按照学年学期所在周次查询课表信息，进行中的录课具备跳转到教学资源中心直播课程详情界面，已结束的课程具备跳转到教学评估课程详情界面；具备按照我讲授的、我参与的、直播状态、审核状态和所在周次查询课程列表；具备删除、发布课程；具备预约录课功能，申请一节计划课程以外的课程，选择的上课老师，教室上课时间不能有冲突；具备开启课程分析；具备设置课程资源存储配置。

4. 我的资源

具备上传、删除、发布、编辑、分享资源，分享二维码可以使用智慧教学 APP 扫码观看；具备查看资源封面、名称、播放量、收藏量、资源大小、上传或者生成时间等基本信息；具备按照发布资源空间、资源状态、资源名称等信息模糊搜索；具备计划课程未生成资源或者生成失败的课程重新生成资源；具备查看资源热度统计，个人存储空间使用详情；具备课程重新生成资源存储单画面、多画面。

5. 我的收藏

具备查看或取消收藏课程资源；具备按照资源名称、讲授人、知识点模糊搜索收藏的资源。

6. 空间审核

具备空间管理员批量、单个审批通过、驳回、删除老师提交的直播和资源发布申请；具备空间管理员设置空间主题，类型包括学科、教师或者无主题；具备空间管理员置顶、删除空间中已有的课程；具备按照资源名称、申请人、申请状态搜索；具备空间管理员对私有空间添加空间成员；具备空间管理员将发布到管理空间的资源发布到有权限发布的空间。

7. 教学课堂巡查

课堂巡查具备实时巡课、历史巡课两种方式，每种方式都可以按班级、教室、教师、互动四种维度巡课。谷歌浏览器下面具备 js 插件，可查看视频监控画面，IE 浏览器具备视频控件。巡课时，具备图片、视频、评价表评价。每个巡课人针对每一节课只能提交一次评价表评价，图片、视频评价可以提交多次。历史巡查具备按课表进行历史巡课。课堂巡查具备巡课组长、巡课组员两类角色配置方式，主要区别为巡课组员只能查看自己提交的图片、视频、评价表评价记录，巡课组长可以查看本组内所有成员的评价表评价、图片评价、视频评价记录。

具备巡课记录展示，其中一个巡课组、一个巡课人，一节课对应一条记录。具备不同身份查看不同巡课记录内容，巡课组长可以查看本组内所有成员记录，巡课人只能查看自己巡课记录，授课教师可以查看被巡课的记录。

具备巡课记录的 PDF 导出。具备巡课组配置（添加、修改、删除），可以配置巡课组长、巡课组员、巡课范围、评价模板。具备课堂行为配置课堂异常行为是否发送。具备巡课报告配置任课教师、班主任、教研组长、年级组长是否可以查看巡课分析报告数据，具备巡课分析报告 PDF 导出。具备巡课组配置、巡查评价（图片、视频、评价表）和组长删除组员记录的消息通知。具备课堂异常行为结束三种之后按照课堂行为配置推送。

具备集群配置。具备巡课并发抓图，100tps 下，耗时 11s，成功率 98%。具备巡课上墙，按照巡课组配置的巡课范围，选择不同范围下对应的教室的监控点上墙，电视墙按照场景画面展示，具备按照选中的节点，自动巡查该节点下对应教室的监控点，具备自动巡课上墙。

具备按照巡考组配置在线巡考、提交截图、录像评价。已结束的考试只具备查看，不可进行评价。具备巡考记录的查看，巡考组长可以查看组员的巡考记录，组员只能查看自己的巡考记录，巡考记录详情具备查看考场异常行为。具备查看 APP 端生成的 AI 监考记录，学校管理员可查看该校所有教师的 AI 监考记录，年级组长可查看对应年级组教师的 AI 监考记录，监考教师只能查看自己的记录。

（五）平台安全性

1. 存储加密

敏感数据（设备密码）采用 AES 对称加密 256 位加密方案，用户密码采用基于 HMAC 的 SHA256 加盐值算法获取摘要信息。

2. 传输加密

服务接口调用采用 DH 共享密钥交换加密传输，外部网络或者公网 Web 请求采用 https 传输，Web 页面到服务端敏感数据采用 RSA 非对称加密 2048 位加密方案。

3. 身份认证

人对机安全认证，访问平台：登录用户身份认证，密码输入错误 3 次增加验证码。访问设备：设备用户名加密码认证。机对机安全认证，服务接口调用认证：采用 token 认证，采用基于 HMAC 算法生成认证 token；媒体网关取流安全认证；图片存储访问安全认证；CVR 访问安全认证；云存储访问安全认证。

（六）云教学客户端应用服务中心

1. 系统架构和拓扑

云教学客户端及 AI 同步课堂采用 B/S 架构，面向淄博市中小学师生提供海量的以视频业务为核心的分发服务，可以支撑数以十万计的云教学客户端同时连接服务端，属于典型的高并发、高带宽的业务场景。因此云计算基础设施需具备强大的资源储备及弹性扩展能力予以强有力的支撑。

2. 支撑能力与安全保障

云教学客户端在研发和设计过程中充分考虑安全以及保密问题，具体体现在山东省本地化部署云服务，可保证必要时顺利切换至国产化的平台及应用。云教学客户端通过信息系统安全等级保护三级认证，并且进入教育部教育类 APP 备案白名单。客户端管理后台可以自动过滤，屏蔽网络不良及有害信息，如有突发情况，也可以手动停止或删除。

随着云计算的深入演进，云原生技术在教育行业也得以应用。智慧教育业务场景中，采用云转码、云点播、云数据库、云容器等基于公有云的云原生技术已成为 AI 应用必不可少的基础组件，同时海量的直播点播业务亦需要强大的 CDN 分发能力。最大程度地确保视频在相对较低码率的情况下清晰度不受损失，为客户节省带宽，进而节约成本。

四、端

根据淄博市各中小学实际情况及应用需求，按照多级架构设计，分别建设 AI 同步课堂标准版、AI 同步课堂精品版、AI 同步课堂改造版、云教学客户端等多种终端方案，实现淄博市"三个课堂"的常态化应用及智慧教育全覆盖，探索"无缝学习"的教学新模式。

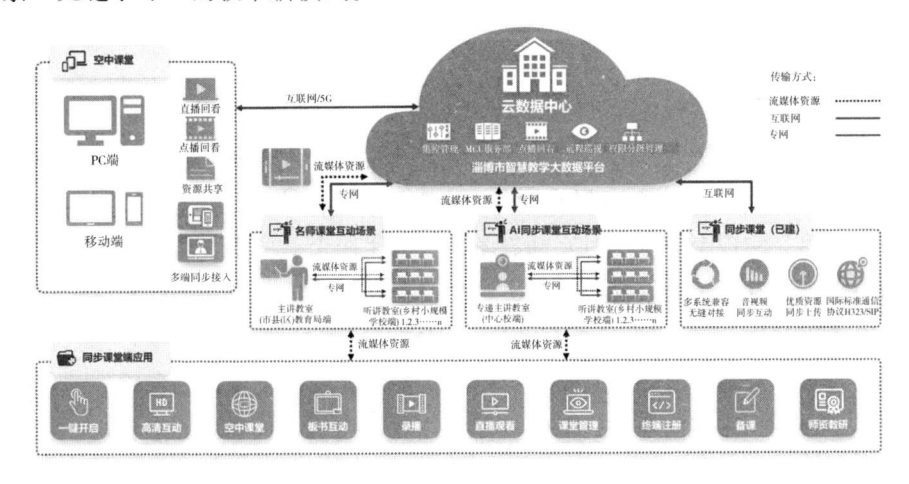

图 4-9　AI 同步课堂系统架构图

AI 同步课堂根据应用场景和功能需求的不同有多个配置版本，具体如下：

（一）AI 同步课堂精品版

为淄博的学校部署 AI 同步课堂精品版，作为"三个课堂"应用中的主讲教室，建成后可将优质教师的教学画面、板书画面、音视频互动画面实时与一个或多个听课教室进行互通互动，并可经过全自动或手动导播后进行实时直播，同步精品录制以及 AI 数据的实时采集等。

本方案采用双 86 寸交互式智能平板设计、硬件互动教学终端、嵌入式网络中控系统，以及录播工作站、多机位高清摄像机、全自动跟踪系统、音响等周边设备，并可配合交互式白板软件进行常态化教学，可为教师提供大量的优质教学资源及应用软件，使课堂教学更加生动精彩。本方案实现了全高清远程实时互动，能够将课堂内教学画面、板书画面、音视频互动画面经过多种导播和画面组合后进行实时直播和同步录制，并生成课堂教学分析评测报告，将远程互动教学与人工智能深入结合，有机统一。

优质资源学校部署 AI 同步课堂精品版，实现"一帮多校"优质帮扶中

147

校，建成后能够将主讲课堂内教学画面、板书画面、音视频互动画面经过合理导播和画面组合后进行实时直播和同步录制及视频互动。同时 AI 同步课堂建立数据分析模型能对课堂中各种教学行为和教学内容进行自动分析，自动形成课堂教学行为和教学内容的分析数据，并且同步上传至智慧教学大数据平台，形成中小学教育大数据看板，为师生的日常教学提供智能化的教学辅助，为教师教学方法的改进提供客观真实的数据参考，同时也为教育管理者提供量化数据，更好实时掌握教育教学情况。

（二）AI 同步课堂标准版

为相对薄弱的学校建设 AI 同步课堂标准版，作为"三个课堂"应用中的听课教室，实现与主讲教室的实时教学互动及课堂常态化录制。打破时间与空间的限制，形成远程交互式 AI 同步课堂，全方位还原传统教学课堂上面对面的互动教学场景，实现全地域实时互动教学，让学生同上一堂课，实现各教室之间的互联互通，共享优质教育资源。

本方案采用 86 寸交互式智能平板、硬件互动教学终端、AI 常态化录播设备、智能显示终端、组合式黑板，高端定制讲台等周边设备，配合硬件编解码设备实现高清远程实时互动，能够将课堂内教学画面、板书画面、音视频互动画面与主讲课堂实时互动。

AI 同步课堂标准版可通过人工智能技术识别收集课堂内的教与学行为信息，通过数据分析模型实现对课堂中各种教学行为的自动分析，生成课堂教学行为分析数据，辅助教师进行教学反思与教研，为教师教学方法的改进提供客观真实的数据参考，同时也为教育管理者提供量化数据，更好实时掌握教育教学情况。

（三）AI 同步课堂改造版

充分考虑到各学校现有设备不能浪费、不能重复投入建设的原则，特推出 AI 同步课堂改造版。经过前期调研与沟通，结合 AI 同步课堂的使用需求和确保音视频方面的使用效果，改造版课堂会沿用教室内已安装的智慧黑板及触控一体机等设备，配合标准版内的其他产品进行改造。从技术上也可实现"三个课堂"的常态化应用及绝大多数功能，从而保证不重复建设，将有限的资金用来建设更多数量的 AI 同步课堂，实现更大范围的普及应用。改造的 AI 同步课堂教室设备可以通过原有网络接入教育专网，跨运营商网络音视频互通所需带宽需要得到可靠的保障，确保 AI 同步课堂互联互通的整体效果。

(四) 云教学客户端

1. 客户端概述

云教学客户端是多个班级远程同步教学、教师智慧教学以及学生智慧学习的核心配置，它不仅聚合了音视频互通互动、桌面文档共享、分组讨论以及直播等功能，并且具备丰富的教学终端：教室大屏终端、电脑端、平板端、手机移动端等，均可便捷地接入使用。只要接入网络，授课老师就可以随时随地开设课程，学生也可以在任何地方通过各种终端随时进行线上学习，教与学从此不再受时间、空间和地点条件的限制。

2. 系统架构图

图 4-10　云教学客户端架构图

3. 云教学客户端功能特点及应用场景

云教学客户端是完全基于互联网架构设计的专业视频通信云产品。云+移动设计，移动视频会议体验，AI 同步课堂教室使用硬件互动教学终端，在电脑、智能手机或平板电脑上安装 APP 软件即可发起 1 对 N 的智慧教育课堂或教研活动的视频会议，真正实现在任何时间、任何地点、任何设备间畅快沟通。

云教学客户端作为一种新型的沟通工具，其身临其境的可视化远程交流方式改变了电话、E-mail、异地等传统的沟通模式。通过逼真的视音频效果为教育部门或组织带来身临其境的沟通感受，帮助各地人员轻松实现"面对面"跨地域，甚至跨国的沟通交流，从而节约时间、资源等沟通成本，提高工作效率。并通过视频通信提高沟通的影响力，从少数人沟通扩展到大范围沟通。

149

4. 多终端兼容

跨越线上线下，打通云教学客户端与 AI 同步课堂端硬件，通过网络组织课程实施，实现教室、办公室、家庭等多种授课场景，为学生提供优质的教育资源与全面的教育服务，让学生获得更丰富的学习体验。具备所有课堂，兼容多种终端的接入，随时随地加入互动课堂体验。标准 H.323/SIP 协议无缝对接，实现所有同步课堂教室终端的互联互通，实现云教学客户端高并发用户的互联互通，同时通过标准的通信协议实现无缝的连接，形成 AI 同步课堂整体的解决方案。

（五）AI 同步课堂技术特点与主要功能

1. 模块化设计，灵活部署平滑扩容

方案采用模块化设计，模块之间相耦合，可根据项目需求点对点互动教学与多点互动教学等不同实施方案。规模由小到大可平滑扩容，从精品教室到点对点互动教学到多点互动教学，再到数字校园与区域教学资源共享，解决方案之间可无缝升级，不会造成先期投入的浪费。

2. 高清画质，完美还原课堂实景

系统所用到的画面采集摄像机最大具备 1920×1080 分辨率的高清画面输出，具备 3D 数字降噪、宽动态、强光抑制等功能，保证真实还原课堂教学场景，完美呈现师生一举一动。

3. 多种录制模式，满足不同录制需要

系统通过高清摄像机、指向话筒等采集设备，记录教师授课情况，每台录播工作站最多可接入 5 路高清摄像机和 1 路同步课堂云终端视频信号，分别完成对教师区域、学生区域、板书区域、特写区域等全场景上课情况的记录，教学的实况录制保存为标准的 MP4 格式视频文件，包括 1 路电影模式+6 路资源模式的多个视频文件，录制的内容包括教师、学生、教师全景、学生全景、板书以及电脑屏幕 VGA 信号。

4. 一机多用，精简优化系统架构

学生 4K 深眸摄像机不但具备检测学生起立坐下状态，而且具备输出学生全景画面。一台设备，两种用途，优化了系统架构，同时减轻了安装部署的负担。

5. 跟踪算法前置，自动捕捉教师精彩瞬间

教师跟踪摄像机内置跟踪算法，无需外置跟踪主机，具备自定义跟踪的模式、速度，能根据教师高度的变化，自适应地调整画面，保证能呈现教师最佳的画面效果。

6. 内置检测算法，精准检测学生状态

学生 4K 深眸摄像机由三目定焦摄像机与高性能 GPU 模块组成，内嵌双目立体视觉算法与深度学习算法，能够保证快速检测学生起立坐下姿态的变化，而且能够滤窗帘抖动、灯光变化等因素的干扰，保证学生画面的完美呈现。

7. 全覆盖音频采集，完美呈现课堂声音

数字音频一体机集数字音频处理器、无线麦克风及功放模块为一体，具备回声消除、语音激励和噪声消除功能，可将教室内多路音频信号，如吊麦话筒、领夹麦克风、电脑音频等进行智能混音处理，同时对环境音进行降噪处理，对人声进行自动增益处理，以达到音频录制效果的最优化。

8. 大规模实时直播，高并发多码率低时延

课程实时直播具备大规模用户并发观看。由于系统同时提供高码流超清晰度、中码流高清晰度、低码流标准清晰度三种编码，用户可以根据自己的网络情况和观看设备的情况自由选择。系统采用先进的流媒体并发技术，以极高的容错能力保证了画面质量与音视频同步，并将时延保持在 0.5s 以内，提高了用户直播体验。

9. 实时远程互动，同上一堂课

目前市场上大多数远程互动教学均存在一个弊端，就是所有的教室（主讲教室、互动教室、观摩教室）以及直播和录制的画面都是一样的，包括主讲教师、学生、PPT 课件以及远程互动学生这四组视频的组合画面。但实际上，主讲教室、互动教室、直播或录制等不同角色所需要看的画面是不一样的。因此，充分考虑了不同角色在不同教学情境下所需要看的画面，重新设计了互动教学的业务逻辑与画面呈现，使远程互动教学更接近于面对面授课，达到同上一堂课的目的。

10. 一键控制，轻松录制精品课

系统具备通过录播触控键盘或者导播控制键盘进行可视化操作，具备通过键盘预览各个通道画面，设置学生身高下限，U 盘下载课程录像等功能，最大程度简化操作步骤。

11. 高度集成，主机集多种功能于一体

全新一代高清录播主机，融合了多项 IT 专利技术，集成了视频编码、混音控制、自动导播、录播控制等功能，满足精品教学要求。其具备多种录播模式，具备自动导播，采用高品质声音处理技术。

12. 人工智能促进教研质量提升

依据课堂教学分析评测系统分析的教师、学生课堂行为数据、学生关注度

数据、教学 S-T 数据、课堂类型数据、教学知识点数据、考勤数据，可以自动生成教师的教学能力矩阵。系统具备网络评课功能，教研人员可以在机器分析的数据的基础上进行人工评课，系统可将人工评课数据和系统智能分析的数据进行汇总，生成最终的教师教学能力矩阵图，借助图表展示，帮助教师分析教学过程中需要改进的地方，促进学校教研质量及教师教学水平的提升。

13. 教与学质量的改进有据可依

依据课堂教学分析评测系统分析的教师、学生课堂行为数据、学生关注度数据、教学 S-T 数据、课堂类型数据、教学知识点数据、考勤数据，可以帮助教师建立教师成长曲线，通过横向与纵向对比，帮助教师，特别是职初型教师的教学质量进行针对性的改进；通过学生课堂关注度的分析，并与成绩系统进行关联分析，帮助教师对学生进行针对性的教学指导。

14. AI 同步课堂完美支持跨区域的教师在岗培训

教师在岗培训是教师专业化发展的重要途径，是实现教育均衡化的重要手段，是当前教育管理的热点话题。传统教师培训采用假期集中培训的方式，需要组织集中培训，费时费力。对于一些大的区、县，有数千甚至上万名教师，教师培训机构组织工作量很大。对于教师来说，参加集中培训同样耗费大量时间精力。为此很多地区提出了"将时间还给教师"的观点。

15. 校本教研常态化，提升教学质量

校本教研活动是教师专业发展的重要组成部分，是新入职教师快速成长的重要一环。利用 AI 同步课堂教室、观摩教室，方便同行教师现场听课、评课。教师也可以通过网络教学平台观看同行教师上课的实时画面，打破了时间和空间限制，实现同步观摩，同时还能对教师授课进行点播、回放和评价。AI 同步课堂平台最大限度地扩展了校本研修的深度和广度，有利于校本研修的持续和常态化开展。

16. 教学评比网络化，评比形式丰富多样

教学评比或教学比赛是学校教学管理部门考核教师教学水平的常用方法和手段，也是促进教师提高其教学水平的有效激励措施。然而，传统的教学评比活动往往采用随堂听课的形式展开，一定程度上会对正常的课堂教学秩序造成影响，最终影响评比结果的公平性，且受到时间和场地的限制，评比活动的组织规模往往有限。引入 AI 同步课堂后，多名教师可以同时授课，评委也可以在任何地方通过网络听课、评课，打分结果通过网络汇总，及时形成参赛者的最终成绩。避免了许多中间环节，从根源上保证了评比活动的公平、公正、公开。另外，比赛结束后，选手如果对比赛结果存在异议，还可以对比赛过程和讲课

细节进行回访、查询。

解决教育差距和不均衡需要教育主管部门的统一协调部署，从制度层面上引导，逐步实现。建立区域学校同盟，共享优质师资和教学资源，是避免资源浪费和重复建设，促进教育公平的有效途径。AI同步课堂在促进学校之间优秀教师和优质资源的共享方面具有得天独厚的优势，使跨学校、跨班级同步授课变得简单、方便。不同院校的教师可以形成教学共同体，共同开展教研活动，相互促进、共同提高。

17. 教育活动网络化，促进学生发展

学校教学活动现场以AI同步课堂系统为平台来组织，不但完成了在全校范围内进行网络或电视直播，而且还有网络提问、网络投票等互动环节，同时视频文件被保存到学生成长的记录袋中，毕业时作为礼物赠送给他们。这些活动的开展将促进教育活动的网络化，极大地促进学生的全面协调发展。

18. 增强评估体系的科学性与规范性

传统的评估方法多采用等级量表、评分法和开放性等手段。这类评价手段的主观性强，与评价教师的自身水平密切相关。通过AI同步课堂系统方案的建设，引入针对课堂实录作为评价对象的S-T分析工具、专业教师优课评选工具，以更加科学的、可量化的手段实现对于教学质量的评估。

方案构建先进的现代化教学与管理模式，教师教学评价有了科学依据和标准，一方面，可合理掌控校内的教育教学水平；另一方面，也给教师创造了公平的职业提升环境，有利于教师专业成长，有利于整体师资水平的提升。

19. 促进教育均衡发展

该方案的建设既能具备优质资源的高效共享，避免资源的重复建设，又能具备个性化教育，真正为提高教学水平服务，为广大教师、学生、家长以及社会公众提供便捷丰富的优质资源服务，有效地缩小校与校之间、班与班之间的师资差距，改善师资分配的不均衡，减少择校热、择班热的现象，为提升教师整体素质提供了重要的途径，能有效提升教育整体水平，促进教育公平化、均衡化发展。

第五节　教师信息技术能力提升工程

《教育信息化2.0行动计划》中指出，新时代的教育必须聚焦新时代对人才培养的新需求，强化以能力为先的人才培养理念，将教育信息化作为教育系性变革的内生变量，支撑引领教育现代化发展，推动教育理念更新、模式变革、体系重构。根据《山东省教育信息化2.0行动计划》总体部署，为了充分发挥各类学校由"校长、学科主管和信息技术骨干教师"组成的三人行学校首席信息官团队的能动性，统筹学校信息化规划与发展，提升教师信息化教学水平，更好地促进基础教育信息化发展，规划以《全国中小学教师信息技术应用能力提升工程2.0》为抓手，依托华东师范大学的专业力量，以能力为本、需求导向、团队协同、渐进突破、精准服务为指导思想，通过混合式研修培训，为各类学校首席信息官团队开展为期五年持续性培训及指导，包括专业化培训，以任务驱动方式开展在岗实践指导等，推动学校信息化领导力与教育教学有效融合，形成学校特色，促进学校整体发展。

一、培训目标

本项目关注中小学校首席信息官基于信息技术的学校管理创新，聚焦信息官在信息化环境下"政策理解力""规划设计力""资源整合力""课程领导力""教学变革力""诊断评价力""机制创新力"七大核心能力的提升，通过首席信息官自身能力素养的提高，促进学校信息化平台、工具、资源、环境等要素的充分利用，在学校发展的愿景目标驱动下，在团队与机制的支撑下，有效提升学校信息化教育教学水平与管理效能，激活学校团队智慧，创新学校教育未来。[1]

基于总体目标，本项目重点关注以下几个方面：

（1）聚焦关键能力。分解学校首席信息官与学校信息化领导力的关键要素，在任务驱动的课程学习中强化关键能力的提升。

（2）基于学校发展。结合参训信息官所在学校的发展特色，通过工作坊同质分组，将实践问题交流与反思贯穿研修始终，促进学校系统方案形成。

（3）促进成果转化。充分利用研修过程中的阶段成果，通过应用展示、疑难解惑、专家指导等方式，加强研修成果在学校实践中的应用转化。

二、培训内容

围绕培训目标定位，研修采用"混合式培训+现场教学+方案设计+实践创新+成果展示"的阶段模式。通过政策理解、方法学习、情境应用，结合实地观

---

[1] 李新.适应性学习系统中的差异化作业设计与应用[D].南京：南京师范大学，2019：3-7.

摩、现场体验、交流讨论,协助参训信息官制定符合各校发展特色的数字化解决行动方案。在实践创新环节,根据应用路线规划,逐步落实方案中各项计划,继续通过应用交流与工作坊研讨,依据学校的现实情况进行创新应用,通过问题反馈与各阶段成果展示,有序推进学校数字化管理效能提升。

混合式研修课程包含集中面授、在线直播、网络学习平台课程等,主要围绕首席信息官的关键能力开展专题化的研修学习。

三、课程目录

表4-5 课程信息表

模块	课程名称	内容要点	学时	性质
政策及文件解读	《中国教育现代化2035》解读	对接政策文件要求，中小学校信息化工作的重点内容与落实要求	2	必修
	《教育信息化2.0行动计划》解读		2	必修
学校信息化规划	未来智慧学校的样态	未来智慧学校的特征，建设的核心要点，资源环境创设	4	选修
	学校信息化教育教学发展规划的制定	"学校信息化教育教学管理效能提升方案"模板解读，愿景目标驱动的学校信息化工作理念，具备工具介绍	4	必修
	树立项目实践的新思维迈进学校信息化建设快车道	本门课程主要涵盖了四个部分的内容，包括： 1. 为什么要大力推进项目学习？ 2. 如何培训而不加重负担？培训后有哪些提高？ 3. 教师应用水平参差不齐怎么办？ 4. 如何解决主流学科应用的难点问题？	6	必修
数字化资源与环境利用	信息技术平台工具的利用及教育数字化环境创建	技术平台及数字化环境对于学校教育教学发展的影响与作用	4	必修
	案例观摩：学校数字化平台应用案例	同济大学第一附属中学数字化综合平台现场教学	2	选修
	案例观摩：学校数字化环境创建案例	上海市西中学"思维广场"数字化环境创建现场教学	2	选修

续表

模块	课程名称	内容要点	学时	性质
数字化课程建设	校本数字化课程建设途径与教学应用	校本数字化课程建设的策略方法、数字化教学资源的有效利用	4	选修
	创客教育：以未来的视角导引未来	从教育对未来的影响释放，看创客教育的潜质开掘；从教师对教学本身的适应的生成的适应，看课程资源化的多元化支撑；从职业体验的适时介入，看学生能同步于创客教育的前世今生不难发现，它与STS，做中学，STEAM同属于一类教改实验，但它不再拘泥于理科工科的约束，并因为它内涵外延的良好扩展性，形成了对课改大势的独有动力	6	选修
	案例观摩：学校数字化课程建设与应用案例	上海市闵行中学电子书包现场教学	2	选修
信息化环境下的课堂教学	信息技术在课堂教学中的应用	信息技术在课堂教学中的应用原则，教师信息技术能力的发展	4	选修
	信息化环境下的课堂教学模式创新	信息技术具备下的项目自学习，翻转课堂，数据诊断等创新模式的应用	4	选修
	拥抱新技术 探索新变革	讲述学校从项目研究入手，如何激发教师学习新技术的热情。当教师们面对改革却集体不进步时，如何通过信息技术培训体验式改变教师教学模式、改变观念、改变思维，推动学生智慧学习，通过案例分析分别介绍了学校运用信息技术转变教学模式、实施多元评价，实现快乐教学，关注学生个体差异，实施多元评价的具体策略以及容易遇见的问题以及解决方法	6	选修
	案例观摩：信息化学校案例	上海市黄浦区卢湾中心小学"云课堂"现场教学	2	选修

续表

模块	课程名称	内容要点	学时	性质
教学数据诊断与教研	数据诊断分析与教学应用	依托的智能教学系统的数据挖掘、行为分析、深度学习分析	4	选修
	基于移动听评课技术的教师教研模式创新	教师教育数研信息化的应用、课堂诊断、智能分析	4	选修
	数据具备下的校本研修的思考与实践	基于数据具备的校本研修案例实践,通过案例分析改进教师教学质量	6	选修
	案例观摩:学校教学数据分析应用案例	上海信息技术学校基于大数据的大规模个性化学习平台实现个体到个人群体的个性化教育学	2	选修
团队建设与管理	学校信息化工作常态化管理与机制保障	学校信息化工作的流程要素、队伍建设、机制创新	4	选修
	信息化专家平台助力教学深度融合	以教育信息化ICT专家平台助力教学深度融合作为教育信息化实现的重要手段,为大家展示了莲花学校信息化管理的实施策略	6	选修
	学校信息化团队的管理与激励	学校信息化团队的组建、管理、激励机制	4	选修
	基于学习的教育创新系统变革视角	本课程分为三个专题,希望从教学和科研两个方面对实验小学如何应用信息技术促进学校教学变革提供指导与帮助	6	选修
信息技术具备的教学变革	数字化教学工具的利用 促进教与学	本课程介绍了上海市古美高级中学在实现数字化技术下的教与学,如何建设数字化环境促进教与学	6	选修
	构建数字化学习环境的变革	本课程介绍了上海市古美高级中学在构建数字化学习环境下的教与学,如何运用信息技术实现数字化环境的过程中,并重点介绍了微课程的制作方法以及课堂翻转课堂环境,以及课堂教学变革的组织与实施策略	6	选修

四、考核评价

本项目的考核评估，重点体现"基于任务"和"关注过程"两大原则。

（1）基于任务。根据混合式培训期间"学校信息化管理优化方案"以及实践创新期间实践任务的完成情况，通过量化的绩效指标，使学员在培训开始时就明确努力方向，也便于考察学员的研修成效。

（2）关注过程。关注学员的"体验"与"参与过程"，为此，培训的考核指标多指向学员表现性指标。同时，工作坊研修的所有考核指标都可以通过平台实现自动记录，方便最后的考核评价。

第六节　智慧教育网实施和运维

打造淄博智慧教育新赛道项目具有范围广、工期紧、任务重、要求高的特点。施工的难点有三点：一是全市中小学共有484所学校，分布范围较广；二是平常上课时间，给施工带来很多不确定的因素，可能会导致施工工期延长；三是学校和学校之间、学校和平台之间的联动调试，需要多方配合完成等。

一、项目实施方案

（一）成立项目工作小组

由市政府分管领导、产品服务商、淄博市教育局、各区县教体局负责教育信息化的相关领导成立项目工作小组，统筹协调、督查项目具体实施。

（二）设立子公司，提供及时全面的服务

由产品服务商在淄博市设立子公司，派驻技术、培训讲师及售后服务人员等，为当地教学应用提供及时且全方位的服务。

（三）项目实施周期

制定五年（2021—2025）打造淄博智慧教育新赛道项目的详细服务实施方案，根据计划细化每年度具体工作内容，明确服务职责，按计划进度完成年度目标。

2020年：制定淄博智慧教育新赛道项目实施方案，报上级部门审批。

2021年：项目建设及验收交付应用，组织技术人员全员培训，任课教师培训，选取应用示范校，项目服务效果评估。

2022—2025 年：云平台升级；技术人员全员培训，骨干教师培训；网络升级改造，正常运维；示范校、示范区市培育；项目服务效果评估。

（四）施工团队要求

由产品服务商调动省内有经验的集成服务团队，各区县教育信息化负责单位每单位 1 人，学校每校 1 人，共同组建多个项目小组，首先按照云、网、端的建设内容分类，组建三支精干庞大的专业团队，在教育局统一领导下，按照地区，依据项目要求建设完成时间，将三支团队的人员再次合理规划搭配，确保项目保质保量按时交付。

（五）建立联席会议与沟通机制

每个区域设置专门且经验丰富的项目经理和技术支撑经理，与所负责区域的所有学校负责人建立有效的沟通机制，明确工作目标和责任人。制定项目联席例会制度，每周定期召开，形成会议纪要，以跟进项目进度和完成工作目标。

（六）项目施工监督和验收

设置专属项目经理和运维服务团队，包括实施前进行现场勘查、实施中负责设备安装指导、联调测试，全力保障教育各级部门、学校、师生、家长后续的应用。每所学校安装、调试完成后，当场与学校负责管理的人员进行初步验收与交接，形成项目文档材料，确保设备齐全、安装到位、运行正常。并根据实际情况，组织专家或第三方进行验收工作，确保项目建设符合相关要求。

二、运维管理

（一）成立专门的运维团队

为确保打造淄博智慧教育新赛道项目顺利、稳步地推进与建设，以及后续五年的应用与运维服务，联合共同成立专门的项目运维团队，提供科学、高效、针对性强的本地化服务。

（二）运维团队工作内容

产品服务商为各级教育主管单位提供一点响应的顾问+雇员专业服务，通过专业的服务，快速响应机制，全力保障项目实施。淄博教育局及各校运维团队负责协调配合使用及培训工作。

1. 成立运维团队

负责保障服务期内项目安全、稳定地运行。明确运维团队组织、人员、岗位职责、工作流程等，并建立详细的运维保障体系。建立各项运维服务标准流程，制定服务规章制度，提供高质量、响应快的服务。

2. 建立客户意见反馈渠道

提供公司相关部门负责人及维护工作人员的联系方式，保证与客户联系的畅通，确保维护工作的及时有效。实现智慧数字化运维服务，对项目实施提供最优质的运维服务保障，要求产品服务商为每所学校提供专人服务，为每所学校配备专职客户工程师，负责实施和服务，为教育主管单位、学校、家庭乃至个人提供完善的云网协同服务体系。

（三）运维管理规范

1. 应急处理阶段

组建一支具备丰富行业经验和技术认证的维护小组，针对性地为项目建立一套完善的故障处理引擎，一旦系统出现严重故障影响正常生产，在最短的时间内，以最低的成本调用最有利的资源，全面为系统服务，对故障做出应急处理，最大限度减少损失。

2. 评估发展阶段

系统投入运行，定期对系统进行全面检验和分析评价，包括目标与功能评价、性能评价、效果评价等。

（四）基本资源配备计划

人员配备：按照项目建设区域分布，设置多个维护小组，每个维护小组为3人，技术支持工程师2名，总负责专员1名。车辆配备：专用工程车1辆。工具配备：常规工具（螺丝刀、钳子等）、测试工具、笔记本电脑、专用工程工具等。通信配备：对讲机、移动电话等。办公配备：针对性地设立维护中心，7×24小时响应及技术支持和服务，在质保期内出现故障，及时到达现场。

（五）运维服务内容

项目正式上线之后需要维护平台的正常运行工作，包括五年的免费运维。运维工作包括云主机、网络、教学终端等专业设备及功能系统、数据库等软件维护。

（六）硬件的维护

技术维护就是维护人员对终端设备及线路硬件的硬件部分进行日常观察和定期检测，发现问题及时排除。其主要工作内容包括定期检测设备运行状况、处理器负荷等，根据告警信息的提示，及时对可疑部件进行检测和维修，并根据工作需要调整电路板的位置，更换有故障的电路板和部件，以及软件的维护。

（七）运维服务提供方式

硬件维护采用定期维护的方式，主要是终端设备、网络设备的定期检查；软件维护采用现场值守的方式对系统进行实时的维护，保证云平台在硬件没有任何问题的条件下正常的运行,为用户提供 7×24 小时的技术支持服务。

第七节 智慧教育网应用培训

一、项目培训概述

日新月异的信息技术不断地改变着世界,影响着人们的工作、生活和学习。随着 2015 年教育信息化被首次写入《中华人民共和国教育法》,信息技术在教育中作为一种教学手段也正在发挥着越来越重要的作用。而"装备是基础,资源是核心,教师是关键",加强教师队伍的信息化建设是信息化建设非常重要的部分。在学校引入智慧教育平台软硬件设备和服务,打造云、网、端一体化,交互式的 AI 同步课堂智慧教学系统后,系统地使用培训成了保障及促进教师应用的关键手段之一。由产品服务商组建专业讲师团队,由多位长期从事教育信息化应用培训和咨询的具有丰富实战经验的培训讲师组成,结合实际情况,提供"专业化、本土化、个性化"的培训服务。

通过"专业的现场培训""灵活的远程培训"以及其他活动来为项目使用者提供卓越品质的培训服务。为了促进学校教育信息化的跨越式发展,推进学校教师队伍信息化建设,本着"致力服务教育事业"的宗旨,利用自身优势,组织多方资源,专门针对此次项目制定培训方案。

二、项目应用培训目标

通过参加培训,我们将引导项目学校各级管理人员及教师对此项目建设的云、网、端一体化的产品及服务体系解决方案有初步的了解和兴趣,基本掌握产品的操作方法,能够独立地应用产品,自觉地把教育信息化现代化教学手段运用到自己的教学改革实践当中,充分发挥产品的效能,提高教学质量,促使区域内教育信息化技术教学意识以及信息化技术水平的提高。能够熟练地使用教育信息化设备进行区域教育资源管理、教学情况分析、现场交互式教学、常规多媒体方式教学、远程互动教学、在线直播教学、在线学习以及本地化视频课程资源的制作等。让老师了解并掌握信息技术在教育中作为一种教学手段也能发挥着越来越重要的作用,从而促进教师队伍的信息化建设,促进教育信息化的跨越式发展。

作为区域及学校管理领导，能了解应用云、网、端一体化的产品及服务体系解决方案的优势与特点，利用产品的优势与特点更好地为本区域教育信息化的发展助力；结合本区域的教育教学情况，把握在本区域内应用的场景和范围，了解云、网、端一体化的产品及服务体系解决方案在其他区域的应用场景，为本区域的应用提供参考；为云、网、端一体化的产品及服务体系解决方案推广过程中制定相关政策与方向，清晰应用推广思路；实现区域内外优质教学资源的整合及共享；优质的教学资源及优质的教师均衡配置，是区域教育优质发展的关键，借助云、网、端一体化的产品及服务体系解决方案的优势和特点可以实现区域教育优质均衡发展，从而扩大本地优质教学资源的效能。

实现学校教学方式的多样性探索。作为校方，信息化建设的目标需要选择多样、适宜的方法帮助教师更好的授课，学生更好的学习。通过云、网、端一体化的产品及服务体系解决方案让教师和学生能够探索到更多的教学方式和学习手段。

课后对教学的开展情况进行统计分析，充分提升教育信息化设备的应用效果。充分整合各应用层级，将整个的资源、数据和服务整合融为一体，避免了信息孤岛，对于区域内的资源建设、资源共享、教师教学、学生学习的情况有充分了解，便于及时了解区域情况，更好地提出区域内教育发展的方向和目标。

作为设备管理老师，能了解云、网、端一体化的产品及服务体系解决方案的构成；需要了解软件、硬件的构成，了解设备的布置和分布，了解各个设备之间的组成方式。了解设备日常维护以及常见问题的处理方式；在日常的使用中可以简单处理一些小的问题（如连接线脱落、软件安装等），在维护保养方面能够做到日常巡检，每个模块的清洁保养熟练而有序。确保设备能够更好地发挥应有作用，避免因为一些小的问题或维护不当而影响使用。

掌握产品的使用方法，熟悉设备的操作流程。在日常使用中不仅可以实现资源共享远程互动等促进教育均衡发展的目的，也包含了常规教学当中的使用。作为管理老师需要能够熟悉并掌握包括白板软件、视讯互动、录播直播、资源管理等功能的使用，熟悉设备的操作流程。

作为一线教学老师，能深入了解教育信息化技术的优势及特点，理解利用教育信息化技术给教学变革带来的意义。在组织教学过程中，要充分考虑到一节课堂的教学场景，所教授的对象是本班学生还是不同地区的学生同上一节课，把握上课节奏，做好课堂设计，考虑好城乡学生在学习基础、学习习惯、学习能力方面的差异。因此，要利用教育信息化技术的优势与特点将优质的教学方式和资源达到切实有效，科学合理的设计适宜的课程。

掌握如何利用教育信息化技术进行远程互动教学、协同教研、智慧教学等。这不仅能实现本地常规的多媒体教学，还能实时地进行远程互动教学，实现优质资源的传递和分享。教师与教师之间通过远程的教研活动，以点带面提高教师的教育教学水平，校与校之间通过应用实现合作交流。以教育信息化技术装备的应用实现共同进步共同发展，从而促进整个区域或跨区域间的共同发展。教师与学生之间通过在线教学实现随时随地随想随学的高效教学。

利用教育信息化技术的特点进行合理的教学设计，提高教学效率，发挥教学创新，促进教师开展教学研究；教师在授课时合理的设计能够调动学生的积极性，激发学生学习兴趣，也有利于提高教师专业水平。合理充分地利用好配套的软硬件设备，加强师生间的互动交流，适时的和远程听课学生互动交流，调动听课方学生的积极性和主动性，让他们身体力行地参与到课堂中。合理利用教育信息化技术进行教学研究，基于教育信息化技术的教研活动，教师可以吸收、融合各校教研团队中的教学优点、教学智慧，不仅能有效地弥补教学过程中的不足，也能够刺激教学实践中行为的调整，从而使教学过程得到优化，提高教学效率，提升教师专业素质。

独立操作使用教育信息化技术进行常规授课。"装备是基础，资源是核心，教师是关键"，加强教师队伍的信息化建设，是信息化建设非常重要的部分，所以教师在日常的教学当中应该能够独立自主地完成远程互动教学的教学任务，并合理有效地发挥使用教育信息化技术所带来的效果。常规的操作包含：设备的开关，合理利用教学软件设计课件，熟练使用远程开课流程，熟练使用教学软件进行授课、常态化的自动录播直播，熟练使用资源分享等功能。

利用教育信息化技术进行优质资源输出、帮扶教学。作为优质地区的优质师资需要经常进行远程的教学帮扶，将本地的优质资源共享到相对薄弱地区。使用远程互动教学的方式进行同步上课，让帮扶地区的学生和本地的学生同上一节课，通过老师和学生之间的交流，让优质资源薄弱地区的学生学习优质资源丰富地区学生的上课方式、思维方式，从而提高学习效率。优质资源地区的老师单独给资源薄弱地区的学生上课，为他们量身打造专递课堂，以便照顾学生的学习水平。优质资源的输出不应局限于老师和学生之间的教学，同时老师之间也可以进行远程的教研备课，促进教师之间的相互成长。

利用教育信息化技术进行优质资源接收、辅助教学。作为被帮扶地区的老师在进行同步教学中主要以辅助主讲教师为主，能够合理地利用教育信息化技术的优势与特点将本地的学习状态实时反馈给主讲老师，方便主讲老师及时了解本班学生的状态。

作为教研院教师，要能利用教育信息化技术的优势与特点进行教学教研。教研员一个主要的任务就是指导教师如何上好一节课。对于区、市的公开课和优质课，教研员还要进行指导、评课等。教研员通过教育信息化技术的优势与特点帮助本区域教师讲一节课，同时利用直播或录播功能反复研究教师上课的状态，并加以指导，在线评课的时候能给予其他听课的教师建议，以解决教师在以后讲课中遇到的问题，从而提高教师的专业水平。

了解教育信息化技术部分应用的操作，如教研院组织评课听课时使用的直播、录播或远程互动等功能。合理地利用这些功能帮助完成教研工作就要熟悉相关操作。

三、培训对象及内容

为满足教育的不同需求，使整个云、网、端一体化的产品及服务体系解决方案系统的不同角色人员都能尽快熟悉应用，最大限度地发挥教育信息化技术方案的优势作用，提供了多形式、多角度、多层次的培训。

培训对象主要包括区域及校领导、设备管理教师、一线教学教师、教研院教师。

（一）区域及学校领导

表4-6 区域及学校领导培训表

培训模块	培训时长	培训方式	培训人数	培训内容概述	培训环境
方案产品介绍及应用推广	60min	现场集中培训	50人/场	1. 方案简介 2. 方案特色 3. 方案功能简介 4. 应用场景 5. 案例分享 6. 互动答疑	建设教室

（二）设备管理教师

阶段一：

表4-7　设备管理教师培训表一

培训模块	培训时长	培训方式	培训人数	培训内容概述	培训环境
方案介绍	10min	现场集中培训	35人/场	1. 方案介绍 2. 方案构成 3. 系统工作原理	建设教室
产品使用操作	50min			1. 设备开关 2. 软件开启关闭 3. 软件使用方法 4. 录播直播 5. 后台管理 6. 远程互动 7. 软硬件使用注意事项及运维	
分组练习	30min			5人一组，分组观摩体验如何操作使用	
常见问题处理答疑	30min			1. 常见问题处理 2. 现场答疑	

阶段二：

表4-8　设备管理教师培训表二

培训模块	培训时长	培训方式	培训人数	培训内容概述	培训环境
课例分享	25min	现场集中培训	50人/场	请一位或多位老师分享在日常教学过程中如何应用产品进行远程管理及教学；分享在日常维护保养中一些好的方式方法	建设教室
产品在教学中的应用	30min			训练学科教师使用系统与所授学科进行整合、创新的能力	
问题解答	30min			了解教师在实际教学中的使用问题，进行现场解答与应用指导；了解管理员在日常维护保养中遇到的问题，进行现场解答与应用指导	

（三）一线教学教师

阶段一：

表 4-9　一线教学教师培训表一

培训模块	培训时长	培训方式	培训人数	培训内容概述	培训环境
方案介绍	10min	现场集中培训	45人/场	1. 方案介绍 2. 方案构成 3. 方案特点	建设教室
产品使用操作	50min			1. 设备开关 2. 软件开启关闭 3. 软件使用方法 4. 录播直播 6. 远程互动 7. 软硬件使用注意事项	
分组练习	30min			5人一组，分组观摩体验如何使用	
答疑互动	30min			现场答疑	

阶段二：

表 4-10　一线教学教师培训表二

培训模块	培训时长	培训方式	培训人数	培训内容概述	培训环境
课例分享	25min	现场集中培训	50人/场	请一位或多位老师分享在日常教学过程中如何应用产品进行教学	建设教室
产品在教学中的应用	30min			训练学科教师使用系统与所授学科进行整合、创新的能力	
问题解答	30min			了解教师在实际教学中的使用问题，进行现场解答与应用指导	

（四）教研院教师

表 4-11 教研院教师培训表

培训模块	培训时长	培训方式	培训人数	培训内容概述	培训环境
方案介绍及应用推广	20min	现场集中培训	50 人/场	1. 方案简介 2. 方案功能特色 3. 方案应用场景 4. 案例分享	建设教室
案例分享	20min			产品在实际案例中应用的情况，以及教师对产品的反馈和意见建议	
产品基本操作使用	20min			软硬件的开关以及简单的应用	

四、培训教材

为了确保教学活动能高效地开展，免费为学校提供电子版本的产品中文操作手册及视频，并保障在今后产品的使用过程中提供相应的技术具备。培训资料主要包括以下内容：

- 《产品操作手册》
- 《产品操作视频》
- 《产品操作手册简易版》
- 《产品日常维护手册》
- 《产品培训 PPT》
- 《产品安装软件》

五、培训方案

产品服务商组建专业讲师团队，分区分组分批地为各项目单位的主管领导、设备管理人员及师生进行相对应的设备使用培训。可通过线上+线下相结合的方式，针对管理者开展规划、统筹、管理能力培训；针对技术人员开展实施、运维能力培训；针对教师开展灵活运用能力培训；针对学生开展智慧学习能力培训。教育局负责协助学校组织智慧课堂的教学培训并提供指导。

（一）现场培训

此次项目建设遍布整个区域，共计 484 所学校。因分布地域较广且分散，为快速让各学校尽快掌握使用方法，建议首次培训先以集中培训的方式为主，尽快将所有使用该项目的学校的教师培训一遍，后续在学校实际使用中遇到问题再针对性地进行二次、三次培训。针对我们现场的培训方案设计为：

1. 根据设备实际安装情况，以市县为单位中心点学校辐射周边地区，分别安排各区域负责人集中培训，以宣讲和案例分享的方式让区域负责人了解此次建设项目，为后续本区域推广使用打好基础。了解其他区域在推广过程中所制定的政策与方向，把握在本区域内的推广方向，清晰推广思路，了解应用产品的优势与特点，结合本区域的教育教学情况，把握产品在本区域内应用的场景和范围，为本区域教育信息化的发展助力。

2. 根据设备实际安装情况，以市县为单位中心点学校辐射周边学校，分别安排各区域学校负责设备维护教师以及部分一线使用教师的集中培训。为了达到培训效果，保证参加培训的老师能良好地掌握产品的使用，以及在今后学校的实际使用中起到带头示范作用，建议每场培训人数以不超过45人为最佳。

3. 每场培训以讲解+观摩实操结合的方式进行，确保每位参加培训的老师能直观感受到使用此产品的操作步骤。

（二）远程培训

现场培训后，老师经过初期使用，对产品有了基本的了解。在此基础上，为了继续提升教师的教育信息技术能力，增强教师将信息技术与教育教学深度融合的能力，促进老师对教学模式进行创新，将以在线培训的方式推出后续的远程培训计划，继续服务本次项目所涉各学校教师的信息技术能力提升和专业发展。

（三）在线答疑

提供完善的售后培训服务，其中包括在线答疑，学校教师在使用过程中有任何疑问，均可通过在线答疑的方式获得在线帮助服务。

（四）培训服务流程说明

我们提供的培训服务有一系列规范化的执行流程，确保与用户紧密联系沟通，通力配合，有效保障培训服务的质量。

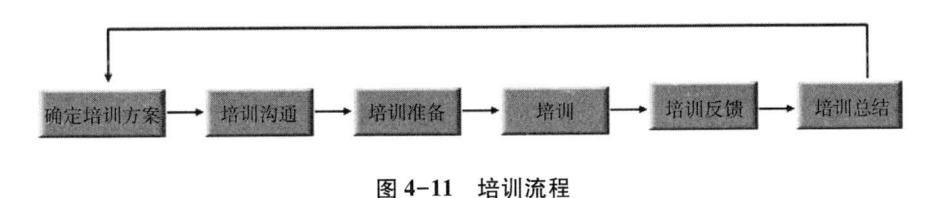

图 4-11　培训流程

六、培训流程

（一）制定培训方案

由培训负责人与区域相关负责人员沟通培训要求，并根据区域实际情况制定详细的培训方案。

培训对象：由培训负责人提前联系区域负责人，了解此次培训的人员的基本情况。确定参加培训人员的数量，确定参加培训人员的工作职责（区级或校级领导层、设备管理老师、一线授课老师、教研院教师），以方便制订相应的培训课件，让参加培训人员能够合理有效地掌握所需内容。

培训需求：由培训负责人提前联系区域负责人，收集参加此次培训教师的使用需求，在多种教学教研场景中有的放矢地制订培训内容。

培训时间：由培训负责人提前联系区域负责人确定培训时间。时间的安排本着相互理解和相互方便的前提合理安排。确定好培训时间，方便区域负责人提前发放培训通知也方便负责培训人员以及参加培训人员提前安排好行程。

培训地点：由培训负责人和区域项目经理提前联系区域负责人合理选择培训地点，培训地点建议中心点辐射周边地区，方便参训人员前来参加培训。

培训内容：由培训负责人根据培训需求和培训对象的情况准备培训内容，培训内容以简单易懂方便学习的方式制作。在培训结束之后保留培训内容，方便参加培训教师自主学习。

培训场次：由培训负责人提前联系区域负责人根据培训对象培训时间安排培训地点等各个方面的因素合理计划培训场次。

培训方案制定完成后培训负责人将方案发给区域负责人，校准后没有问题即可根据培训方案的安排实施培训。

（二）培训沟通

在培训之前培训负责人提前到达培训区域，对此次培训的事宜做进一步跟进。由培训师与区域负责人就培训具体事宜进行沟通。

确定培训时间：根据培训方案指定的时间确认是否可以如期进行。

培训课时：根据培训方案制订的培训内容和培训场次合理安排课时。

确认培训参与人员：根据培训方案确定的培训对象及参加培训人员，确认是否有变更。

了解培训人员基本情况：进一步了解参训人员的基本信息，确认培训内容是否需要更改。

沟通培训内容：确认培训内容是否合理和有效。

培训环境：培训负责人提前考察培训场地的环境、设备的运转状况、场地容纳的人数、现场有无特殊情况，以及实际的测试使用培训所需的设备。

（三）培训准备

在培训之前培训负责人和区域相关负责人员做好培训相关的准备，以确保培训顺利进行。

培训内容：由培训负责人制订培训内容，并且在培训前将培训内容发给区域负责人。提前将培训内容在培训现场演示，确保培训内容的正确性。

培训资料：培训现场以讲解和实际操作相结合的方式给参加培训人员最直观的学习感受，课后保留培训资料，方便参加培训人员的自主学习，从而进一步提升培训的效果。

培训设备：培训现场的设备应保障运行流畅、无故障，在培训之前培训负责人结合培训内容完整的演示一遍，以确保各个环节中设备能够正常运行。

培训教室：由培训负责人提前勘察培训教室的环境。

培训通知：由区域相关负责人员发布培训通知，通知内容包含培训内容简介、时间、地点、场次、课时，是否需要准备材料、是否需要回执等。

（四）培训

由培训讲师现场提供培训，对理念导入、产品使用及其他培训内容进行详细讲解。项目实施方及培训所在学校共同确保培训环境的正常使用。

理念导入：根据项目情况以及参加培训人员情况，对整个系统的理念、背景、应用场景以及对未来教育信息化技术发展的作用等理念进行讲解。

产品使用：根据参加培训人员的情况对产品进行相应的介绍，如方案的构成，硬件设备的整体操作、硬件设备的单独操作，软件如何结合课件更好地为教学服务以及设备的维护保养。

课间休息：根据课时安排的情况，设置课间休息时间。

互动交流：在培训过程中设置提问、实际操作环节。

分组训练：在完成阶段性内容培训之后，参加培训人员自由分组进行模拟演练，确保培训完成后每位参加培训的人员都能有所收获。

（五）培训反馈

在培训结束时进行问题答疑，了解教师的培训掌握程度以及对产品的认知和感受，并听取参与人员的相关意见。

互动答疑：培训结束后由参加培训的人员提出问题，讲师负责回答，以讲解和实际操作相结合的方式回答参加培训人员提出的问题。

认知感受：参加培训人员可在培训完成之后，分享自己对本场培训所接触内容的认知程度和感受，培训讲师应做好记录，方便进一步了解此次培训的效果。

提出建议：参加培训人员可在培训完成之后对本次培训的不足提出相应的建议，培训讲师应做好记录，以便完善培训体制。

培训感受：参加培训人员可在培训完成之后说一说对参加本次培训的感受。

（六）培训总结

由培训师和学校负责人结合培训情况和教师反馈对培训效果进行培训总结，由培训师对学校下一步产品使用推广工作提出建议和意见。

情况概述：简要地交代一下培训的时间、背景、大体过程和效果等。

存在的问题：问题要提得准确，以便今后解决，要注意需要避免和克服的方面。

以上为针对本方案的应用培训方案，具体还需根据项目实际建设及推广过程进行调整，以确保培训及时有效，尽快让所有项目管理者、使用者、维护者都能掌握系统操作与应用，确保项目建设和应用效果。

第八节　智慧教育网风险及把控

本项目因涉及单位多、覆盖面广、建设内容多等特点，将会存在组织管理、工程建设、应用推进等方面的风险。

一、组织管理方面

本项目建设中涉及单位较多，各项目单位难免会存在对项目重视程度不一、沟通不及时、协作经验不足等问题。建议定期举行项目进度联席沟通会议，研究解决重大事项，对各项工作进行组织管理，保障各项工作顺利开展。同时，由信息技术专家组成的专家组，为本项目的建设提供技术与管理问题的咨询和指导。

二、工程建设方面

本项目建设范围广、建设内容多，时间短、任务重，并且多采用先进技术，在物理设备、通信网络、系统架构、协议分析、数据整合、应用集成等各方面都需要高度集成，对于建设实施有一定的要求。为确保整个项目顺利有序开展，需对项目进行有效策划，制订并落实严格的项目实施具体计划，合理估算项目工作量。

二、应用推进方面

"三个课堂"应用中的优质学校因承担着分享优质师资资源的任务，主观上不愿把资源进行共享，客观上也缺少资源共享的政策指导及激励机制。虽然各部门已充分认识到优质资源共建共享的重要性，但在具体实施过程中仍会存在一定的阻力，特别是优秀教师的工作量将加大，长此以往将会影响其积极性。

若要全面实现"三个课堂"在广大中小学校的常态化按需应用，一方面，合作方需要在运营策略方面达成一致；另一方面，需要建立健全开展"三个课堂"有效机制，把"三个课堂"纳入日常教学管理体系，把教师在"三个课堂"中承担的教学和教研任务纳入工作量，并在绩效考核、评先评优、职称晋升等方面给予适当考量，同时开展教师信息技术能力提升培训及同步课堂应用比赛等，鼓励教师多应用。各级教育部门，教研、师训、基教、督导、电教要紧密结合，成立专门的应用推进工作小组，电教部门负责软硬件系统及网络环境的保障，教研部门各学科负责研究并带领教研员、教师开展同步课堂应用，师训部门定期组织教师信息技术能力提升培训等，以此缩短区域、城乡、校际差距，推动教育实现优质均衡发展。

第九节 智慧教育网项目效益

一、项目经济效益

本项目充分体现了顶层设计、统一部署、分层应用的建设优势，基于云计算、大数据、AI技术模式下实现统一投入、统一管理、统一服务，形成一个云、一张网全覆盖，从云到网到端统一应用，无缝衔接，有效避免各区县学校云、网、端设备及服务的重复性购置问题，大大提高使用效率，节省分散式采购的投入经费，能有效降低服务成本，节约财政投入和营运成本。

二、项目社会效益

通过本项目建设，充分发挥优秀教师的力量共建共享优质教育资源，打通区域间的数据孤岛，助力实现"三个课堂"在广大中小学校的常态化按需应用，推进基础教育城乡一体化建设，实现公平而有质量的教育，促进基础教育均衡发展。

（一）构建起淄博教育信息化服务体系

通过打造淄博教育智慧新赛道，全面体现建设统一投入、统一管理、统一服务的理念，将各区已建的网络系统形成一个云、一张网，实现全域教育基础资源的统筹、共享，为全市高质量、均衡、公平发展奠定了坚实的基础。

（二）实现教育资源共建共享，打通区域间的数据孤岛

充分发挥全市教师的力量共建共享资源，打造淄博教育智慧新赛道则是实现这种共建共享机制的最佳载体。云平台的分层级管理机制，既可以实现管理权限的层层下放，又可以实现共享范围的逐层灵活设置。可实现同一学校同一学科同一年级的老师之间共享资源，也可实现不同地市、区县各个学校的同学科、同年级教师之间的资源共享。

（三）贯穿校园内外、课堂内外的学习场景

教师和学生无论何时、何地、何种方式的学习都可以在淄博智慧教学大数据平台上开展，这是师生课堂教学的有益补充，也是课外学习的便捷支撑，尤其是在移动学习终端的具备下，学习更是无处不在、无时不在。

（四）创新信息技术与学科深度融合的新途径

淄博教育智慧新赛道项目提供了课前、课中、课后全时段全方位的互动、评价等环节，通过跟踪学习数据对学生开展形成大数据评价，让创新教育的理念借助技术得以落实，学生的学习能力，家长的关爱能力，教师的教学能力，基层教育单位的综合管理能力得以整体高效提升，从而实现教育教学融合创新的变革。

（五）降低平台的运营成本，提高运营的效益

基于云计算技术模式下淄博智慧教学大数据平台，实现了教育教学管理支撑应用的统一部署，有效避免了应用软件的重复性购置问题，提高了软件的使用效率，节省了软件分散式采购的投入经费。同时，教育教学管理应用的统一服务能有效降低服务成本，节约行政营运成本。

（六）开辟教育合作新模式，打造淄博教育信息化新样板

以共商、共建、共享的原则，多方强强联合的模式构建淄博智慧教学大数据平台，打造山东教育信息化新高地和儒家文化的全球化传播新途径，树立新时代教育合作的新典范。

通过对建设项目的必要性、需求性、建设方案、实施方案、社会效益等的

分析，可以看出该项目符合中小学教学需求，项目建设内容和工程实施既有创新，又切实可行，通过多方共商、共建、共享的原则，开辟了教育合作的新模式，可全面提升淄博市中小学教育教学信息化整体水平，是争创全省教育信息化强市的基础性、创新性工程，让淄博成为山东省基础教育信息化建设的新高地、新标杆、新样板。

第五章

智慧班牌教学应用范例

第一节 智慧班牌建设需求分析

近年来淄博一中以"打造智慧课堂、建设智慧校园、推进智慧教育"的思路不断推进教育信息化教学改革。以智慧学习环境的构建推进智慧教育，在淄博一中率先呈现了习近平总书记提出的"人人皆学、处处能学、时时可学"的学习生态。以"三平台三系统（智慧教学平台、智慧资源云平台，智慧管理平台、智慧课堂交互系统、智慧校园一卡通系统、智慧校园安防监控系统）"为载体的"智慧校园"初步成型。

山东省从2017年开始实施新一轮高考改革，淄博一中作为一所拥有近5000名师生的学校，如何满足学生6选3？对于学生的选课走班，如何有效组织实施？这需要我们去不断研究探索。在智慧学习环境下，如何更好展示校园文化、班级文化，提升班级的凝聚力？如何加强师生沟通交流，拓展问题解决途径？在智慧教育推进过程中，需要不断挖掘智慧班牌的教育教学功能，加强研究，促进学校教育教学工作的开展。

2017年12月，淄博一中完成了智慧班牌项目的建设，为全校90个教室安装了智慧班牌。智慧班牌系统主要由班牌管理系统、信息发布系统、学生选课系统、智能排课系统、智能考勤系统等功能模块组成。智慧班牌采用21寸触控一体显示器，班牌版面由信息展示区、课表、考勤、学校LOGO、班级风采等组成。通过班牌管理系统可对班牌进行位置管理、定时开关机、设备健康状态监控、程序升级等运维业务。

信息发布系统主要是向班牌推送文本、图片、视频等不同类型信息。学生选课系统主要应对新高考模式下"六选三"选课走班的需求。学生根据个人兴趣爱好完成选课之后，智能排课系统可以根据学生选课情况进行走班混合制排课，每位学生真正做到人手两张课表：一张行政班课表、一张走班课表。智能将考勤系统与校园一卡通进行对接，利用原有校园卡可以实现学生上课考勤，能够与排课系统的教师课表数据对接，利用走班制课表生成考勤记录。

同时，智慧班牌系统与学校数字校园管理系统底层打通，实现互联互通，真正实现了数据的共享共用，使智慧班牌成为数字校园管理系统的新终端，进一步拓展了智慧班牌的功能。师生利用校园卡刷智慧班牌，可以登录学校数字校园管理平台，通过数字校园管理平台，既能为师生提供一站式服务，又能提高学校教学、管理的效率，还能充分满足教学、管理和服务的需要。

学校智慧班牌从投入使用到现在已有五年多时间，经过广大师生的积极探索，初步形成了学校智慧班牌的创新应用方案，整体促进了学校智慧校园建设。但是，在使用过程中，也遇到了一些问题，比如，有时会出现信息发布内容不能同步显示到班牌上，发布的信息不能及时取消显示等，对于智慧班牌使用所产生的数据缺少进一步分析利用。对于这些问题，还需要与班牌技术研发人员沟通交流，结合学校实际需求进行二次开发，进一步完善智慧班牌的功能。

第二节　智慧班牌教学应用研究

一、智慧班牌教学研究综述

在中国知网中，笔者以"班牌"为关键词进行检索，能够检索到33条结果；以"电子班牌"为关键词进行检索，能够检索到12条结果，经过筛选后，有5条结果与本研究相关；以"智慧班牌"为关键词进行检索，能够检索到15条结果，筛选后有7条结果与本研究相关。由此可见，国内对电子班牌的研究还不是很丰富。

表5-1　"班牌""电子班牌""智慧班牌"在中国知网中的检索结果汇总

检索主题	班牌	电子班牌	智慧班牌
检索结果（条）	33	12	15

通过对文献的阅读发现，班牌包含了传统班牌和电子班牌。传统班牌是以实物的指示牌、标志牌等实物形式为载体的，其目的是展示班级名称、班级文化等。电子班牌是将传统班牌的内容转移到了电子显示屏等设备上，设计美观、形式多样，可以展示班级信息、学生照片、教务信息、学校文化等，其主要作

用在于展示。智慧班牌是电子班牌的升级，集物联网技术、射频卡技术、多媒体技术、识别技术、智能门禁、信息采集和展示为一体的综合管理平台系统。智慧班牌是在"互联网+"的背景下，对电子班牌的升级更新。相较于电子班牌以展示为主的功能，智慧班牌集数据采集、智能控制和交互为一体，能够为教育教学提供更多的便利，但在已有研究中，对"电子班牌"和"智慧班牌"并没有特别明确的定义，他们之间存在混用的状况。

关于电子班牌最早的研究是在2013年尹恩德发表在《中国教育技术装备》上的《电子班牌在教育教学中应用初探》。在关于电子班牌的文献中，主要将电子班牌作为班级文化的建设与展示阵地，展示如办学理念、学校文化、班级制度、主题活动、表彰信息等的图文、视频。

相对电子班牌而言，智慧班牌则主要集中在交互和考勤方面。2017年杨世春发表的《我班的墙壁会说话——谈智慧班牌的应用》中，分别从学校校园文化、学校管理信息沟通、师生交流方式、班级日常工作、班级文化展示五个方面谈了智慧班牌在小学中的成功应用。在重庆市万盛经济技术开发区中盛小学，智慧班牌不仅是班级文化展示的阵地，更是学校管理信息沟通、师生交流的阵地。2018年张维国的《智慧班牌在数字化校园中的应用》从高校的角度分析了智慧班牌的系统架构、功能应用场景，以及在校园文化建设中的影响、作用及实践路径。2019年李卫平的《智慧班牌在中职学生收集管理干预机制中的应用》中主要探讨了中职学生手机管理机制的实施及智慧班牌在机制中的具体应用，为中职学生手机管理提供依据与建议。2019年杭中士在《"教育信息化2.0行动计划"背景学校智慧班牌建设应用分析》中对智慧班牌的内涵、建设的必要性、建设原则和应用的场景进行了探析，他提出，智慧班牌建设的建设是校园文化建设的需要，是走班考勤的需要，是智慧校园建设的需要，是分级分权限统一管理的需要。

《电子班牌的发展演变及教育应用》中提出电子班牌存在诸如用户体验差、不注重数据的收集和有效分析、不能满足个性化需求、无法可持续服务、数字资源建设等方面的问题。

二、智慧班牌学术及应用价值

在对电子班牌和智慧班牌的文献进行梳理之后，我们发现其实关于智慧班牌的研究目前限于以学校为单位简要介绍了智慧班牌的应用，或是教育装备部门对区县电子班牌应用的归纳总结，但是各个学校在智慧班牌的实际应用有所差异，每个学校的实际情况不同。在学校基于"三平台三系统"智慧校园下的智慧班牌应用研究,能够在一定程度上丰富已有理论研究,也能够为其他应用平板教学和智慧班牌进行教育教学管理的学校提供实践参考。

第三节　智慧班牌教学应用研究基础

一、香农—韦弗理论模式

1949年,香农与韦弗在《传播的数学理论》中提出了一个传播过程模式,称为香农—韦弗模式或传播过程的数学模式。这一模式是描述电子通信过程的,信源发出讯息,再由发射器将讯息转为可以传送的信号,由接收器把接收到的信号还原为讯息,将之传递给信宿。在这个过程中,讯息可能受到噪声的干扰,产生某些衰减或失真。

二、拉斯韦尔信息传播理论

美国政治学家拉斯韦尔在其1948年发表的《传播在社会中的结构与功能》一文中,最早以建立模式的方法对人类社会的信息传播活动进行了分析,这便是著名的"5W"模式。"5W"模式界定了传播学的研究范围和基本内容,影响极为深远。

"5W"模式是:

谁(Who)→说什么(Says What)→通过什么渠道(In Which Channel)→对谁(To whom)→取得什么效果(With what effects)。

三、智慧班牌在智慧校园中的应用基础

淄博一中已经给全部教学班都配备了智慧班牌,项目参与人员中有智慧班牌管理人员,对智慧班牌的应用比较了解,与平台技术人员保持联系,也有具体负责与班级及任课教师对接的人员,能及时掌握一线师生的教育教学需求。推进智慧班牌的教育教学管理功能,充分发挥智慧班牌在选课走班,线上师生互动,学生考勤管理等方面的优势,深度开发智慧班牌在教育教学和学生管理各方面的应用。

第四节 智慧班牌教学应用研究内容

智慧班牌应用研究内容主要依托于学校"三平台三系统"智慧校园系统中智慧班牌的实际应用情况，通过访谈法了解学校各个部门在智慧班牌应用过程中存在的问题，通过对问题的分类归纳，总结出学校在智慧班牌交互性应用功能的开发，建设学校思政教育主阵地，与学科教学相结合等方面的问题与需求，以期能够开发出符合学校特色的智慧班牌教育教学应用系统。

一、研究对象

智慧班牌应用的研究对象，依托于学校智慧校园系统中的智慧班牌，在智慧校园的教育教学和管理各个方面的应用为研究对象。

二、研究目标

我们系统梳理了智慧班牌现有功能，汇总了各功能的应用数据，全面分析了智慧班牌在教育教学中的应用情况。经过与学校管理者、技术管理人员、班主任、学科教师、学生、家长等的访谈，初步了解了目前学校在智慧班牌应用方面存在的问题。基于此，研究目标主要是针对存在问题与智慧班牌开发人员共同开发符合学校应用实际的智慧班牌应用管理系统，将智慧班牌建设为学校思政教育的主阵地，促进智慧班牌与学科教学的融合，开发智慧班牌在学科教学中的应用，以促进智慧班牌在学校的应用效益最大化。

具体来讲，研究目标为：

（1）充分挖掘智慧班牌的交互性功能应用开发，包括平板与智慧班牌的互动开发。

（2）探究如何将智慧班牌作为学校思政教育的主阵地。

（3）促进智慧班牌在学科教学中的应用。

三、研究重难点

智慧班牌应用研究的难点在于结合学校实际应用，与智慧班牌技术人员对接，开发出符合学校实际应用的智慧班牌教育教学应用系统，研究重点是智慧班牌的交互性的自主开发，以及如何使智慧班牌成为学校思政教育的主阵地。

四、研究框架

了解班牌产生背景，梳理班牌、电子班牌、智慧班牌的发展脉络，比较班牌、电子班牌、智慧班牌之间的联系与区别，为研究展开提供理论支持。进一步梳理目前学校智慧班牌的主要功能，如信息发布、选课走班课表、教师风采展示、学生考勤、物品报修等，总结各功能模块在使用过程中存在的问题；同时，通过问卷、访谈等途径，了解学校各层面对智慧班牌的应用现状与需求。在此基础上，进一步加强对智慧班牌的创新应用研究。主要包括以下方面：

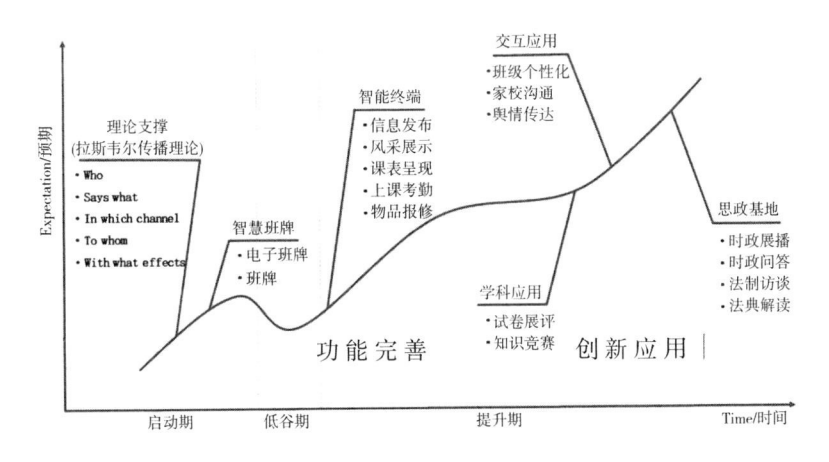

图 5-1 智慧班牌发展与应用图示

（一）充分挖掘智慧班牌的交互性功能应用开发

作为校园网络中的智慧终端，学校智慧班牌是采用触屏交互显示设备，要充分挖掘智慧班牌的交互性功能应用开发研究。进一步探索智慧班牌与学校数字校园平台对接，充分发挥智慧班牌在教育教学、家校沟通、校内资源展示、选课走班等的作用。智慧班牌功能研究小组与智慧班牌的技术保障团队进行对接，通过对智慧班牌的二次开发，完善智慧班牌功能。[①]

平板与智慧班牌的互动开发。学校施行平板教学以来，学生人手一个平板成为常态。探索让智慧班牌与学生的平板联动，开发基于平板的智慧班牌应用

---

① 朱常琦. 大数据背景下中小学移动教学平台的应用研究 [D]. 兰州：西北师范大学，2015：2-7.

程序，学生能够在平板上编辑内容并发布到智慧班牌上，也能够在平板上访问智慧班牌的部分内容。

班级展示牌，突出"班级"的主体地位。目前，智慧班牌主要是学校层面和班主任层面在使用，他们是信息的发布者，学生则是信息的接收者。而班牌作为一个班级展示牌，其主要目的应该是要展示班级，学生、班级不能仅仅作为信息的接收者，他们也要成为信息的发布者。本研究将探索以班级、学生作为信息的发布者，充分发挥班级的主观能动性，将智慧班牌作为班级文化宣传和展示的主阵地。

校内资源在智慧班牌上的展示与交互。目前，学校图书借阅采用的是传统的方式，师生到图书馆找到需要的书然后借阅，学校图书馆的藏书名称和数量，教师和学生都无法得知，造成了校内资源的浪费。探索将图书借阅功能添加到智慧班牌中，学生在智慧班牌上就可以查看到图书馆的书目和数量，刷脸完成借阅，到图书馆刷脸取书。此外，学校的官网主页、校园电视台等网站中均含有大量的新闻、视频资源，也可以将其添加到智慧班牌中。

将智慧班牌作为家校沟通的桥梁。研究将智慧班牌的考勤功能与家校沟通相结合，学生到校在智慧班牌上考勤后，家长就能够收到学生安全到校的提示。

（二）智慧班牌成为学校思政教育的主阵地

2019年3月18日，习近平总书记主持召开了学校思想政治理论课教师座谈会，在座谈会中明确指出，办好思想政治理论课的根本在于贯彻党的教育方针，关键在于思政课教师及学科教师创造性、主动性、积极性发挥情况。中小学思想政治教育的主要目的是帮助学生认识应该"做什么样的人"。为保证思政课教学目标的有效实现，教师要遵循教书育人的教育理念和学生成长的规律，将价值观渗透到日常教育的方方面面，避免一味说教而导致的课程"沉闷""假大空""洗脑课"的错误情况。

智慧班牌是学校智慧校园系统中最常见的展示、交互装备，是实现"将价值观渗透到日常教育的方方面面"最合适的设备。与学校思政课教师一起，探索将思政课与智慧班牌结合的最佳方式，从时政展播、时政问答、法治访谈等方面探索，将智慧班牌打造成学校思政教育的主阵地。[①]

---

① 刘飞. 基于混合云环境的智慧班牌系统设计与实现，[D]. 镇江：江苏大学，2018：3-5.

（三）促进智慧班牌在学科教学中的应用

学校的智慧校园系统中，学科教学有自己的平台和硬件设备，而智慧班牌是作为学科教学应用的辅助手段。比如，优秀试卷的展评、学科知识的竞赛答题等。

优秀试卷展评是目前语文、英语学科用得较多的功能。学科知识竞赛答题既属于教学应用，也是智慧班牌交互性功能应用。学科知识竞赛答题以选择题为主，各科目教师均可将题目置于智慧班牌相关目录下，学生以班级为单位进行挑战，智慧班牌以班级为单位进行统计，自动生成班级排行榜。

第五节　智慧班牌教学应用研究思路方法

一、研究思路

研究通过对学校管理者、技术管理人员、班主任、学科教师、学生、家长等的访谈，深入了解学校智慧班牌应用过程中由于信息不对等、沟通不足造成的问题，详细了解各部门对于智慧班牌使用的需求与建议。课题组将在详细调研的基础之上，与智慧班牌技术人员进行沟通，在智慧班牌交互性功能的应用开发、将智慧班牌打造成学校思政教育主阵地、智慧班牌与学科教学的结合等方面共同研发，打造出符合学校实际的智慧班牌应用系统。

二、研究方法

（一）文献研究

通过早期对关于"班牌""电子班牌""智慧班牌"等相关文献的梳理，深入了解国内外智慧班牌的研究现状与发展动态。

（二）访谈法

通过对学校管理者、技术管理人员、班主任、学科教师、学生、家长等的深度访谈，了解在现阶段学校智慧班牌应用中存在的问题以及他们对智慧班牌应用需求与建议。

（三）归纳总结

梳理访谈中存在的问题、需求及建议，通过归纳总结，提炼出学校急需解决的问题，使智慧班牌在学校的教学应用效益最大化。

三、研究计划

研究计划分为六步：第一，梳理相关文献，集中进行各类访谈；第二，将班牌打造成学校思政教育的主阵地；第三，智慧班牌与学科教学相融合；第四，形成基于智慧班牌的学科教学案例；第五，智慧班牌应用系统的开发与完善；第六，智慧班牌应用成果总结提升。

四、可行性分析

在学校已有的智慧班牌的基础上进行的研究应用，人员中有智慧班牌管理人员，对智慧班牌的应用比较了解，与平台技术人员保持联系，也有具体负责与班级及任课教师对接的人员，能及时掌握一线师生的教育教学需求，因此本研究可行性较高。

第六节 智慧班牌教学应用创新

一、学术方面的创新

在学校基于"三平台三系统"智慧校园下的智慧班牌应用研究能够在一定程度上丰富已有理论研究，相较于已有研究，本研究采用了从学校师生实际需求，利用访谈的方法来发现智慧班牌中存在的问题，更加具备科学性，从实际应用出发解决一线师生的实际需求。

二、教学应用方面的创新

在已有研究的基础上，更加注重对智慧班牌交互性的研究，使智慧班牌成为学校与学生的舆情传达窗口，着重探索智慧班牌与学校数字校园平台对接，充分发挥智慧班牌在教育教学、家校沟通中的作用；着重于对学生思政教育的研究，力争把智慧班牌打造成学校思政教育的主阵地，着重于智慧班牌在学科教学中的应用研究，使智慧班牌成为学科教师教育教学应用和班级管理的小助手。

第七节　智慧班牌教学应用研究保障

一、智慧班牌教学应用研究保障的主要内容

（一）硬件条件：学校已经为全校所有班级都配备了智慧班牌。

（二）软件条件：智慧班牌的管理平台由开发商提供，后续功能的开发由学校提出，对接开发人员来实现。

（三）参与人员：信息处管理人员、开发商开发人员，师生应用和管理人员。

（四）时间安排：前期已经由开发人员对管理人员和师生进行基本功能的培训和应用指导。接下来由信息处主导推进，根据计划安排进度，访谈师生教育教学管理需求，联系开发人员，全面开发使用智慧班牌的教育教学管理应用功能。

第八节　智慧班牌教学应用研究成果

提升学校智慧班牌教育教学应用效果，形成符合学校实际的智慧班牌应用与管理模式，进一步开发完善具有交互性智慧班牌应用系统，总结基于智慧班牌的学科教学案例，以期能够为同在互联网+智慧班牌环境下的中小学校提供可参考的案例。

学校全面推进智慧班牌教育教学管理各方面的应用，进而整体推进智慧校园教学应用由1.0迈向2.0，期望以智慧班牌教育教学管理应用研究，引领校园教育教学管理智慧化走向更高水平。

第六章

大数据精准教学系统范例

第一节 大数据精准教学系统建设

一、国家教育政策背景分析

近几年，国家关于中小学智慧教育建设和发展方面的政策密集出台，教育部2022年工作要点中强调，实施教育数字化战略行动，强化需求牵引，深化融合、创新赋能、应用驱动，积极发展"互联网+教育"，加快推进教育数字转型和智能升级。教育部于2023年工作要点中又调强，要统筹推进教育数字化和学习型社会、学习型大国建设，纵深推进教育数字化战略行动，重点做好大数据中心建设、数据充分赋能，加快构建服务全民终身学习的教育体系。

为深入贯彻党的二十大精神，扎实推进国家教育数字化战略行动，完善教育信息化标准体系，提升教师利用数字化技术优化、创新和变革教育教学活动的意识、能力和责任。坚持以人民为中心发展教育，加快建设高质量教育体系，发展素质教育，促进教育公平。推进教育数字化，建设全民终身学习的学习型社会、学习型大国。

2022年3月，国家智慧教育公共服务平台正式上线，教育部把优质教育数字化资源集成分类、整合优化，打造的这一综合集成平台，聚焦学生学习、教师教学、教育创新等功能，是向构建网络化、数字化、个性化、终身化的教育体系迈出的重要一步。

中小学校要落实以上文件精神，落实教育数字化转型升级，首先需要从课堂优化升级入手。第一步要优化升级基础设施。优化和升级智能终端、智能工具、学习平台等，积极推动信息技术与教育教学的深度融合。第二步要推进课堂教学过程数字化。探索基于证据的教学，分析课堂数据、掌握学生状态，据此设计课堂活动引发主动思考，促进深度学习。第三步要重视师生数字素养提升。引导学生正确使用智能终端，形成良好的使用习惯；开展教师培训，提升教师信息化教学的能力。第四步要发挥数据价值创新评价方式。基于课堂数据对学生的知识掌握情况、能力水平差异、行为特征等进行有效的诊断和分析反馈。

推动教育数字转型、智能升级、融合创新；依托空间汇聚各类终端、应用和服务产生的数据，为教育教学改革提供支撑，促进规模化教育与个性化培养有机结合。形成数据驱动的学生综合素质评价解决方案，确保评价正确方向，完善评价内容，强化技术支撑，促进学生德智体美劳全面发展。探索大中小学智慧教室和智慧课堂建设，深化网络学习空间应用，改进课堂教学模式和学生评价方式。做到优化学习空间，凝聚数据势能，创新教育生态，提升师生素养。

二、基础教育新课标落地实施的需要

新课标的落地实施需要课堂变革，《义务教育课程方案（2022年版）》修订重点强调：

1. 强调素养导向。注重培育学生终身发展和适应社会发展所需要的核心素养。

2. 优化课程内容。按照学生学习逻辑组织呈现课程内容，加强与学生经验、现实生活、社会实践的联系。

3. 突出实践育人。强化课程与生产劳动、社会实践的结合，强调知行合一。

《普通高中课程方案（2017年版2020年修订）》修订重点强调：

1. 凝练了学科核心素养。明确学科课程应达成的正确价值观、必备品格和关键能力。

2. 更新了教学内容。重视以学科大概念为核心，使课程内容结构化，以主题为引领。

3. 研制了学业质量标准。明确学生完成本学科学习任务后，学科核心素养应该达到的水平。

4. 增强了指导性。突出课程标准的可操作性，切实加强对教材编写、教学实施、考试评价的指导。

以上修订重点强调了中小学教育要聚焦核心素养培育，充分发挥技术价值，创新教与学方式，促进学生个性全面的发展。

三、中小学落实新课标的问题现状

对老师来说，"新课标"下教学设计难度再提高，教学活动"学科"品性不足，教学评一体化实施难，优质的数字化教学资源缺乏，各教学平台兼容性差，不能完成教学资源的共建共享。对学生来说，缺乏自主学习工具及资源，学习反馈不及时，不能得到及时有效的指导和评价，作业负担较重。对管理者来说，教学监管缺少抓手，难以进行科学决策。

从以上问题分析来看，教师、学生、管理者三方各自都存在问题，不能有效解决，各自间还存在互不相通的情况，教师不能有效了解学情，学生不能得到及时有效的指导，管理者不能有效监管教学质量和进行科学决策。这都使得在新课标和新课改在实际执行和落实过程中，出现了难以落实、打了折扣、变了模样等问题。

2022年国家智慧教育公共服务平台上线后，各省市也都争先落实国家政策，纷纷先后上线各省市的智慧教育公共服务平台。这个项目落地和实施，解决了一部分问题，但以上问题并没有完全解决。众所周知，我们国家人口众多，地大物博，全国各地教育、教材、教法、教学资源等都不一样，造成国家平台或省平台不适合本地区的情况，无法落实执行。因此，这就需要各地市甚至各学校根据各自需求，结合本地实际，建设具有本地特色的智慧教育服务平台。在这种需求下，充分考虑项目投入的规模，教育发展的连贯性要求，结合各地市级情况，以地市级为主建设智慧教育公共服务平台，以各学校为特色建设大数据精准教学系统就呼之欲出了。

第二节　大数据精准教学系统概述

一、教师实现高效备课和精准教学

在大数据精准教学系统中，以教师身份登录后，系统提供了与所选教材版本对应的全学科、全学段、体系化数字教学资源，实现了智慧化资源推荐，实现了"资源找人"的智能模式。系统充分发挥AI特性，对用户画像，增强语意理解力，建立多维度资源标签，实现资源智能推荐，由"人找资源"到"资源找人"，让教师的教学应用变得更加高效、快捷、优质。

依托教学备授课平台，满足教师个性化备课需要，共建区域、学校数字化教学资源生态。资源+AI+工具一体化，实现传统课件无缝兼容，实现教师的教学变革平稳过渡。课本、白板、课件一体化融会贯通，多元活动、趣味工具、AI能力提质增效，让师生的新课改焕然一新。支持多样化资源供给，提供日常教学备课资源，汇聚一线教师原创资源，支撑区域、学校优质资源沉淀积累汇聚。

数据驱动学情分析，助力教师课前精准掌握学情。利用大数据、知识图谱等技术，分析学生学情数据，生成可视化学情报告，并基于数据为教师提供不同牵引学生学习的功能，解决教师备学情、备学生问题，提升教师备课环节的效率。

通过对新课标的研究，从学科内容、技术形态、应用价值的维度定义"学科工具三维矩阵理论"，把抽象问题具体化。同时，提供多种趣味性互动工具，助力互动式教学实施，激发学生学习兴趣和参与度，促进高效课堂的构建。多样化的课堂活动，让每节课都有不一样的学习感受，提高了学生的学习兴趣。

结合多样的课堂活动，让教学信息从单向变为双向流动，帮助教师精准判断学情，动态调整教学进度，实施学生分层教学策略，使教学始终在学生的思维最近发展区进行。实现立体化的课堂教学互动，让教师精准实现分层教学。

通过整合教学全场景，多维度的学生及课堂评价数据，提供学生学业投入影响因素和程度分析，以及相应的诊断和干预建议，为教师科学决策、精准辅导、个性化干预提供数据支持，助力教师更好地落实因材施教。过程化的"以评促学"，助力教师改进教学策略，激励学生的学习投入和专注力。

另外，系统对教师还提供了智慧评阅功能，减轻教师作业批改负担，提高教师作业批阅效率。基于OCR识别、自然语言理解技术，通过客观题自动批改，英语数学填空题自动评分，英语作文智能批改减轻作业、考试评阅负担，提高数据统计准确性。实现学生作业的全批全改，真正客观准确地评阅学生的作业，记录学生的学习情况，准确反馈学生的学习成绩。

二、学生实现个性化学习和全面成长

在大数据精准教学系统中，以学生身份登录后，重点是学习者过程性数据的记录，通过学习数据的积累和分析，生成学生个人知识图谱，为学习者精准画像，主打AI精准学习功能，通过"测学练"三步法，精准定位学生的薄弱项，再结合"最近发展区"理论，给学生规划出最优学习路径，推荐更有针对性的学习内容，真正做到为学习者减负增效。并且系统会及时根据学习者的学习数据，更新知识图谱，完善后续个性化学习推送策略。实现AI精准学，同分不同策，规划学习者个性化专属学习路径；AI错题本，做懂一道题，学会一类题，提高学习者复习巩固和反思回顾学习的针对性。

系统为学习者提供了学科笔记助手，以个人知识管理、笔记生成等理论为基础，面向笔记保存、整理、分享、创新举一反三，有针对性地提供了多种特色功能，培养良好笔记习惯，让学生学会知识管理，让学习者的学习变得有章可循、有法可依。

系统全新推出学习激励飞轮，通过引发学习者学习需要、维持学习行为、强化学习动机，使学习成为一种习惯。收集学生的每一分努力，并给予正向的反馈，形成积分成长，增强学习动力，持续强化学生自主学习行为。让学习者的每一次努力，每一点进步，每一项成绩都被看得见，记得下，用得着。

三、管理者实现数据驱动科学高效管理

通过全场景数据伴随式采集和分析，为教师高效掌握学情，精准干预提供智能支持。为管理者提供科学决策，辅助管理者实现智课产品应用科学管理干预，提升教师的常态化应用水平。教学内容管理科学化，基于深度学习技术，提供图片及视频等多媒体内容智能鉴别、预警和敏感过滤。账号安全有保障，利用设备锁安全管控等技术，实现人、机、号三重绑定，保障数据隐私安全。设备使用绿色化多重护眼功能，使用时长自动提醒，护眼模式过滤蓝光，眼睛与平板距离提醒，抖动反转识别，多维护眼监管数据报告及护眼建议等。设备管理规范化，提供安全管控能力，应用与网址白名单实时防护，用户违规和破解预警发布，保证准确率不低于90%，周期不大于5天。安全管控，绿色健康，构建安全、健康、和谐的学习环境。

四、家校共育是新时代智慧教育的特色

新课改、新教材、新教改下，更离不开家校共育机制，没有家长的参与，没有家校共育环节，新时代的智慧教育是不完整的。当下的家长对孩子教育的关心是前所未有的，让家长参与到学生教育的全过程中，是解决当下教育发展中社会问题最有效的方式。以家长身份进入大数据精准教学系统后，家长可以更清晰地了解孩子学情，知悉孩子的课堂表现、作业完成情况、错题订正情况、自主学习情况等，依据孩子学习情况，更有针对性地指导孩子提升学习成绩，依据孩子的学习任务，更有效地帮助孩子培养学习习惯，查看孩子的学习任务和学情，更有效配合学校教育，让家长不再做无助的旁观者。通过学校定期发布的学习周报、期中和期末阶段学习报告等，让家长感受到孩子的成长和进步。

第三节　大数据精准教学系统主要内容

教育信息化是指利用信息技术手段，对教育的各个环节进行信息化处理，以提高教育质量和效率。未来随着大数据、人工智能等技术的发展，教育信息化必将会更加普及和深入，如建设智能化校园，推动人才培养模式改革等，它也必将推动教育现代化进程。

大数据时代的教育变革是指随着大数据技术的发展，教育领域也必然发生历史性变革。大数据技术可以为教育提供更加精准、个性化的服务，帮助教育更好地发现每一个学生，从而提高教育质量。大数据技术在教育领域的应用非常广泛。例如，教师可以通过对学生的行为进行记录，使得数据有效整合，为教师提供真实的个性的学生数据，从而开展因材施教。此外，大数据精准教学系统还可以帮助学生进行个性化学习，同时大数据技术也可以用于学校管理、课程设计、考试评估等方面。

大数据精准教学系统是一种利用大数据、人工智能等信息技术，打造课前（大数据学情诊断）、课中（人工智能教室）、课后（AI学习系统）的教学闭环场景的系统。这种系统可以帮助教师更好地运用数据化工具进行教育教学，使教育教学更加精准高效，更能体现"以生为本"。目前，许多学校和教育机构都在使用大数据精准教学系统，以提高教育质量和效率。

大数据精准教学系统，是面向学校日常作业、考试以及发展性教与学评价需求推出的。它为学校领导、教师、学生、家长等不同角色用户提供产品及服务。教师端为教师提供从组卷到数据分析的全流程线上操作解决方案，具备智能组卷、考试管理等四大功能。学生端借助人工智能、知识图谱及大数据自动分析技术，为学生打造个性化在线学习平台。学生端主要功能包括个性学情分析、个性化学习资源等。家长端为家长提供学情分析、家校互联、课程学习等服务。

一、大数据技术在教育领域的应用

大数据技术在教育领域的应用越来越广泛，它可以帮助教育机构和教育工作者更科学地进行教学和管理。例如，通过收集、分析和应用大量的学生数据，学校和教育机构能够更好地了解学生的学习情况和需求，学校对教师的教学质量和效果进行科学准确的评价，教师根据教学评价反馈调整教学方式，进行教学改革，更好地完成教育教学工作。具体来说，大数据可以在以下几个方面发挥作用。

1. 学习进度分析。通过对学生作业提交情况、考试成绩、参与课堂讨论等相关数据进行分析，教育者可以更准确地评估学生的学习进度，及时发现学习困难的学生，并为他们提供针对性的帮助。

2. 教学内容优化。根据学生的实时学习数据和教材内容，可以有效地挖掘教学信息，制订出更有针对性的教学计划，确保教学内容与学生的实际需求相匹配，从而提高教学质量与效率。

3. 教学计划制订。通过分析教育数据，有助于挖掘学习内容与学习情况的相关数据，根据学生的实际学习情况以及教材内容有效地挖掘教学信息，通过反馈评估制订出有针对性的教学计划，从而做到有的放矢的教学，切实提高教育教学质量与效率。

4. 个性化推荐系统。基于学生的个人喜好、历史学习记录和其他相关数据，系统和教师可以为学生提供更加个性化的学习资源和推荐，从而增强学习体验和学习的针对性，提高学习有效性和学习质量。

5. 教育质量监控。通过对学生的学习数据进行分析，教育管理者可以更好地了解教学质量的现状，发现存在的问题，并及时采取措施进行改进。

6. 教育问题挖掘。基于大数据的精准教学系统，对教与学全环节、全过程的数据进行记录，并且通过平台对大数据进行分析，对学生的学习行为以及学习变化之间的关系，对老师的教学行为以及教学质量变化之间的关系，都会产生相应的建议和分析，有助于深层次挖掘教育领域的问题。

大数据技术为教育领域带来了巨大的机遇，但也带来了一些挑战，比如，如何确保数据的安全性、如何处理大量的数据等。但随着技术的进步和应用的深入，大数据将在教育领域发挥越来越重要的作用。

二、大数据支持下的精准教学

大数据技术在精准教学中的应用具有多重含义和深远影响。首先，大数据可以用于测量教学过程的数据，确保数据的准确性，从而提高了教学数据采集的效率。这种效率的提升改变了传统的手工记载、人脑统计的弊端，使得教师能够更快更准确地获取关于学生学习状况的信息。其次，大数据可以帮助教师更有针对性地进行教学。例如，教师可以根据课堂互动数据实时调整教学内容、重构教学流程，从而采用更优的教学方式。大数据还可以帮助教师在确定教学重点时让数据"说话"，即依据数据分析结果来确定教学的重点和难点。

大数据在精准教学中的应用也面临一些挑战，如教学主体关系、数据伦理、安全保障等问题。这些问题需要我们在推进大数据应用的同时，进行深入反思和探讨，以确保大数据能够在尊重个体隐私和权益的前提下更好地服务于精准教学。精准教学要求教师在实际教学中眼界要高，姿态要低，做到心中有考纲、脑中有考题、手中有教材、眼中有学生、耳中有信息。

在大数据背景下，精准教学是指通过收集、分析和利用海量教育数据，为每个学生提供个性化的教育资源和服务，以提高教学质量和效果。大数据技术可以帮助教师更好地了解学生的学习需求、兴趣和能力，从而制定更加合适的教学策略和方法。以下是大数据支持下精准教学的一些教育教学应用：

1. 学生学习画像。通过收集学生的基本信息、学习行为、成绩等数据，构建学生的个人学习画像，帮助教师全面了解学生学习的特点和需求。

2. 个性化推荐。根据学生的学习画像和兴趣，为学生推荐合适的学习资源、课程和活动，提高学生的学习兴趣和积极性。

3. 智能学习诊断。通过对学生的学习数据进行分析，发现学生的学习困难和问题，为教师提供针对性的教学建议。

4. 学习路径规划。根据学生的学习能力和目标，为学生规划合适的学习路径，确保学生按照自己的节奏和需求进行学习。

5. 教学评估与反馈。通过对学生的学习数据进行实时监控和分析，为教师提供及时的教学评估和反馈，帮助教师调整教学策略和方法。

6. 教学资源优化。通过对教学资源的使用情况进行分析，为教师提供优化教学资源的建议，提高教学资源的利用效率。

7. 教育决策支持。通过对大量教育数据的分析，为教育管理者提供有关教育政策、资源配置等方面的决策支持。

大数据背景下的精准教学有助于实现教育的个性化和智能化，提高教学质量和效果。然而，大数据技术在教育领域的应用也面临一些挑战，如数据安全、隐私保护等问题，需要教育行业和政府部门共同努力，制定相应的政策和技术规范，确保大数据技术在教育领域的健康发展。

三、大数据支持下的精准学习

基于大数据的精准学习是一种利用大数据技术来优化和提供个性化学习过程的方法。这种方法通过收集和分析海量的学习数据，以提供更精确、更有效的学习路径，更有针对性的学习资源，以及更适合的学习测评等。通过对学习者个人的学习数据进行深入分析和挖掘，以了解学生个体的学习情况和特点，从而为学习者个体提供个性化、精准化的学习方案和服务。以下是一些基于大数据的精准学习方法：

1. 个性化学习。系统通过分析学生的学习行为和偏好，按照最近发展区理论，为学生推荐最适合他们的学习资源和组织学习活动。

2. 预测性分析。通过分析学生的学习历史和表现，系统可以预测他们可能遇到的困难和挑战，并提供相应的支持和指导。

3. 实时反馈。通过实时监测学生的学习进度和理解程度，系统可以提供及时的反馈和建议，帮助他们调整学习策略。

4. 自适应学习路径。通过分析学生的学习能力和进步速度，系统可以自动调整学习路径和难度，确保每个学生都能在适合他们的速度和水平上学习。

5. 群体分析。通过分析整个学习群体的数据，教师和管理者可以了解学生的学习趋势和问题，以便进行更有效的教学和管理。

6. 协同学习。通过分析学习者之间的互动关系和合作模式，为学习者提供协同学习的环境和机会，促进知识的共享和交流。

基于大数据的精准学习，通过伴随式采集学生各个学习环节的数据，利用大数据分析技术对这些数据进行深入分析，以了解学生的学习情况和特点。为学生建立个性化的学习画像，包括学习兴趣、学习能力、学习风格等方面，为个性化推荐和精准服务提供依据，可以提高学习效率，增强学习体验，帮助学生更好地掌握知识和技能。

四、大数据支持下的教学评价

基于大数据的精准教学评价体系，首要任务是确立明确的教学目标，并将这些目标与学生的学习过程紧密结合。这需要全方位、全过程地采集教学数据，包括学生的情感因素、心理倾向和实践能力等非结构化数据。

在实际操作中，可以通过跟踪和记录学生的学习过程，并适时发起学习干预，为教师和学生提供动态、实时的评价反馈，有利于及时调整教学策略。同时，要注重数据的分析和挖掘，以精准掌握每一个学生的学习情况，并根据学生的个体差异制订个性化的教学计划。

教学评价体系的构建还需要重视学生的全面发展，实现个性化、差异化的学生发展目标。这就需要将"以学生为中心"和"以数据为依托"作为教学质量评价的价值引领和技术支持，逐步构建具有全过程、多层级、双功能特征的评价体系。具体包含以下几方面内容：

1. 学生学习行为分析。通过收集和分析学生的学习数据，如在线学习平台上的点击率、学习时间、完成任务的速度等，可以了解学生的学习习惯、学习兴趣和学习困难，从而为个性化教学提供依据。

2. 学习成绩预测。利用大数据技术，可以对学生的学习成绩进行预测。通过对历史成绩、学习行为、背景信息等多方面的数据进行分析，可以预测学生在未来的学习中可能取得的成绩，从而为教学改进提供参考。

3. 教学质量评估。通过对教师的教学数据进行分析，如课程设计、教学方法、学生反馈等，可以评估教师的教学质量。此外，还可以通过对比不同教师的教学数据，找出优秀教师的共同特点，为其他教师提供借鉴。

4. 学习课程评价。通过对课程的满意度、完成率、成绩分布等数据进行分析，可以评价课程的质量和效果。同时，还可以根据学生的反馈和建议，对课程进行改进。

5. 教学资源优化。通过对教学资源的使用情况进行分析，如教材、课件、实验设备等，可以发现哪些资源被充分利用，哪些资源需要改进或更新，这有助于提高教学资源的利用效率，降低教学成本。

6. 学生满意度调查。通过收集和分析学生对教学的满意度数据，可以了解学生对教学内容、教学方法、教师等方面的满意程度。这有助于教育者及时调整教学策略，提高教学质量。

7. 教学管理决策支持。通过对教学数据的分析，可以为教育管理者提供有关教学质量、学生满意度、教学资源等方面的决策支持，这有助于教育管理者制定更有效的教学政策和措施。

基于大数据的教学评价可以帮助教育者更全面、更深入地了解学生的学习情况和教学质量，评价体系应注重学生的全面发展，实现个性化、差异化的学生发展目标。尽管大数据为精准教学评价提供了强大的数据支持和工具分析能力，但在实际应用过程中也存在一些挑战和误区。我们需要在实践中不断总结经验，修正误区，以确保大数据能够在教育评价中得到最有效的应用。总的来说，基于大数据的精准教学评价是一个复杂而富有成效的领域，值得我们进一步研究和探索。

第四节 大数据精准教学系统应用方法

大数据精准教学系统为我们提供了丰富的教学数据，其数据包含单次的考试报告和历次学情的积累，涉及的角色既有教学管理者又有学科教师。在使用过程中因为采集数据之庞大、覆盖角色之多元、涉及场景之丰富，初学者往往会面临着一些困惑。比如，如何深度分析繁多的报告指标，进而诊断学情？如何透过表层数据深入挖掘数据价值，进而指导教学？如何从自身需求出发提取有效数据，进而应用于多种场景？又如何借助数据使教师教学更高效、教学管理更精准、教学评价更科学呢？这些问题，以下将一一为您解答。

为提高讲解的针对性，以不同的角色为出发点，梳理了各个角色的问题与需求，并给出对应的解决方案和解读案例。同时，也为老师们清晰地展示了路径入口，帮助大家轻松上手。在深化教育教学改革、教育评价改革的今天，希望大家可以通过对教学大数据的灵活运用，实现教学分析的精准化、教学指导的个性化、教学方式的差异化、教学评价的多元化，真正实现以评促学、以评促教。在精准教学、精准管理的道路上，我们一起加油吧！

一、角色一——教学校长

在校际联考结束后，如何了解本校在区域内的进退步趋势和各项指标对比？如何判断本校各个学科的发展是否均衡？如何确认是否存在单科冒进或滞后的问题？在诊断学情问题时，如何了解目标缺口，基于位置明确差距，基于差距挖掘潜力？如何看预警信息，定位不同阶段的问题班级、问题学科和问题学生？如何高效追踪，监督问题的解决与闭环？在开展教师评价时，如何基于不同的班级起点，从学业成绩、学科均衡、层级变化、优等生/后进生培养等多个维度开展教师增量评价，进一步提高教师效能？

针对以上问题，接下来我们将从查看校际考情、分析学情问题、教师增量评价三个方面展开介绍。

第六章 大数据精准教学系统范例

表6-1 教学校长分析校际联考情况

名称	问题与需求	解决方案	数据解读与说明	数据反馈
联考成绩均衡趋势	如何查看学校联考排名,了解本校在区域内的进退步趋势	在联考报告的学科及各学科成绩对比中,查看本校及各学科排名和超均率通过对比,了解本校通过对比过往本校超均位置;通过对比过往本校超均率,了解学校自身进退步趋势	超均率表示学校成绩相对总体水平的程度,需要与上次考试进行对比,判断学校整体与单科的发展状况。若超均率增长,说明本校在联考群体中的位置提升,发展呈进步趋势,反之则退步	建议为学科教师同步学情信息,超均率下降的信息,让学科教师及时反思本阶段教学效果并查漏补缺
校际指标对比	联考结束后,如何快速将本校与区域水平的考情进行对比	在联考报告中筛选指标,进行学校成绩对比,可以对比总分和单科的四率一分等指标	四率一分指优秀率、良好率、合格率、低分率和平均分。对比本校与联考的四率一分等指标,了解本校整体与单科的成绩结构,寻找差距与不足。如本校某学科整体水平较好,但优秀率过低,意味着缺少头部学生	建议该学科组长下一阶段加强培优工作,关注头部学生的选拔和培养
诊断学科均衡	联考结束后,如何快速了解本校学科成绩分布,判断学科均衡情况	在联考报告中设置分数段后,进行成绩分段对比,可以直观展示学生成绩的分布情况	在成绩分段分布图中,查看不同分数段的学生分布情况。如果高分段学生居多,则两极分化明显,低分段学生居多,则需要分层教学;如果中部分数段学生居多,呈正态分布,则学科均衡度良好,建议重视中部学生推优工作	均衡度良好的学科,中等生的可塑性最大,建议后续教学要在中等生群体上多花功夫。均衡度不好,建议在后续教学中注重分层教学,设计次次分明的巩固练习

197

续表

名称	问题与需求	解决方案	数据解读与说明	数据反馈
分析学科效度	联考结束后，如何快速了解本校进线人数、学科效度和配合度、诊断单科滞后问题，对本校各学科之间教学进行横向比较	在联考报告中设置进线分数或进线名次，查看贡献率与命中率，既可以纵向对比本校学科与区域水平的优劣势，又可以横向对比本校各学科之间的学科效度和配合程度	若贡献率大，命中率大，则单科上线对总分上线贡献较多；若贡献率大，命中率大，单科上线与总分上线匹配较好；若贡献率小，命中率大，但与总分上线配合度不好，可能属于单科教学优势存在有效性过度或单科投入过度；若贡献率小，则属于单科滞后，原因可能是单科教学有效性较低或单科投入不足。通过横向比较本校学科之间的数据，可以了解各学科效度和投入度，诊断是否存在单科冒进/滞后问题	如某次考试中，语文贡献率较大，命中率较小，存在单科冒进的风险，建议关注语文学科的投入是否过多，从而挤占了学生复习薄弱学科的时间，数学贡献率较小，建议提高数学科效率或科投入时间

198

第六章 大数据精准教学系统范例

6-2 教学校长分析学情问题

名称	问题与需求	解决方案	数据解读与说明	数据反馈
班级目标管理	考试结束后，如何了解各班的目标达成情况，挖掘班级潜力，并将问题同步给对应的班主任	在学情预警中筛选考试后，查看目标管理，按名次/分值/占比等类型设置班级目标，保存设置后查看各班目标达成度及流失详情	在达成详情中可以查看各班达成体，了解学生的短板学科，促进头部学生发展；在临界详情中可查看各班的短板学科，了解学生的短板学科，促进临界学生转化；在流失详情中可以查看各班上次考试达成目标而这次流失的学生，了解达成目标的短板学科，挖掘班级潜力	建议根据学情提醒，与班主任同步信息，及时与任课教师沟通，开展教学干预，促进学生均衡发展
问题班级预警	如何快速对比多次考试数据，发现学情波动异常的问题班级，并及时同步班主任，跟踪问题闭环	在学情预警中筛选需要对比考试，查看班级超均率预警，排名变化和超均率异常的问题班级	查看学校名次变化，进行班级之间数据对比。排名大幅下降，波动率为问题班级。查看超级班级在年级所处位置的变化情况，超均级级持续下降或大幅波动的班级为问题班级。在班级预警中，点击班级可以查看该班级的校次增量，超均次增量、分数增量	依据预警筛选中各班排名变化和超均率的学情提醒，将问题班级信息同步给对应的班主任
问题学科预警	如何对比多次考试数据，发现同问题的数据，并及时同步任课教师，跟踪问题闭环	在学情预警中，查看学科预警，考试中各学科的薄弱知识点占比，发现薄弱知识点占比最高的薄弱学科	学科预警会自动统计所选考核中考试所选知识点数、薄弱知识点数占比，其中薄弱知识点占比最高的学科为薄弱学科。点击学科，可以与上届知识点掌握情况进行纵向对比，也可以与同类校、区域知识点掌握情况进行横向对比	建议点击右侧学情提醒信息同步给对应学科教师，学科组长针对薄弱知识点及时组织开展教研活动

199

续表

名称	问题与需求	解决方案	数据解读与说明	数据反馈
问题学生预警	如何快速定位几次考试中成绩波动较大的问题学生，并及时开展教学干预	学情预警中筛选需要对比的考试，查看学生预警，发现进退步异常的问题学生	在多次考试中，学生的成绩由优势学科下降为劣势学科的，建议相关任课教师反思、调整教学策略与方法。在多次考试中都存在大幅波动问题的学生，建议相关任课教师有波动或持续提升的，建议总结经验，继续保持	在多次考试中，持续退步或排名出现大幅波动的学生，可以查看该生在所考学科中的各科排名状况，通过考试中的各科排名状况，可将考试情况给班主任提醒，及时开展教学干预

6-3 教学校长对教学增量评价

名称	问题与需求	解决方案	数据解读与说明	数据反馈
教学增量评价	如何对班级学业成绩、两级均衡、层级变化和培养优辅弱工作的开展情况进行增量评价	在教学增量评价模块中，选择两场考试创建增量评价报告。系统自动对比两场考试，生成各班学业进步、两级均衡、层级流动以及优等生培养和后进生转化的增量评估报告	在总评中可以查看教师个人总评，也可以查看教师个人总评得分排名，了解其工作优势。总评得分综合了学业进步、两级均衡、层级流动、优等生培养和后进生脱困等五维评价得分，并且可以自定义设置各维度权重	如其中在学业进步和两级均衡方面具有优势，在后进生脱困方面存在劣势，建议在下一阶段的教学管理中加强辅弱工作的开展
学业进步评价	如何对班级学业进步情况进行增量评价	在学业进步评价维度中选择两次考试数据以及相应的年级与班级，对其进行学业进步维度评价	在学业进步评估报告中，按标准分增量从大到小排名。标准分增量为正数（绿色向右箭头）时表示学业进步，为负数（红色向左箭头）时表示学业退步。标准分增量越大，学业进步程度越大	学业退步较大的班级，提醒建议班主任及时反省查找原因

200

第六章 大数据精准教学系统范例

续表

名称	问题与需求	解决方案	数据解读与说明	数据反馈
两极均衡评价	如何对班级两极均衡情况进行分析和评价	在两极均衡评价维度中选择两次考试数据以及相应的年级与班级,对其进行两极均衡度评价	在两极均衡评价中,对比两次考试,两级均衡量为负数,标准差增量为正数,两极均衡良好;标准均衡差增量为正数,表现差异增大,表现为退步	两极均衡差异增加的班级,建议其班主任及任课教师关注班级两极均衡学生,及时查找原因
层级变化评价	如何对班级层级变化情况进行分析和评价	在层级变化评价维度中选择两次考试数据以及相应的年级与班级,对其进行层级变化评价	在层级变化评估报告中分层评分,根据层级分数变化进行划分,顶层变化比例的增量由大到小排名,顶层学生占全体比例的增量由小到大排名对比两次考试	顶层学生占比有所提升的班级,建议主任教师在下阶段的工作中加强培优教学工作的开展,建议相关班主任及时总结经验,有所下降的班级,建议加以保持
优生培养评价	如何对班级优等生培养情况进行分析和评价	在优等生培养评价维度及相应的年级与班级,对其进行优等生培养度评价	在优等生培养评估报告中,按班级优等生占比排名划分优等生。按班级排名,评价班级优等生工作的成效,设置年级优等生数量后,对比两次考试,优等生占比增加的班级,表现良好	优等生占比减小的班级,建议其班主任及任课教师在下阶段的工作中加强培优教学工作的开展
后进生脱困	如何对班级后进生脱困教学工作情况进行分析和评价	在后进生脱困评价维度及相应的年级与班级,对其进行后进生脱困工作评价	在后进生脱困评估报告中,按班级后进生占比排名划分后进生。按班级排名,评价班级后进生辅弱工作的成效,设置年级后进生数量后,对比两次考试,后进生占比减少的班级,表现良好	后进生占比增大的班级,建议其班主任及任课教师在下阶段的工作中加强辅弱教学工作的开展

201

二、角色二——年级组长

班级众多、学情各异，如何通过考试快速了解本年级中各个班级学业的两级均衡问题，进而及时指导班主任调整班级管理的方向？如何快速对比班级的各学科成绩，精准诊断各班学科发展是否均衡，进而及时帮助班主任明确班级优劣势学科，促进班级针对性提升？如何通过考试检验各学科效度、了解学科配合程度，进而促进各个学科之间形成正向合力，强化学科协助精神？如何结合历次考试，从多个维度开展班级评价，进而帮助班主任了解班级进退步趋势？

针对以上问题，接下来我们将从各班学业均衡状况、各班学科均衡状况、学科效度与配合度、班级多维评价四个方面展开介绍。

表6-4 年级组长对班级工作的评价

名称	问题与需求	解决方案	数据解读与说明	数据反馈
学业均衡	考试结束后，如何快速查看各班两级均衡差异情况，调整班级管理方向	在校级报告中查看成绩分析，若本年级各班学情差异较大，可按平均分进行分层，再分别查看各层级中班级的标准差，标准差越大，两级均衡差异越大	单次考试成绩均分相同或接近时，标准差越大，分数离散程度越大，学业水平越不均衡；标准差越小，分数离散程度越小，学业水平越均衡。低均分班级标准差大，整体水平较弱且两极分化严重，高均分班级标准差较大，两极分化较大	低均分班级标准差大，建议侧重基础讲解。标准差不大，建议加强中层学生的推优工作。高均分班级标准差大，建议班主任关注班级辅弱工作
学科均衡	考试结束后，如何快速查看各班学科发展是否均衡，了解各班优劣势学科	在校级报告中查看优劣势学科对比，若本年级各班学情差异较大，可进行班级分层，比较同一层级班级的学科成绩雷达图和表格	在优劣势学科对比中，学科成绩已换算成标准分进行比较。查看雷达图时，塌陷处为劣势学科，且塌陷越深，学科差距越大，反之，凸起处为优势学科。查看表格时，绿色标记表示优势学科，黄色标记表示劣势学科，无标记表示与群体平均水平一致	可分层查看，高均分班级查看塌陷处为劣势学科，其余为优势学科，建议班主任及时与劣势学科教师沟通

续表

名称	问题与需求	解决方案	数据解读与说明	数据反馈
学科效度与配合度	如何通过考试检验各学科效度？如何进行进线分析，进而分析各学科的配合程度	在校级报告中设置进线分，查看本次考试各学科的贡献率和命中率，分析各学科效度和配合程度	若贡献率大、命中率大，则单科上线对总分上线贡献较大，单科上线与总分上线匹配较好；若贡献率大、命中率小，虽单科上线人数较多，但与总分上线配合度不好，可能属于单科优势或存在单科冒进现象，原因可能是单科教学有效性较高或单科投入过度；若贡献率小，则属于单科滞后，原因可能是单科教学有效性较低或单科投入不足	若某学科贡献率较高、命中率较低，可能本学科教师教学有效性很高，但也存在单科冒进的风险。建议了解该学科是否投入时间过度，从而挤占学生复习薄弱学科的时间
班级多维评价	考试结束后如何从多个维度开展班级评价？如何结合历次考试了解班级进退步趋势	在学业分析中查看本年级全科的学业成绩发展趋势，选择查看指标，筛选对比，了解本年级各班成绩发展趋势以及培优工作、辅弱工作的开展成效	在学业成绩发展趋势图中，查看班级位置的高低和曲线的趋势。依据标准分曲线趋势评价班级排名和进退步情况；依据优秀率曲线趋势，评价班级培优工作的开展情况；依据及格率曲线趋势，评价班级辅弱教学工作的开展情况	对进步班级给出及时表扬和肯定，总结经验，保持和发展；对退步班级给出提醒，及时沟通找出问题原因

三、角色三——班主任

一场考试结束后，如何依据本班的各学科排名数据判断各学科成绩的均衡状况，并对比目标班级定位薄弱学科？如何依据考试成绩数据快速检验学生的偏科情况和进退步情况，及时发现学情问题并开展教学干预？如何依据本班每一位学生的学情数据，从学业进步和学科均衡等不同维度开展教学评价？

针对以上问题，接下来我们将从本班学科排名和均衡状况、学生偏科和进退步、学生多维评价三个方面展开介绍。

表 6-5 班主任对学科和学生的评价

名称	问题与需求	解决方案	数据解读与说明	数据反馈
学科排名和均衡	考试结束后，如何快速了解本班各学科排名？如何了解本班各学科成绩是否均衡？如何对比目标班级来定位本班的劣势学科	在班级报告的学情总览中，查看学科成绩对比，了解各学科排名；查看优劣势学科中的雷达图，了解班级各科的均衡状况；在平均分对比中，设置目标班级，定位相较于目标班级的劣势学科	在进行学科成绩对比时，与班级总分的名次进行比较，了解各学科排名的同时明确学科的优劣势。在优劣势学科的雷达图中，对比本班各学科标准分在年级中的位置，了解学科优劣势程度，同时通过雷达图形状判断本班学科均衡性。在平均分对比中设置目标班级，将各科平均分与目标班级相比，定位本班急需提升的学科	以平均分对比为例，设置目标班级，对比学科的平均分低于目标班级的，为劣势学科，建议与任课教师沟通，及时查漏补缺实现赶超
学生偏科和进退步	考试结束后，如何快速了解学生偏科情况？如何对比之前的考试了解学生的进退步情况	在班级报告的成绩单中，选择对比考试，筛选查看的校级/班级名次进退步指标，查看学生的偏差科目和偏好科目，了解偏科问题和大幅度进退步的学生	在成绩单中，系统将单科等级低于总分两个或两个以上等级的科目定义为学生的偏差科目，将单科等级高于总分两个或两个以上等级的科目定义为偏好科目。针对学生暴露出的偏科问题，及时与学生沟通选科意向，进行生涯指导和教学干预选择对比考试后，出现大幅退步的学生，及时沟通干预，防止学困生的形成	若有学生存在偏差科目，建议及时与学生沟通，了解学生的学习问题以及选科和填报志愿的意向，防止学生由于偏科影响心仪志愿的填报。若有学生成绩出现大幅度下降，及时了解学生情况，开展教学干预

续表

名称	问题与需求	解决方案	数据解读与说明	数据反馈
学生多维评价	如何对学生的学业及学科学习状况进行多维度评价	在学生学情中选择本班、全科，可以查看学生成绩趋势图和学科雷达图，在学生成绩图中可以了解学生总分和单科名次的变化趋势，在学科雷达图中可以查看学生的学科均衡状况	在学生成绩趋势图中，筛选对比考试，通过曲线趋势可以判断学生的名次变化和各科进退步详情。在学科雷达图中，学科的成绩为本学期该学科多次考试的标准分、平均值，通过雷达图形状判断该生的学科均衡程度。并与年级平均水平对比，了解该生优劣势学科（雷达图凸起/塌陷处），进行针对性指导	若两次考试持续下降，说明上次考试后的教学干预效果不明显，建议与学科教师沟通干预措施。若薄弱学科在本次考试中有较大提升，但优势学科出现大幅度下降，说明该生将精力过度投入薄弱学科中，没有进行科学分配，建议及时与学生沟通，给予指导

四、角色四——学科组长

考试结束后，如何看学科考情并挖掘学情问题，进而基于问题部署改进措施，促进学科提升？如何借助数据高效开展考后教研，解决年级共性问题，反思阶段性教学效果，进而帮助学科教师提高教学能力和命题能力，完善题库建设？如何通过考试挖掘班级潜力，帮助学科教师定位潜力学生，促进临界生的转化、学优生的培养和学困生的脱困，进而促使学科整体水平水涨船高，稳步提升？如何结合多次考试，分析本学科各个班级的进退步情况和学生分层现状，帮助学科教师定位阶段性工作重点，进而促进教师水平提升？

针对以上问题，接下来我们将从学科考情学情分析、教学研讨反思、学生培养、学科发展评价四个方面展开介绍。

表6-6　学科组长对学科教学工作的分析

名称	问题与需求	解决方案	数据解读与说明	数据反馈
考情学情分析	如何在考后了解本学科的基本考情？如何基于考试数据发现本学科现阶段的学情问题	在校级报告中选择本学科，查看试卷分析，通过大题分析，了解试卷题型占比、诊断薄弱题型；通过小题分析，了解年级、班级答题情况；通过知识点分析，监测、反思教学策略	查看大题分析了解题型占比，提高学科教师的命题能力；对比大题得分率，将年级得分率较低的题型定位为年级薄弱题型，加强对学生关键能力的培养和题型的熟练度。 在小题分析中对比年级得分率，将年级得分率较低的题目定位为年级共性问题，了解学生层次水平、挖掘错因，为后续考查、检验积累学情经验。 查看知识点分析，通过年级得分率，了解学生的知识点掌握情况，定位年级薄弱知识点，及时解决并定期追踪	以知识点分析为例，暴露的薄弱知识点，建议及时反思教学、学生问题、教学方法与学情适配度，并对薄弱知识点定期跟踪检验，查看得分率是否有所提升。 以小题分析为例，年级得分率较低的共性问题，建议在集体教研中统一解决。班级得分率较低的，建议帮助任课教师挖掘原因，反思教学方法
教学研讨反思	如何借助数据高效指导考后教研，确定教研的内容、讲解方式、试题取舍，开展教学反思	在校级报告中选择本学科，查看试卷分析中的作答详情，通过得分率确定研讨内容，通过区分度进行试题取舍、提升教师命题能力，通过答错人数研讨讲解方式	按照得分率排序，定位年级共性问题，进行针对性教研，重点讲评。 查看区分度数值，若区分度过低，区分效果不好，研讨试题的取舍或修改。同时沉淀区分度较高的好题，完善题库建设，提升学科教师的命题能力	区分度不好的，建议结合教学经验判断，是教学内容存在盲点，还是试题本身不好需要舍弃。 结合答错人数确定讲解方式：错误答案集中的，建议备课有所侧重，讲评有的放矢。部分针对性强的题目，建议分层讲解

续表

名称	问题与需求	解决方案	数据解读与说明	数据反馈
学生培养	如何挖掘潜力学生，促进临界生的转化、学优生的培养或学困生的脱困，使学科针对性提升	在校级报告中选择本学科，查看成绩分析，在临界生对比中设置临界生分数和浮动分数，查看临界生分布；在优秀生/学困生对比中，设置名次，查看优秀生和学困生的分布	在临界生对比中，可以按照分数或名次自定义临界分/名次、浮动分数/名次，关注线上临界生是否保持，线下临界生是否转化。在优秀生/学困生对比中，可以自定义优秀生/学困生名次，与学科教师同步学优生和学困生的分布情况以及班级占比，关注优秀生培优和学困生辅弱工作的开展	以临界生对比为例，建议同步任课教师，关注线上临界生下次考试是否保持。关注线下临界生培养，跟踪下次考试是否转化
学科发展评价	如何结合多次考试，分析本学科各个班级的进退步情况和学生分层现状	查看精准教学的学业分析，在本学科学业发展趋势中，筛选考试，通过名次变化进行班级间对比，通过曲线发展趋势评价班级自身进退步情况。在学科学业分层对比中，了解各班的分层状况	在学业发展趋势图中，已经将各次考试成绩换算成标准分在年级水平线以下表示低于平均水平，反之高于平均水平。曲线的上升/下降趋势，表示班级的进步/退步情况。在学业分层对比中，统计了本学科在该学年内的考试和练习情况，将学生划分为优秀、良好、合格、待合格四档进行班级间对比	学科学业分层对比，优秀班级待合格人数较多，建议加强辅弱工作；优秀人数较少，建议加强中层推优工作。平行班级待合格人数过多，建议重视基础夯实；与年级平均水平对比，近两次考试呈持续退步状态；近几次考试波动多的班级，建议与任课教师沟通，了解教学问题

五、角色五——任课教师

考试结束后，如何迅速了解班级基本考情，精准定位潜力学生，进行优等生培养和学困生追踪？试卷讲评时，课上时间有限，如何聚焦讲评重点，面向班级全体的同时关注学生个体差异，使讲评课更精准？如何快速获取优质拓展资源，在讲评过程中讲练结合，避免就题论题、有讲无练，使讲评课更高效？日常教学中，如何关注班级差异，利用数据定位教学起点，防止授课过易或过难？如何利用数据聚焦班级薄弱知识点，提高复习效率，使课堂更有针对性？教学干预前，如何及时关注到学情异常的学生并对目标学生进行学情追踪、开展个性化辅导？

针对以上问题，接下来我们将从考情学情培优补弱、试卷讲评、精准教学、学情追踪四个方面展开介绍。

表 6-7 任课教师的精准教学工作

名称	问题与需求	解决方案	数据解读与说明	数据反馈
考情学情培优补弱	如何在考试结束后迅速了解班级基本考情，进行优等生培养和学困生追踪	在班级报告中查看学情总览，了解本班与年级平均水平的考情对比，并通过学业等级分布了解学情现状，指导班级培优辅弱工作的开展。在试卷分析中，对比班级与年级得分率，进行教学反思	在学情总览中对比平均分、最高分、优秀率、合格率等基础指标，了解本班的基本考情。对比学科排名与班级排名，学科排名低于班级排名，则为班级的薄弱学科，建议及时反思教学方法。在学业等级分布中，左侧为层级所在分数段的校级排名，右侧为本班该分数段内学生的班级排名。查看 A 等、B 等学生名单，选拔培养优等生；查看 D 等、E 等学生名单，及时定位学困生，从初期抓起，进行跟踪辅导	在试卷分析中，对比本班与年级的大题分析、小题分析、知识点分析得分率，定位年级得分率高、班级得分率低的班级个性问题和本班薄弱知识点，进行针对性备课。以知识点分析为例，得分率班级低于年级的，为班级个性化薄弱知识点，建议教师及时反思该知识点的讲解方法是否适合本班学生，并进行针对性查漏补缺

208

续表

名称	问题与需求	解决方案	数据解读与说明	数据反馈
试卷讲评	课上时间有限,如何聚焦讲评重点？如何获取拓展资源,做到讲评举一反三,避免有讲无练	在试卷讲评中,依据得分率选择讲解内容；基于讲解习惯设置讲评顺序；依据答题统计设计讲评方式；针对典型问题设置讲评样卷；聚焦重点难点,添加拓展资源；检验讲评成果,练习共性问题	选择讲解内容。在答题详情中,依据得分率将题目分为困难、较难、一般、较易。基于数据指导和学情现状,选择共性问题加入讲评设置讲评顺序。确定讲解题目后,在右侧选择讲解顺序,按题号排序、按得分率排序、按题型得分。设置讲评样卷。在阅卷过程中,标记典型错误或精彩答案作为典型卷。在备课时查看典型卷,选择所需案例加入我的讲评卷,作为优秀解答或典型错误。添加拓展资源。针对讲评重难点问题,点击资源拓展,筛选并添加拓展素材,课上讲练结合,举一反三,及时进行薄弱知识点的夯实巩固,检验讲评成果。课后在精准教学的学科学情中查看班级共性错题,筛选出本次考试,选率排序或按知识点排序,使讲评课更加符合教师和学生教与学的习惯,讲评课脉络更加清晰	精准教学设计讲解方式。通过查看答题统计,依据得分率、答题分布和学生名单,设计生生互助等讲评方式。80%学生答错的题目,建议细致讲授相关概念内容；50%学生答错的题目,建议开展学科学情合作学习,通过生生交流解决；30%学生答错的题目,建议只针对错误进行讲评,开展二次诊断。班级共性错题评价,3%学生答错的题目,建议课下单独解决。选择并添加共性错题,通过错强化训练,进行错题重做和拓展

209

续表

名称	问题与需求	解决方案	数据解读与说明	数据反馈
精准教学	如何利数据定位教学起点，防止授课过易或过难？如何借助数据聚焦复习重难点	在学科学情的薄弱知识点中可以查看知识点掌握率。对于新授课，选择前置知识点所在章节，查看掌握程度，定位教学起点；对于复习课，对比班级、年级、区域的考频和掌握率，聚焦复习重难点	在新授课中通过查看前置知识点的班级掌握率定位教学起点。若前置知识点为薄弱知识点，则以旧知的复习与转化作为教学起点；若前置知识点已掌握，则以旧知的应用与拔高作为教学起点。 在复习课中通过查看掌握率和考频定位复习重难点。对于高年级的复习课，也可以在上届学情中查看上届学生薄弱知识点和本届学生在前期新授课学习时的知识点掌握情况，作为复习参考	以复习课为例，解读：查看在本章节近半年的练习情况，区域考频高但班级考频低，且班级未掌握，可能在练习中有所遗漏，建议复习时重点关注。班级掌握率低于年级和区域掌握率，为班级薄弱知识点，建议尽快补齐
学情追踪	如何及时关注到学情异常的学生？如何跟踪目标学生的学情变化？如何对学生查看目标学生的知识点掌握情况进行个性化辅导	在学科学情的学生分层中，可以查看各分数段的临界生和学情异常的学生。在学生学情中点击关注，可以追踪目标学生的学情发展。在知识点掌握情况中，可以定位学生个性化问题，进行精准辅导	在学生分层中统计了所选阶段内历次考试考情，依据优秀、良好、合格、待合格四档进行学生分层。同时对学生的学情变化进行预警标记为进步、退步、波动以及临界状态。 在学生学情中可以对学情异常的学生点击关注，追踪下次考试的学情变化。 在学生学情的知识点掌握情况中，学生个人得分率低于班级得分率的知识点，为学生个性化薄弱知识，可以开展针对性的知识点巩固，或结合个性化学习手册帮助学生个性化提升	在学生分层中查看预警学情，在本阶段的考试练习中，出现退步的优秀临界生建议关注，追踪临界生学生情变化，提高培优工作的开展成效在单个学生学情中，查看目标学生的知识点掌握情况，学生的个人得分率远低于年级得分率，为学生的个性化薄弱知识点，建议进行针对性的知识点训练

第五节 大数据精准教学系统利弊分析

大数据精准教学系统是一种新兴的教学方式，它通过收集和分析学生的学习数据，为教师提供更加精准的教学建议，从而更好地满足学生的个性化需求。教师的教与学生的学，在大数据精准教学系统的支持下开展的主要优点包括：

1. 个性化学习。大数据分析可以帮助教师深入了解每个学生的学习情况，从而为他们提供更加个性化的教学方案。

2. 智慧评价与管理。大数据可以帮助教育者进行智慧的评价和管理，从而实现更加科学、公正和高效的教学管理。

3. 及时反馈。通过智能终端采集学生在各个教学环节的数据，可以实现及时、持续的反馈，帮助学生及时发现并改正错误。

4. 深度挖掘学生数据。大数据可以帮助教育者全面分析学生的学情，生成个性化、可视化的学习报告。

5. 提高教育管理水平。大数据支持下的教育质量监测和诊断分析可以帮助教育者从经验转向数据驱动的决策，从而提高教育管理水平。

然而，大数据精准教学系统的使用也不是百利而无一弊的，我们也要辩证地看待这种新技术支持下的新教学方式，它也存在着一些潜在的挑战和风险：

1. 数据安全与隐私。大量的学生数据可能会被收集和存储，这可能会引发数据安全和隐私的问题。

2. 技术依赖。过度依赖大数据技术可能会导致教师和学生失去某些基本的教学技能和学习能力。

3. 数据准确性。如果使用者在使用时完全依赖数据，脱离了具体环境而造成的数据不准确或存在偏差，那么分析出来的结果也可能不准确或存在偏差。

4. 成本问题。建立和维护大数据系统可能需要大量的资金投入，随着系统的使用，海量数据的存储、设备的老化、升级换代都需要资金不断的投入，在建立之初，一定要有全面、长远的规划，避免初期投入后，后期运维投资不到位，无法继续使用，造成闲置浪费。

总的来说，大数据精准教学系统为教育领域带来了巨大的机会，但同时也伴随着一些挑战和风险。因此，教育者和决策者需要仔细权衡利弊，确保在利用大数据的同时也充分考虑到其可能带来的问题和挑战。

第六节　大数据精准教学系统未来展望

大数据精准教学系统在未来中小学教育中有着广阔的发展前景。随着人工智能、云计算、VR与AR在教育的应用等技术的不断更新和发展，大数据精准教学系统将向更加智能化、个性化和高效化方向发展。

可以预见大数据精准教学系统，未来在精细化教学、评估与反馈、跨学科整合、在线与远程教育、社交化学习、家校合作等方面，都会有长足的发展和进步。

更加精细化的教学。收集和分析大量的学习数据，大数据精准教学系统可以为每个学生提供更加个性化和精细化的教学方案，从而提高教学效果。

智能评估与反馈。大数据精准教学系统能够实时收集和分析学生的学习数据，为教师提供及时、准确的学生学习情况评估，从而帮助教师调整教学策略，提高教学质量。

跨学科整合。大数据精准教学系统将能够整合不同学科的教学资源，为学生提供跨学科的学习体验。这将有助于培养学生的综合素质和创新能力。

虚拟现实与增强现实技术的应用。随着虚拟现实（VR）和增强现实（AR）技术的发展，大数据精准教学系统将能够为学生提供更加沉浸式的学习体验，使学习变得更加生动有趣。

在线教育与远程教育的发展。大数据精准教学系统将有助于推动在线教育和远程教育的发展，使更多的学生能够享受到优质的教育资源，特别是偏远薄弱地区的学生，有助于教育均衡的真正实现。

社交化学习。大数据精准教学系统可以促进学生之间的互动和合作，通过社交网络和在线讨论等方式，提升学生的学习兴趣和内在学习动力，提高学生网络条件下互动合作学习的能力。

家校互动与合作。大数据精准教学系统将有助于加强家校之间的沟通与合作，使家长更加了解孩子的学习情况和学习特点，根据孩子特点和需要，为孩子个性化提供更好的教育支持。

总之，大数据精准教学系统将通过精准数据分析和个性化教学的方式，为学生提供更加高效、灵活和个性化的学习环境，同时也为教师提供更多的教学支持和发展空间。大数据精准教学系统能够对海量的教育数据进行深入挖掘和分析，为教育政策制定者、学校管理者和教师提供有价值的教学数据模型，从而推动教育事业的可持续发展。可以预见，大数据精准教学系统将在未来中小学教育中发挥越来越重要的作用，为基础教育事业的发展提供强大的技术支持。

第七章

中小学校园电视台建设与应用案例

中小学校园电视台在智慧校园建设中起着很重要的作用，因为在中小学智慧校园建设和发展中，学校校本数字化教学资源的建设与应用是非常重要的一项工作，这项工作在中小学校中最主要最合适的人员就是校园电视台的工作人员。从近几年学校校园电视台的建设与发展来看，我们校园电视台的管理人员在这方面发挥了重要的推动作用，还有在学生电视台社团的培养和指导方面也做了大量的工作，建立了"红石榴"影视制作基地，培养了一批又一批的校园学生记者、主持人、"摄影家"、节目后期编辑制作高手等"身怀绝技"的个性化发展的学生。这些学生在学校的各种活动中都会"大显身手"，如学校每年一次的"艺术节""体育节""科技节""春天送你一首诗"等，这些活动锻炼和培养了参与学生的技术和能力。据统计，这些学生将来大都选择了与影视相关的大学专业继续学习深造。随着这项工作的开展和深入，学校在中国教育电视协会中小学校园电视专业委员会举办的全国中小学校园电视节目评选中也多次获得金奖和银奖，以下将为读者全面梳理学校校园电视的建设与发展过程。

第一节 中小学校园电视台的发展阶段

中小学校园电视台最早可追溯至20世纪80年代，随着我国电视事业的发展，出现了运用电视技术加强宣传教育工作的。2006年，教育部在《大力加强中小学校园文化建设的通知》中提出，拥有校园电视台的学校应充分发挥校园电视台作用，不断拓展校园文化建设的渠道和空间。近几年来，随着校园文化深入发展，校园电视台在全国各中小学校建立得越来越多，如火如荼地开展起来，在学生的道德情操、心理品质和行为习惯养成教育方面，校园电视台也起着重要的作用，在学校教育教学工作中的应用也越来越广。作为一所处于鲁中山区的高中学校，历来十分重视学生综合素质的培养。

1990年年初，学校开始成立校园电视台，服务于学校的教育教学工作，从无到有，从小到大，学校校园电视台走过了30多年历程。30多年来，学校校园电视台经过了模拟时代、数字时代、网络时代三个阶段。需要说明的是，这只是学校校园电视台发展过程中人为的一个划分，与社会技术的发展过程不是完全匹配的。接下来，结合学校校园电视台的发展历程梳理一下在校园电视台建设、活动开展等方面所取得的成绩以及成功的经验和失败教训，为中小学校园电视台的建设与应用提供借鉴和参考。

一、模拟时代的校园电视台

20世纪90年代初，学校逐步成立电教组（校园电视台），为学校教育教学开展服务。学校投资建成学校闭路电视系统，为每个班级配备了彩色电视机，购买了松下M9000摄像机、录像机、录像编辑机、导播台等设备，同时自己搭建了一个简易的演播室。

当时，搭建的学校闭路电视系统借用了广电有线电视传输方式，采用屏蔽射频线网（一层金属网，一层铝箔，中间为铜轴）来传输电视信号，此种传输方式缺点是传输距离远了，易出现信号损失，需要增加信号放大器。好处是可以同时传输多路信号，不会出现干扰现象。我们学校搭建的闭路电视系统提供了4个频道，每个班级可以根据需要选择不同频道观看。当时的电视机是采用电子显像管，每台电视台具有高频头，利用它可以同时接收多路信号，通过切换不同频道，可观看不同信号内容。

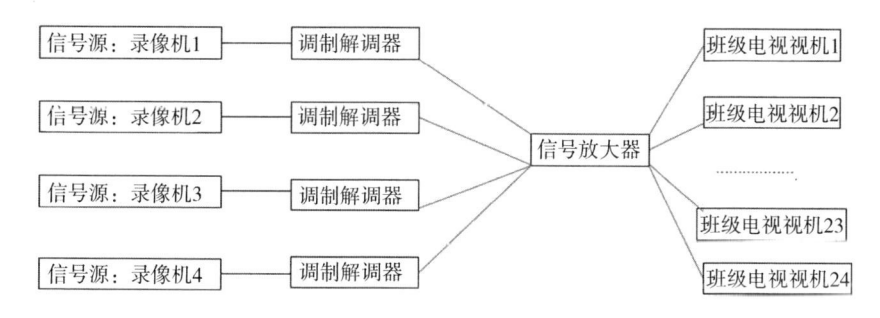

图7-1 90年代校园闭路系统示意图

通过校园闭路系统可以实现不同年级同一时段观看不同内容的需求，基本满足了当时学校教育教学的需求，为仅限于一支粉笔一块黑板一本书的课堂教学增添了一抹绿色。学校电教装备及电教工作的开展都走在了全市教育系统的前列。淄博市教育电视台为学校挂牌——市教育电视台淄博一中记者站。拍摄学校举行的大型活动，撰写新闻稿，送到市教育电视台，进行宣传报道。

为了充分发挥学校闭路电视系统的作用，我们在工作当中也开展了许多创新性的探索。学校由于没有足够大的室内场馆，无法在室内组织全校或整个年级的学生大会，我们借助于闭路电视系统，让领导在简易演播室进行发言，让学生在教室内通过电视收看，开创了学校电视直播的先河。每天录制中央电视台《新闻联播》节目，然后进行剪辑到15分钟左右，第二天晚自习前通过闭路电视系统播放，供学生观看，了解国家的新闻动态，这成了当时每天必做的一项工作。

20世纪90年代，作为一名电教工作人员具备较高动手能力是必须的选项。学校所配备的电教设备主要有电视机、录音机、投影机等设备，这些设备出现故障后都是由我们自己来维修。大学时在学院的电子维修部所学的维修技术有了用武之地，这样也给学校节约了维护费用。

从那时起，我们就开始拍摄课堂，把优秀老师的课录制下来，供老师观摩学习。为了实现双机位拍摄，可下了不少心思。可学校只有一台摄像机，博山电教站有一台摄像机，毛老师就积极与电教站联系，与他们联合开展课堂录制活动。我们需要录课时，电教站就派人带着摄像机过来帮忙，电教站需要录课时，我们就带着设备去帮忙。录像设备解决了，如何实现摄像人员与导播者之间的沟通交流？这又成了难题。经过多次尝试，我们自己搭建了简易导播系统。主要设备是一台大的双卡录单机，利用话筒线连接。中间手工制作了一个双插孔音频插孔，分别与两位摄像人员所用耳机相连。导播端将麦克插入录单机，在录音暂停状态下，进行指挥，摄像人员就能听到导播所提导播指令，这样一个简易导播系统就搭建好了。这套自制的导播系统的缺点是只能实现单向的交流，摄像人员无法与导播进行主动沟通。有了这套导播系统，大大提高了我们录课质量。在20世纪90年代，全市教育系统所组织的各类电教录像课评比中，学校获省市一等奖比例在全市遥遥领先。

20世纪90年代，是录像带为王的年代，录像带是主要的信号存储介质。一般来说，录像带按照它所适用的录像机种类划分可分为VHS型、Beta型、V2000型和8毫米录像带等几种。家庭一般使用的录像机全是VHS型的。VHS型录像带按它性能划分，可分为标准型录像带、高级录像带和高保真录像带等几种类型。标准型录像带是具有ST（标准型）、HS（高标准型）、SP（超高标准型）和FR（优质分辨型）几种标记的，它是普通型录像机所适用的。高保真录像带标有Hi-Fi的标记，它适合于具有高保真伴音功能的录像机所使用，可以用来录制具有保存价值的电视节目。在中小学校工作中主要采用的是家用标准型大 1/2 录像带，此种录像带优点是价格低、通用性强，缺点是容易掉磁粉，导致信号质量下降。

摄像机和相关技术的发明发展可以简单地划分为四个阶段：20 世纪初至 20 世纪 20 年代为启蒙时期，20 世纪 30 年代至 50 年代为电子摄像时期，20 世纪 60 年代至 90 年代为磁录摄像时期，2000 年迄今为数码摄像时期。松下 M9000 摄像机是一款经典的摄录一体机。

从 20 世纪 70 年代开始，电视节目的制作播放基本实现录播方式，电视荧屏因此变得丰富多彩了。摄像技术发生了从单一的摄取到摄录的转变，在拍摄的同时存储拍摄的内容。磁录摄像时期在摄像技术历程中是非常重要的一环，它既是摄像工作自由、便捷和丰富的开端，也是后来数码摄像的重要基础。

从 20 世纪 90 年代开始，摄像技术进入了数码时代，通过数字编码的方式来记录和存储影像。摄像机拍摄的音视频影像等信息直接转换成数码信息，并快捷地储存于电脑硬盘或软件中，使拍摄、制作和传播更加方便。得益于数码影像的成熟应用，这时期各种类型的摄像机和后期软件大量出现，使摄像机从专业电视台走下"神坛"，开始进入普通百姓家庭之中。

跨入 21 世纪后，数码摄像以特别的优势和便利占据了摄像技术发展和市场消费的主流，成为人们摄像工作的首选。数码时代的高科技融合，让摄像器材日新月异，当今摄像机的技术指标和功能非常强大。就拿影像清晰度这个最重要的技术指标来说，几十年前最多只有 VCD 的初级清晰度，10 年前就提升到了 DVD 的标清清晰度，5 年前飞跃到 720P 的高清和 1080P 的全高清的清晰度，今天又达到了 4k 的专业高清水平，而且还在不断升级。

摄像机的发展历程，主要是从手动到自动、从机械到智能、从人工到电脑、从分离到合体的过程，其存储介质也发生了从电子到磁录、从磁带到光盘、从光盘到硬盘、从有带到无带的变化。摄像机的不断升级发展，更好地促进了学校校园电视台工作的开展。

二、数字时代的校园电视台

随着电子技术的不断发展，在 2000 年左右，学校校园电视台也进入了一个崭新阶段，称为数字时代。2000 年，学校新购买一台索尼 PD100 摄像机，采用 DV 数字录像带，信号质量较原来模拟录像带有很大的提升。

DV 视频录制的特点是影像清晰，水平解析度高达 500 线，可产生无抖动的稳定画面。DV 视频的亮度取样频率为 13.5MHZ，与 D1 格式相同，为了保证最好的画质纪录，DV 使用了 4∶2∶0（PAL）数字分量记录系统。DV 带记录的数据下载至电脑上面，容量惊人，10分钟的内容未经压缩可以占去2G的空间，不过其画质还是相当不错的。

淄博一中也购买了一台非编设备，这个时期非编设备技术不是太成熟，主要依靠硬件压缩，价格比较贵。那时学校没有正规电视台所具有的专业录像机，只能将摄像机作为录像机使用，但接口又比较单一，只能使用视频接口或S端子接口，完成视频信号由数字录像带采集到电脑中，然后使用软件EDUIS2编辑视频。编辑好的视频可以刻录成VCD保存，这个时期光盘成为一种主要的存储介质。

这个时期，视频采集时还用到一种名为1394视频采集卡，价格相对便宜，是民用单位的首选。许多摄像机自身也带1394接口，将摄像机作为一台放像机使用，通过一条1394视频采集线与安装1394采集视频卡的计算机相连，然后通过常用视频编辑软件如movie make等，完成视频的采集。

1394接口是IEEE1394接口的简称，也称Firewire火线接口，是一种串行数据传输协议接口，其主要作用是连接外部硬盘，以及数字摄像机、数码相机、电视机顶盒、数字卫星接收装置、DV设备、数字音频设备、打印机、扫描仪等多媒体采集设备，主要用于图像、音视频采集和设备之间数据传输，同时也可以为相关设备提供电源。

1394接口最早由苹果（Apple）电脑公司起草开发，并为其注册商标为FireWire，而日本索尼（Sony）公司称之为i.Link，美国德州仪器公司（Texas Instruments）则称之为Lynx，事实上，上述商标均是指同一种技术，后来由美国电子电气学会（IEEE）制定行业统一标准，并分配编号为1394，所以称其为IEEE1394，简称1394。1394一共有三个版本，分别为IEEE 1394a-2000、IEEE 1394b-2002和IEEE 1394c-2006，或分别称为FireWire 400、FireWire 800和FireWire S800T。

这个阶段，硬盘的容量相对比较少，对于视频资料的存储主以光盘为存储介质。可以说，这是一个以光盘为王的时期。CD光盘存储容量为700M，后来又出现DVD光盘，存储容量为2G。平时，节目制作好了，就刻录成VCD光盘，用VCD机播放。因此，这个时期学校也购买了许多VCD机，供教师上课使用。

随着网络的不断发展，我们也搭建了自己的视频点播平台，将制作的节目上传至点播平台，供师生观看与使用。同时，我们还利用MEDIA SERVER搭建直播服务平台，利用学校校园网实现校内电视节目的直播。

三、网络时代的校园电视台

随着信息技术与互联网技术的发展，相应地，摄像技术与存储技术也得到很大提升与转变。摄像机的存储方式也有了很大的变化，由数字录像带转为存储卡，摄像存储介质也步入了以存储卡为王的时代。利用存储卡来记录视频信息，最大的优点就是减少了采集环节，借助读卡器，可以直接拷至计算机中，节约了时间。

存储卡（memory card），也称快闪存储卡或闪卡，是一种固态电子快闪存储器数据存储设备，多为卡片或者方块状。它一般是使用 Flash memory（快闪存储器）芯片作为储存介质，主要用于数字相机、PDA 和笔记本电脑、音乐播放器、掌上游戏机和其他电子设备。它能提供可重复读写，无需外部电源的存储形式。

存储卡中，使用比较多的一种是 SD 卡。Secure Digital，缩写为 SD，全名为 Secure Digital Memory Card，中文翻译为安全数码卡，为一种存储卡，被广泛地用于便携式设备上使用，如数字相机、个人数码助理和多媒体播放器等。SD 卡的技术是建基于 Multi-Media 卡格式上。SD 卡有比较高的资料发送速度，而且不断更新标准。大部分 SD 卡的侧面设有写保护控制，避免一些资料意外地写入，而少部分的 SD 卡甚至支持数字版权管理的技术。

SD 卡的大小为 32mm×24mm×2.1mm，但官方标准亦有记载"薄版"1.4mm 厚度，与 MMC 卡相同。SD 卡在 2000 年由 Panasonic、San-disk、Toshiba（在 SDA 内部称为 3C）提出。最开始，SD 卡容量在 2006 年，提出了 SDHC，即超过 2GB 容量的卡称为 SDHC，是 SD 的升级版本。新一代 SD2.0（SDHC）、SD3.0（SDXC）标准规范为 SD 卡的下一代标准，最大容量可高达 2TB。

同时，摄像设备也向着网络化、小型便携化发展。学校新购买了 5 台便携式摄像机，专门供学生使用。硬件的不断升级促进了校园电视网络化发展，更好促进校园电视台活动的开展。为了适应当前发展变化，我们建立校园电视台网站，制作的节目及时发布到网站上，供师生随时观看和使用，大大提高了校园节目制作和宣传的作用和效率。

第二节 学生活动促校园电视台发展

在校园电视台活动中，突出以学生为中心，为学生提供展示自我的舞台。每年 9 月份，在新的年级组织学生报名，然后根据报名情况组织纳新。纳新选拔主要包括个人自我介绍、模拟主持、才艺展示等环节。通过纳新吸收新高一同学，与高二同学形成新校园电视台团队。随后，我们会邀请山大校友定期回校为新成员进行专业的传媒课堂培训，同时，我们也会结合不同节目类型，对校园电视台设备的使用进行培训。然后，通过以老带新的方式，重新划分小组，开始节目策划、制作，投入到校园电视的活动中。老师在活动中只发挥指导作用，不过多干涉，尽量发挥学生的主动性。

近几年来，我们校园电视台先后策划制作了《一中新闻》《校园之声》《朗读者》《校园风景线》等栏目，受到广大师生的好评。除了常规的节目制作活动之外，组织学生参与学校大型活动的多机位录制与直播。学校每年组织"艺术节""文艺会演""春天送你一首诗""一二·九大合唱""体育节"等大型活动。在这些活动中，让学生充分参与拍摄录制，让学生真正成为一名摄像、一名记者、一名导播，在老师的指导下，完成整个活动全程录制。让学生在活动中得到锻炼，得到提高，获得成长，使之成为学生中学中生活一笔宝贵的人生经历，为精彩人生奠定良好基础。好多学生步入大学后，迅速成为大学社团的骨干。

除了参与常规的校园电视台的各项活动之外，还组织学生参加全国省市组织的各类竞赛活动。从2006年开始，指导学生制作校园电视节目，参加全国中小学校园电视节目评选，连续参加了几届，每年均取得优异成绩。获奖情况如下：

2006年制作《感恩在行动》获全国第三届优秀电视评选金奖；

2007年制作《新闻半月谈》获第四届全国中小学校园电视节目评选金奖，《爱心光明行》获银奖；

2009年辅导学生制作DV作品《迷路的孩子》获市一等奖；

2009年辅导学生制作DV作品《重拾微笑》获全国第七届NOC活动二等奖；

2010年辅导学生制作DV作品《母亲的汤》获全国第八届NOC活动一等奖；

2010年辅导学生制作DV作品《遇见另一个自己》获全国第八届NOC活动二等奖；

2010年校园电视台制作《画事》节目获全国第七届中小学校园电视优秀节目铜奖；

2011年校园电视台制作《碎落琉璃梦》《举手之劳》获全国第八届中小学校园电视节目金奖；

2015年《好吃看得见》获全国第十二届校园电视节目一等奖；

2016年《国学情》获山东省中小学电脑活动二等奖；

2016年《I am ZBYZ》获全国第十三届校园电视三等奖。

第三节 校园电视台培养学生的综合素质

目前，校园电视台已成为学校一道亮丽的风景线。学校成立校园电视台以来，充分发挥校园网络系统、电视媒体的特点，在提高学生综合素质工作中进行了有益的尝试，在学校的教学和常规管理中发挥了极大的作用，不仅丰富了师生的课余生活，增进了同学之间、班级之间、师生之间文化和教学的交流，还发掘和锻炼了学生的新闻写作、主持、表演等多方面才能，培养和提高学生综合素质。

一、校园电视台具有学生德育教育的功能

校园电视台秉承了广播电视的性质，积极、全面、准确、深入地宣传学校的重大活动，以新的方式、新的角度、新的事例对发生在学生身边的事进行有深度、有分量、有说服力的宣传报道，加强和促进了学生德育工作。例如，在学校开展的"感恩的心，盈盈的养分"系列教育月活动中，学校电视台积极发挥优势，向老师和同学们宣传报道了各个年级开展的《算算亲情账，感知父母恩》主题班会、《人生路上的领路人——感谢你亲人》征文展评等系列活动，取得了良好的效果。活动月结束时还以此为契机，制作了《感恩在行动》专题片，受到广大学生及家长的好评。

二、校园电视台具有培养学生争当典范的功能

学校德育工作既要解决学生群体中出现的普遍问题，又要处理学生个体表现的个别现象。传统的德育工作方式在向学生群体实施教育时，往往会受到时间、空间等外在条件的干扰，而校园电视台却很好地克服了这一局限，根据学校的实际情况，全方位地对学生进行德育教育，提高了德育工作的实效。学校电视台定期、定时播放的《校园新闻》栏目，除了报道新闻事件之外，还开辟了《每周之星》，宣传好楷模、好榜样，以活生生的例子对学生进行正面引导，取得了非常好的教育实效。

三、校园电视台具有优化教学过程的功能

学校校园电视台与校园网融为一体，构成一个新的学习平台。我们校园电视台除了自制节目外，还引入了大量优秀视频节目供学生收看，开阔了学生视

野。同时我们还将各个学科的视频资料进行了归类，并按照教学的需要进行了再加工，使得各学科教师在教学中可以有选择地使用。通过这种电视辅助教学手段，可以帮助学生理解教学内容，特别是一些比较抽象的教学内容。当学生在理解教学内容有困难时，电视能以其丰富的色彩、清晰的画面、真切的伴音生动具体地展现教学内容，便于学生理解，不仅激发了学生的学习兴趣，优化了教学过程，还提高了教学质量。

四、校园电视台具有增进师生、生生之间交流的功能

师生关系是学校社会体系的主要构成因素。无论是小学还是中学，师生关系都影响着校园气氛，影响着教学活动的组织及其效果，影响着学生的学业成绩。融洽的师生关系孕育着巨大的教育"亲和力"，校园电视台还可以承担反映师生意愿和心声，营造相互理解、相互信任、相互支持的和谐氛围。学校电视台开辟的《校园访谈》栏目，经常邀请部分老师和同学针对学习方法、教学、生活等师生关注的热点问题进行讨论、沟通，既增进了师生之间沟通交流，又强化了学校管理。

五、校园电视台具有发掘和锻炼学生特长的功能

学生的发展能量是巨大的，只要给他们提供展示的舞台，就会有很多意想不到的收获。学校电视台通过在自办节目中设置栏目，让学生自己组织设计制作节目，发掘和锻炼了学生多方面的特长。例如开设的《聆听心语》《POP ENGLISH》《校园风景线》等栏目，全是由学生自己策划、编导、制作，这极大地锻炼了同学们的能力，同时制作的节目贴近学生实际，更受学生的欢迎喜爱。通过参与校园电视台工作，增强了学生的自信心，激发了学生的参与热情。另外可以培养学生的团队精神，完善学生的自身修养。每个栏目的制作都涉及采、编、播三个环节，而这三个环节都是环环相扣的，任何一个环节出问题，节目都完成不了。在这个过程中，能使学生学习到如何能更为有效地沟通，如何能通过团体的力量制作出上乘的作品。这不仅锻炼了学生们的动手能力，还培养了他们的自主开发能力和创新能力。2006年，由学生制作的《感恩在行动》专题片在第三届全国中小学生电视节目评选中获金奖。同时近几年有许多高校开设了播音主持、记者、摄像摄影、影评等专业，通过校园电视台的活动，提高了学生的专业水平，为高考的专业考试打下了良好基础。到目前为止，有200多位校园电视台成员顺利地迈入了相关专业的高等院校。

总之，校园电视台作为一种现代化教育手段的作用是不容忽视的，校园电

视台促使学校各项工作积极健康发展，并提高了学校的社会知名度。通过校园电视台，学生的精神面貌也发生了较大的变化，学生综合素质有了较大提高，为创建和谐社会、和谐校园做出了积极贡献。

第四节 举办校园"红石榴"微电影节

2015年12月，学校首届校园"红石榴"微电影节在"同佑大讲堂"拉开帷幕。山东大学电视台金兆阳主任、山东大学艺术团薛银川老师，潍坊一中、淄博十一中、淄博十七中以及学校学生代表共200多人参加。

活动分为两个阶段。大众评委与专家评委认真观看了由淄博一中、潍坊一中、淄博十一中、淄博十七中学生拍摄的优秀微电影作品，并利用平板进行了网络评选，评选出优秀影片、优秀导演、优秀配音、优秀剪辑、优秀编剧等奖项。晚上举行了隆重的颁奖晚会，学校领导与嘉宾共同为获奖代表进行颁奖。

高雪长校长代表学校致辞，他指出，近年来微电影作为新生事物得到迅速发展，激发了同学们的创意热情，不少优秀作品在互联网上受到热捧。举办校园微电影节是学校立德树人，弘扬社会主义核心价值观，推进美育的重要手段与载体，通过微电影的拍摄与制作，可以推动学生参与新媒体技术下的电影创作。希望通过此次微电影节让更多的同学加深对电影的了解，参与到微电影中来，创新宣传手段，用生动的影像和鲜活的细节展示身边老师、同学和朋友的动人故事，传播青春正能量。

本次活动从策划到组织实施、作品创作、拍摄，全部由校园电视台学生独立完成，同学们在活动的组织过程中，得到了很好锻炼。

第五节 校园电视台建立全景演播室

2018年12月22日，学校在信息图书楼举行了校园电视台新演播室启用仪式。学校校长高雪长、部分返校校友代表、校园电视台30多名学生参加了活动。仪式上，校长高雪长，校园电视台指导老师薛银川、张娜，校友代表尹姝贻，校园电视台王明红老师及学生代表周佳怡共同按下启动球，宣布新演播室的启用。

主持人王昌硕同学向与会领导、校友详细介绍了校园电视台全景演播室及校园电视台发展情况。学校投资 100 多万元，新上 SONY580 摄像机、EDIUS 非编等专业设备，打造由新闻实景区、访谈区、站播区、微课录制区、虚拟演播区组成的 150 平方米全景演播室，并精心打造出《一中新闻》和《校园之声》两档节目。为了提高校园电视节目制作水平，促进校园电视台更好发展，学校聘请山东大学艺术团指导老师薛银川、山东楷泰视讯科技有限公司总经理张娜为校园电视台指导老师。仪式上，高校长分别为薛银川、张娜两位指导老师及校园电视台各位成员颁发了聘书。

由张娜老师领导的直播团队全程参与了学校第 30 届艺术节文艺汇演演出录像与直播工作。直播团队成员还对校园电视台学生进行现场讲解指导，为校园电视台学生上了一堂生动实践课。

在新的传媒背景下，校园电视台在校园文化中不仅要起到宣传的作用，还应结合新时代的发展，和校园微课、慕课结合到一起。校园电视台整体解决方案在传统电视台的业务流程基础上，结合校园电视台应用需求，我们不能局限在过去的学校新闻报道和节目制作上，应该打造一套操作简单、使用方便、稳定性高、实用性强、易扩充、开放架构的新型媒体应用系统，能够很好地与现有的校园网络、精品课录播、校园广播、智慧校园等已有系统融合对接。

近年来，在校教师参加省级和国家级的精品课程比赛已是经常之举，校园电视台应发挥其帮助教师录制课程的作用。教师在充分备课的情况下，指导教师进行镜头感的培养，拍摄流程的指导，微课拍摄完全可以做到在校园电视台进行课程录制，其本质和校园新闻节目的录制是一样的。我们可以把演播厅做成小小的微课堂，为教师参加课程比赛进行拍摄录制以及后期的制作。除此之外，校园电视台还可以发挥其新媒体的作用，做好和全校师生的互动，丰富校园文化生活。

当然，校园电视台在运作过程中也存在的一些不可避免的问题，例如，学生流动性大，学校的电视台是基于学校社团的基础上建立的，学生们根据自己的兴趣爱好自愿参加，但学生要以学习为主，学生真正能用在这上面的时间很有限，指导老师人手也不足，电视节目制作也不是一蹴而就的任务，需要一段时间的培训和积累，因此，需要指导老师进行合理统筹安排，解决好人员的交接工作。智慧校园信息化的建设离不开校园电视台的服务，运用好校园电视台，让其发挥最大的限度为我们的智慧校园文化的构建服务，是我们校园电视台工作者需要长期坚持和奋斗的目标。

第八章

中小学智慧教研系统案例

第一节 智慧教研系统基础

2018年4月13日教育部印发的《教育信息化2.0行动计划》中明确指出："以人工智能、大数据、物联网等新兴技术为基础，依托各类智能设备及网络，积极开展智慧教育创新研究和示范，推动新技术支持下教育的模式变革和生态重构；构建智慧学习支持环境，加强智慧学习的理论研究与顶层设计，推进技术开发与实践应用，提高人才培养质量。大力推进智能教育，开展以学习者为中心的智能化教学支持环境建设，推动人工智能在教学、管理等方面的全流程应用，利用智能技术加快推动人才培养模式、教学方法改革，探索泛在、灵活、智能的教育教学新环境建设与应用模式。"持续至今，社会教育各方正不断地深化人工智能在教育领域的应用。

由中华人民共和国教育部、中国联合国教科文组织全国委员会与联合国教科文组织共同主办的"2021国际人工智能与教育"会议上，教育部部长怀进鹏指出，新冠疫情是一场空前的全球性挑战，对教育的创新发展，特别是教育与人工智能等新技术的有机融合提出了更新更高的要求，中国将加大人工智能教育政策供给，推动人工智能与教育教学深度融合，利用人工智能促进全民终身学习，致力推动教育数字转型、智能升级、融合创新，加快建设高质量教育体系。教育部副部长、中国联合国教科文组织全国委员会主任田学军提出，为推动新技术与教育的融合发展，各国要握紧创新的"金钥匙"，让人工智能成为教育变革的重要驱动力，为确保教育公平、质量提升、教育发展提供不竭动力和持久支持。

2022年2月，教育部发布教育部2022工作要点，明确提出：健全教育信息化标准规范体系，推进人工智能助推教师队伍建设试点工作。近年来，我们国家高度重视人工智能与教育的融合发展，围绕构建智慧学习环境、探索智慧教育模式、助推教师队伍建设、提升教育治理能力等开展了一系列工作，人工智能与教育的融合发展必将是教育未来发展的重大趋势。所以随着政策的不断深入，教育信息化高速发展，各级教育主管部门也越来越重视教育信息化建设，并希望人工智能应用能够给教育带来源源不断的动力。

新冠疫情的突发给社会生活带来了极大的影响，同样也影响了智能教育方面，疫情防控期间开展的远程线上授课的模式，让信息技术与教育的融合已经形成共识，让教育部/局、学校对教育科技更加支持；整体行业上，大数据、5G、人工智能等技术，以及相关硬件产品等也日趋完善，为智能教育奠定了很好的基础；叠加这几年的政策推进和落地，人工智能应用场景不断丰富，用户也逐步开始使用，所以整体智能教育的行业趋势呈现一片欣欣向荣之景。虽然人工智能与教育结合在如火如荼的进行中，但是不管从厂家还是教育各级用户来看，现阶段都还或多或少的存在一些痛点。

从厂商方面看，对教育信息化的认识不够透彻，厂家大多专于技术，对教育的认识不如一线的教育工作者，对于技术和教育的结合价值点，还需要和一线的教育工作者紧密探究，不能一味地专注于技术的研究，要面向教学实际，使技术在教学中的应用能够真实有效。

从用户方面看，简单来说就是用户不知道怎么用，谁来用，有啥用。技术在不断突破，但是普教的大部分教师大多精力在教学上面，对于信息化应用上相对薄弱，一方面，需要专业引领，提高教师信息技术能力；另一方面，要提升教师对信息技术在教学上的应用意识，改变目前信息技术仍处于浅层次的应用现状，只有用户真正地用，共同进入研究与实践阶段，才能持续探索出智能教育新道路。

教室作为教学的主阵地，在此时代背景下，智慧教室的建设尤为重要。针对以上的整体背景和业务现状，迫切需要一套专业的人工智能赋能教育的解决方案，在教室这个主阵地借助先进的人工智能技术解决业务难题，为教学的关键环节提供有效的支撑，开展智慧教育教学工作。

在业务应用上，可以从教研和教管两个维度进行AI的业务赋能。

（1）在教研业务中，核心需求是教师教学水平和教学质量提升。不同的教师，由于学历水平、知识结构、历史经验之间存在巨大的差异，会导致其教学能力水平有高低之分，由于缺乏量化的分析手段，无法及时发现"教"与"学"过程中存在的问题，也就无法在这些问题点和弱项上进行改进提升，提高教学质量也就成为一句空话。而任务式的开展教研活动，从组织到开展，需要消耗大量的人力和时间，基于此，可以依托人工智能的先进性，进行常态化的智能分析教学过程。教学过程在时间轴上展开和变化，复杂而动态，之前人们在评价教学时，往往掺杂很多主观因素，导致评估不够客观，没有足够的数据作为支撑；而人工智能分析是客观的数据反馈，可实现细节看客观，整体看主观，客观数据结合主观数据，合并生成课堂分析，有利于提高教研成果的有效性。

（2）在教管业务中，核心需求是能够降本增效。走班考勤管理难。随着教育改革的实施，使得不少学校开始实行走班制教学模式，这就打破了传统教学中学生、教师、教室固定的模式，学生可以根据自己的兴趣爱好，选择符合自身的课程，所以在教育改革下，出现了一人一课表，上课场所不固定，学生容易走错班级，任教老师课堂出勤管理困难等问题。

巡课督导实施难。传统的人工巡课方式大多凭经验、靠感觉，简单描述课堂教学情况，难以及时地发现课堂中出现的问题，巡课记录也难以有效地进行整合分析，而且巡课员往往精力有限，难以兼顾到每一个教室，在客观上，还会一定程度上影响正常的课堂教学。现在部分学校复用原有教室监控点位进行在线巡课，但这仅仅是采取人工"看视频"的方式，和教学没有结合且不够智能。

校本资源积累难。校本资源是学校的核心竞争力，是教师进行教学、学生有效学习的基础之一。虽然很多学校，对校本资源的积累已经取得了不错的成就，但是在整个过程中，还是存在很多问题，比如，校本资源积累效率低，重资源数量轻资源质量等。

在系统建设上，从系统落地和用户应用上进行规划设计。（1）在系统落地上，核心需求是系统高集成度且易于部署和实施。课堂作为教学的主阵地，为了营造一种较为轻松活泼的学习氛围，教室内往往不能安装过多的教学设备，课堂中常用的录播系统、巡课系统往往相互独立，无法进行深度融合，造成资源的浪费，所以硬件设备数量应尽可能少，设备的集成化、复用度更高，可综合应用到不同需求场景中，降低学校的综合投资成本。（2）在用户应用上，核心需求是系统易于使用的基础上开放融合。现在每一个学校都有很多的系统，但系统间相互独立，各应用数据分离，使信息技术应用对提高教育教学质量的效益尚未充分发挥，应确保用户的使用能够融合使用，而不是形成一个个孤岛。同时软硬件过多，造成教师需花费大量的时间在资源和平台使用之中，与教师常态化之工作大相径庭，所以在系统操作使用方面，需要满足教师方便使用，降低学习成本，并提供优质的售后服务，切实减少老师的工作负担，提升工作效率。

AI智研方案建设的目标在于利用人工智能、大数据等新技术与教学教研的深度融合和技术创新，推进教育现代化的发展，围绕教学质量诊断、优质资源积累等方面，助推教师队伍建设，全面支撑学校实现"教育教学质量"提升，成为区域内的教育信息化示范校。

基于目标，海康AI智研系统建设理念可以概括为一个方向，四个转变。一个方向，即坚持"教育信息化"走向"信息化教育"，即从"建设"到"应用"。四个转变：教学管理从烦琐的机械管理到智能的便捷管理，教研评价从主观的教研评价到智能的教研评价，教学模式从普通线下授课到线上线下结合的智慧授课，最后转变教学资源的拿来主义到自主研发，过程沉淀。所以AI智研系统的建设任务如下：

（1）建设"教学评测数据库"。通过"AI智研"系统，伴随式采集课堂数据，构建教学评测大数据库，为教学教研提供量化数据依据，通过教学数据实现多种应用：教师自我反思、教师画像分析、精准教研、同课异构对比发挥名师效应、构建教学常模。

（2）建设"特色校本资源库"。以视频能力为支点，在各种业务应用过程中，无感建立优质资源库，充分发挥名师效应，名师优质课结合客观数据，可作为青年教师的临摹学习资源；同时提供直播、点播、点评课等功能，促进学校整体教学质量。

（3）建设"智能教育应用研究站"。在课堂考勤、日常巡课和日常监考等场景中应用AI技术，减轻教师日常不必要的工作量；同时提供学校各类数据汇总视图，探究学校数据，为学校管理完善提供数据依据。

第二节　智慧教研系统总体思路

一、设计原则

系统建设遵循如下几点原则：

（一）实用性原则

项目建设的规划要高起点，功能要更切合实际，重在应用；坚持以需求为主导，落脚于满足需求，从实际需求出发，深入开展业务调研；保证系统顺畅使用，易于维护，在先进、可靠和充分满足系统功能的前提下，体现高性价比。

（二）开放性原则

系统建设需要对开发平台、数据库和运行环境进行统一考虑。校内的应用和资源会越来越多，如果对各项应用缺乏有效的组织和管理，技术升级存在风险，那么系统维护的成本就会不断增加。

（三）无缝集成原则

在符合行业标准体系指导下，系统可以无缝集成学校已建和新建的业务应用系统，促进数据利用的最大化，最大程度融合数据交换集成、用户管理、统一身份认证、业务数据整合和信息资源展示等功能，以标准、数据、应用、用户作为重点要素进行规划和建设。

（四）先进性原则

系统应采用先进的技术和产品，使其在面对物联网技术迅速发展的挑战时，能够保持系统架构的领先性。采用先进技术和产品，可以适应大量数据和多媒体信息传输、处理、交换的需要，同时融合先进的理念、技术和系统工程办法，建设一个可持续发展的具有先进性、开放性的智慧的系统。

（五）系统安全性原则

在系统建设过程中，应该充分考虑系统的安全，如数据安全、网络安全、传输安全和管理安全等。系统的安全性主要包括硬件平台的安全性、感知网络通信系统安全性、操作系统安全性、数据库安全性、应用软件系统安全性等。

二、设计依据

海康 AI 智研解决方案的设计主要依据国家政策、相关法律规章、国家和行业相关标准、相关研究成果等资料进行规划设计，具体如下：

《国家教育事业发展"十三五"规划》；

《国家中长期教育改革和发展规划纲要（2010—2020 年）》；

《教育信息化 2.0 行动计划》；

《关于实施全国中小学教师信息技术应用能力提升工程 2.0 的意见》；

《关于推进教育新型基础设施建设构建高质量教育支撑体系的指导意见》；

《教学视听设备及系统维护与操作的安全要求》GB12641-2007；

《民用闭路监视电视系统工程技术规范》GB50198-1994；

《建筑物电子信息系统防雷技术规范》CB50343-2004；

《智能建筑工程质量验收规范》GB50339-2003；

《演播室数字电视编码参数规范》GB/T 14857-1993；

《音频、视频及类似电子设备 安全要求》GB 8898-2011；

《工业、企业通信接地设计规范》GBJ79-85；

《国际综合布线六类信道标准》ISO/IEC11801；

《交换、控制技术要求》GB/T 28181-2011；

《建筑与建筑群综合布线系统工程验收规范》GB/T50312-2000；

《电子计算机场地通用规范》GB/T 2887-2000；

《计算机软件开发规范》GB8566-1988；

《信息技术、软件包质量要求和测试》GB/T 17544-1998。

三、设计思路

海康AI智研解决方案以课堂为核心，聚焦人脸识别、行为分析、语音分析、视频结构化和大数据技术与教学的深度融合。打通教学、教研等应用壁垒，实现人脸考勤管理、可视化巡课督导、视频资源管理和伴随式课堂分析等功能，满足教师、管理者等多角色的需求。但是新技术和新设备是手段而不是目的，智慧化的技术应用是为了提升教学质量，更好地服务教学。

（一）服务于教师

通过海康AI智研方案建设，教学应用以课堂为核心，提供常态化课程资源录制。依靠AI技术，对课堂教学过程进行深度挖掘，通过教师教学活动活动评测、学生情感与态度评测、课堂互动评测，输出课堂报告，为教师教学反思提供数据支撑，优化教学方式，促进教学质量。

（二）服务于教研员

在教研应用方面，教研员可以通过课前集体备课、课中听评课、课后教学反思等过程数据，结合AI的教学分析，实现细节看客观，整体看主观，提高教研成果的有效性，全面剖析教师教学能力不强、专业发展水平不高的问题。同时，可探索网络环境下教研活动的新形态，使名师资源得到更大范围共享，促进教师专业发展。

（三）服务于管理者

通过方案建设，实现课堂教学基础大数据统计、伴随式采集和即时化分析，为教育管理和教师成长提供实证化的数据服务；通过系统建设为教务管理降本增效和实现大数据支持下的科学管理决策。

第三节　智慧教研系统方案总体设计

一、系统总体架构

海康AI智研解决方案旨在建立一套完整的系统，该系统不仅可支持教学资源应用整合，提供统一的调度管理，同时系统结构分层明朗、系统功能模块化、集成松耦合的优点更方便于业务应用的修改、重用和部署，可满足系统未来弹性扩展的要求。整体系统架构分为感知层、基础服务层和业务层。

（1）感知层：各类应用通过硬件终端感知和处理教室内的课堂数据。

（2）基础服务层：通过软硬件环境的建设，完成 AI 智研的系统框架，同时提供了应用集成和各类先进算法服务，为系统应用层提供强大的支撑，保证业务层的应用能够高效实用。

（3）业务层：用户使用的业务交互入口，是系统中重要的组成部分，包含了用户使用的各类功能呈现。

系统业务逻辑框架如图 8-1 所示。

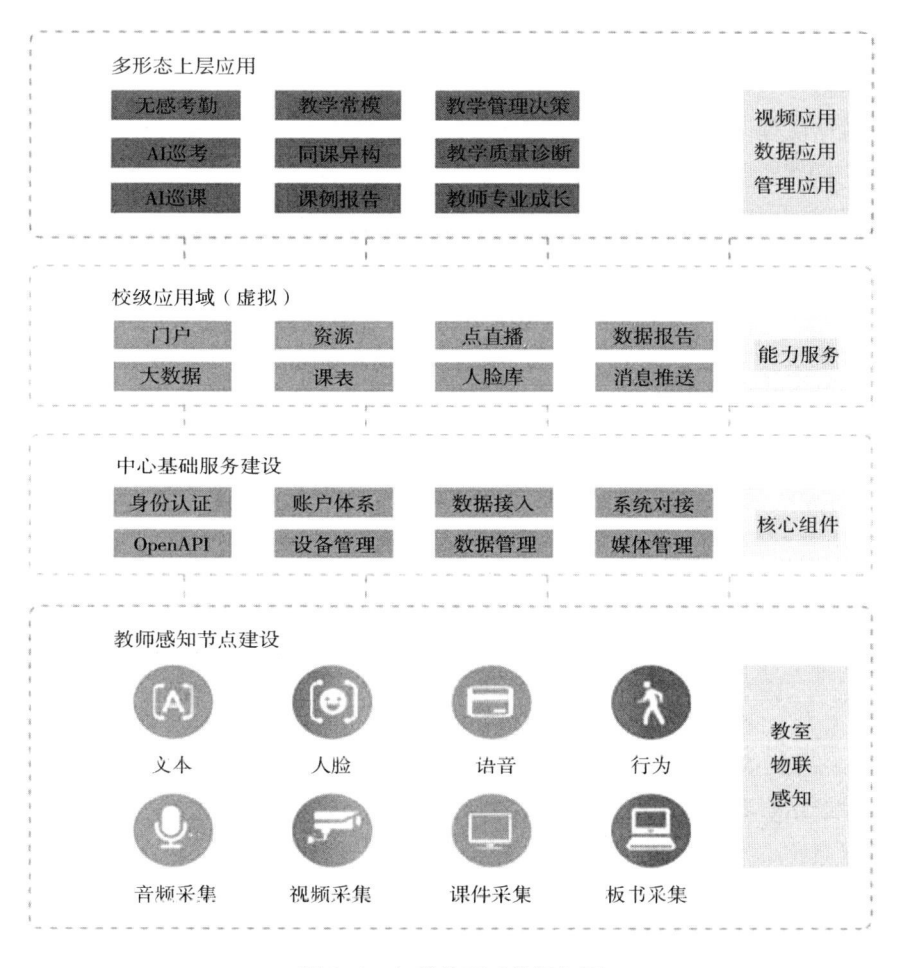

图 8-1 智慧教研系统框架图

二、系统项目优势

（一）融合前沿人工智能技术

以课堂为核心，通过自研的行为算法和语音算法，实现伴随式采集，对课堂教学过程进行深度挖掘，分析教师和学生的行为和语音，实现课堂教学评测大数据库，为教务管理、教师成长、教学反思提供实证化的数据服务，同时提供人脸识别技术，实现无感知人脸点名，自动巡课巡考，为教务管理降本增效。

（二）提供一站式信息化教学服务

系统支持多种业务应用，将课堂考勤、课堂督查、资源管理、教学常模、教师成长、同课异构等功能整合，满足了学校对课堂的综合管理需求，符合信息化建设投资的高利用率标准。系统关注教学全过程，例如，依据 AI 智研生成的课堂环节专注度数据直观了解课堂推进过程情况，辅助教师优化课堂内不同时间段的课程设计。

（三）无感积累校本视频资源，整合优质教学资源

上课时应用常态化录播，以无感方式积累优质校本视频资源，通过归类整合优质教学资源，实现校本资源不丢失，优质资源可复制。

（四）采用科学分析理论

海康联合众多专业师范类院校，建立联合实验室，探究评价模型。系统以专业教学评估模型为基础，通过行业领先底层设备，精准采集上课的师生数据。课后及时完成师生行为数据分析，同步生成课堂参与度，并为每堂课生成课例报告，为师生课后反思提供有力的数据支撑。

（五）设计专属教学产品理念

相关硬件产品皆专门为教室场景设计，例如，智能学生相机，全景行为分析和人脸抓拍比对并以特写识别人脸为辅助，既保障数据密度，又最大程度提升了数据收集速度。隐藏式球机设计更体现无感理念，避免干扰学生上课注意力。

（六）配备模块化高集成度设备

系统结合海康威视雄厚的软硬件实力，对系统高集成化整合，以极简的方式满足系统架构，改变传统解决方案设备多而杂的架构理念，极大缩短系统部署周期。

第四节　智慧教研方案系统建设

AI课堂的建设方案根据需求不同提供三种AI建设方案，核心功能区别如图8-2所示，平台服务器未在表格中体现。以下主要以完整版为例做详细介绍。

系统类型	设备组合	课堂考勤-教师考勤	课堂考勤-学生考勤	考研分析-行为分析	考研分析-语音分析	课程录播	AI巡课
AI智研（考勤版）	智能学生相机　课堂人脸比对服务器	✗	✓	✗	✗	✗	✗
AI智研（录播考勤版）	智能学生相机　智能教师相机　智能录播主机　阵列麦	✓	✓	✗	✗	✓	✓
AI智研（完整版）	智能学生相机　智能教师相机　智能录播主机　阵列麦　语音服务器	✓	✓	✓	✓	✓	✓

图8-2　智慧教研方案功能列表

一、系统拓扑图

系统拓扑整体可以由教室端、中心端组成，系统可实现课堂教学录播、师生无感考勤、教研分析、AI巡课等全部核心功能，如图8-3所示。

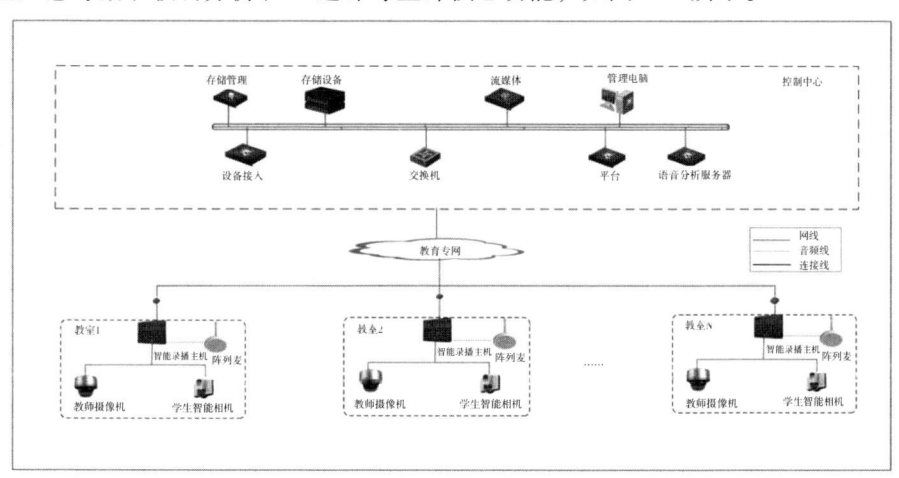

图8-3　智慧教研系统拓扑图

教室端：主要以课堂的前端摄像机、智能录播主机、阵列麦等组件构建成智慧教室，是实施智慧课堂解决方案的主阵地。

中心端：主要以智慧课堂的各类服务器为中心，联网集中式管控是现代大部分系统建设的基本要求，集中式管理可以在需管理量大幅增长的情况下，最低限度的减少使用和维护管理的工作量。

二、教室端建设

完整版方案的教室端主要包含智能录播主机、教师摄像机、学生摄像机、陈列麦克风等，如图8-4所示。

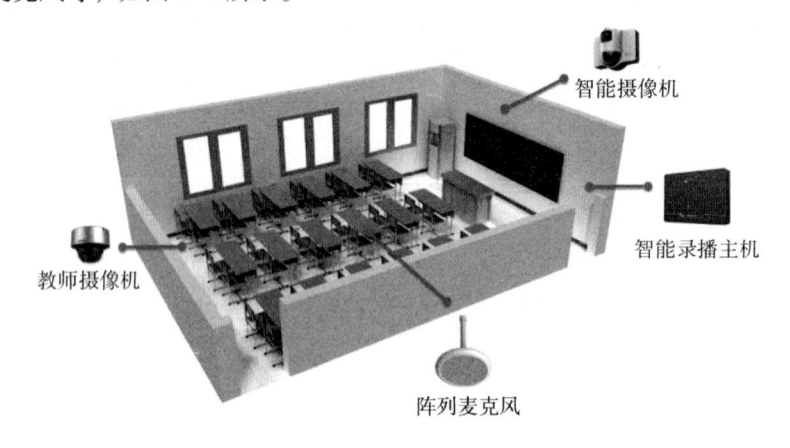

图8-4　智慧教室建设方案模型图

智能录播主机：海康智能录播主机融合了多项IT专利技术，集成了视频编码、混音控制、自动导播、录播控制等功能，满足常态化及精品教学要求，可广泛应用于校园精品课程建设、远程教学、校园活动直播等场合。支持多种录播模式，包括电影模式、画中画模式和多画面模式；支持自动导播，实现教师画面、学生画面和HDMI/VGA多媒体信号自动切换录制，满足常态化教学要求；采用高品质AAC音频编码技术，采样率达48KHz，内部混音合成，配合回声消除和噪声抑制技术实现环境声音的真实还原。

教师摄像机：教师智能摄像机内置高性能GPU模块，内嵌深度学习算法，支持教师行为检测功能，即当教师在检测区域内移动时，实时给出教师的位置坐标信息，输出特写跟踪画面，当教师板书书写，可检测板书行为，输出板书特写画面；支持在录播模式下进行人脸抓拍比对，完成教师考勤。

学生摄像机：集合定点看全景、动点看细节的优势，采用一体化设计，达到单产品既能看全又能看清的效果。双镜头设计，兼具全景和特写画面。外置保护罩，避免影响正常教学，即支持联机模式配合后端考勤，又支持单机模式实现人脸抓拍比对。

阵列麦克风：课堂声音的采集及效果保障是整套系统的重点。系统采用抗混响阵列麦麦克风对教师及学生音频进行采集，一般标准型的教室（70平方米左右）安装1个即可。吸顶式安装，安装高度2.5米。

三、中心端建设

设备集中化是AI智研系统建设的必要趋势，旨在解决用户如何高效地管理教室内大量设备的问题。联网集中式管控是现代大部分系统建设的基本要求，集中式的管理可以在需求大幅增长的情况下最大程度地减少使用和维护的工作量，降低用户单位维护投入的人力和财力成本，AI智研中心端建设主要分为中心存储、平台服务器和语音分析服务器。

中心存储：采用海康微视云作为中心端集中存储。与传统的存储设备相比，微视云不仅仅是一个硬件，而是一组由存储设备、服务器和应用软件等多个部分组成的复杂系统。以存储设备为核心，通过应用软件来对外提供数据存储和业务访问服务，与标准云存储相比，在保证性能的基础上，价格更加低廉，且微视云存储具备以下优势：

可扩展性——云存储空间允许在线动态的调整，并按需使用。

灾难恢复——云存储具备分布式的特性。

负载平衡——云存储通过动态分配可减轻链接数据负载。

节省成本——云存储无需众多专业IT维护人员，便能实现快速部署、便捷运维。

平台服务器：服务器内装普教教学管理平台，面向学校提供服务，涵盖学、教、管、评、研五大校园综合业务。如果存在高并发访问，或者出现性能瓶颈的时候，可依据实际情况扩展相应服务的服务器，以保证处理能力、稳定性、可靠性、安全性、扩展性和可管理等方面的性能。

语音分析服务器：通过教室端的阵列麦克风采集教室内的声音，输入到语音服务器进行语音识别算法分析，识别出各个声纹，实现各个声纹所说内容的转译文字，以及统计每个声纹对应的说话时长，最终实现课堂上的语音分析。如果存在高并发访问，或者出现性能瓶颈的时候，服务器支持集群部署扩容。

第五节　智慧教研教育应用

一、教务应用

（一）课堂考勤

课堂考勤是评价课堂质量最重要的标准之一，不仅决定了课堂教学秩序，更加影响师生上课状态。严格管控考勤，让学生养成良好的守时习惯，是提高学校整体学风学纪，提升教师教学水平，提高学生上课质量的重要保障，课堂考勤影响因素如下：

1. 教师的日常考评。老师应严格遵守上课时间，成为学生的表率。良好的出勤习惯反映出老师日常工作的计划性，能够有条不紊地安排自己的工作，进而积极地开展课堂教学，应做到"不迟到""不早退"。

2. 学生的日常管理。随着班级学生人数的增多，有效管理成为一大难题。经常迟到与早退会严重影响到正常的教学秩序，不利于学生培养优秀的守时习惯，个别学生的违规可能会引起示范效应，既破坏了良好的班风班貌，又影响到了良好的学习氛围。

3. 学生的安全。千里之堤毁于蚁穴，一时的疏忽可能会造成难以挽回的后果，学生安全问题具有随机性和难预料的特点，学生无故的缺勤伴随着较大的安全风险。若管理者不能及时地发现与干预，会给学校带来不良影响。

为解决以上痛点，平台支持课堂学生人脸点名、教师人脸点名功能，支持灵活配置考勤规则，并以不同维度展示课堂出勤结果。

1. 人脸采集

无感考勤的基础是人脸的录入和建模，即构建校园人脸库是整套系统的基础设施，故系统支持多种人脸录入的方式。现在手机的普及程度很高，所以系统支持移动端APP信息收集。APP端依据角色权限按需使用，班主任可对本班学生的人脸随时进行采集，校管人员也可通过APP采集全校师生的人脸。为保证照片的质量，APP端能对照片进行智能的质量判定，保证每张照片可用性，避免不必要的重复工作。

2. 教师无感考勤

教师摄像机内置人脸识别算法，前端比对支持无感教师考勤，并系统按照不同维度进行考勤结果的汇总统计。为了直观展现教师考勤数据，平台形成单独考勤报表模块，并支持通过时间/姓名/学科/考勤结果等维度进行筛选汇总，同时提供相应维度的数据搜索。为方便学校管理，支持上述各类维度考勤报表导出。

3. 学生无感考勤

学生出勤统计分析依赖于画面更清晰和抓拍更高效的前端设备，传统摄像机分辨率有限，导致后排或角落学生抓拍像素点不足，大概率发生漏抓或抓取后难以比对。海康威视学生人脸抓拍机动静结合的智能设计，双通道人脸考勤，极大地提升了人脸抓拍效率，更保证了后排或者角落学生的人脸抓拍能力。

（1）学生考勤统计

通过前端设备的无感考勤能力，平台汇总考勤数据，自动计算分析到课率，同时筛选出异常出勤人员。管理员登录后支持按教师、班级、课程等维度进行查询统计展示，考虑到可能存在考勤异常的情况，任课教师可在网页或者移动端完成补签，完成学生出勤状态更改。

（2）学生考勤推送

为方便用户及时掌握考勤信息，支持考勤信息 APP 推送。点击对应消息查看课堂考勤结果。支持平台学生课堂考勤信息推送至手机 APP 消息，推送信息包括应到人数、实到人数、到课率、旷课人数和请假人数。任课老师、班主任、年级组长、校管理员均可以查看到推送消息，点击推送列表中的消息，可进一步查看当堂课学生考勤详情。

（3）学生考勤分析报表

为方便学校管理，直观展示校园出勤概况，平台设有专门的考勤综合报表模块。学生考勤分析报表支持全校维度分析师生到课率，也支持教研组、年级组维度，统计异常人数（旷课等）；支持学生课堂到课率趋势统计；同时支持按不同的时间长度进行统计，辅助学校精确管理，提升教务管理能力。

（二）巡课督导

教学过程需要进行有效的监管，通过严格地监管能发现教学过程中发生的问题，巡课督导制度就是一种常态化的监管手段，巡课督导工作一般围绕下面几个维度进行：

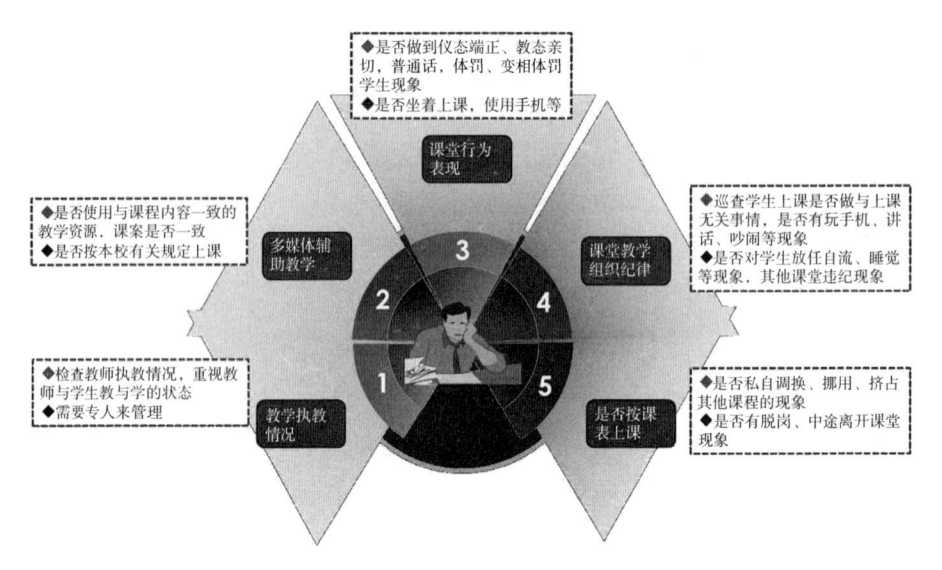

图 8-5　巡课督导维度图

教学执教情况检查。教师教学内容的连续性、逻辑性，学生吸收知识的积极性、整体状态。

多媒体辅助教学。课件 PPT 设计是否规范清晰、内容是否与当堂课目标一致，能否吸引学生的注意力。

课堂行为表现。教师是否做到仪态端正，对待学生是否和蔼亲切，是否使用标准普通话，是否有体罚学生的行为。

课堂教学组织纪律。学生上课是否做与上课无关事情，是否有玩手机、讲话、吵闹等现象，教师是否对学生违纪行为放任自流等。

是否按课表上课。教师是否有私自调换、挪用、挤占其他课程的现象，甚至有脱岗、中途离开课堂等现象。

1. AI 辅助巡课

平台支持基于人脸比对及行为分析技术，对课堂质量进行分析，实现智能识别课堂异常行为功能。一个巡课员如果同时负责巡查多个教室的话，很难及时发现课堂中存在的违纪问题。通过辅助巡课功能，可以及时发现问题。

（1）通过 AI 技术自动分析课堂中的重点行为趴桌子，辅助巡课员判断课堂情况，一定程度上提高巡课员工作效率。

（2）一课一报告，支持生成巡课数据报表，教师和学生课堂考勤数据、学生趴桌子异常告警数据和巡课评价，以此辅助巡课。AI 辅助巡课不仅解决了传统巡课耗费人力精力的弊端，对于如何固定时间提升巡课效率，提升巡课质量方面，平台通过课堂出勤率、课堂行为数据等综合运算，生成巡课报表，协助巡课员优先查出勤率低和学生异常行为多的课堂，以保障巡课效率。

（3）课堂异常行为记录和图片实时推送至管理 APP，更便于人工复核，以保证数据的客观准确。

2. 人工在线巡课

传统教学环境巡课依赖于人工亲至现场，主要以书写方式记录教师是否按课表上课和教师上课状态等课堂情况，故传统巡课不仅低效，还会影响教师上课状态，增加学生心理负担，更有可能形成应对巡课式的课堂教学行为。

在本系统，教师可以不受上课时间、上课地点、巡课地点和巡课方式的约束，实现人工在线巡课。同时，在巡课页面可以对正在巡课的教师进行点评。评分表会根据设置显示在右侧，巡课员可以直接在页面对巡课结果进行评分，并可控制评价结果是否开放给授课教师查看。在教师不方便使用 PC 进行巡课的时候，也支持通过配套的 APP 进行巡课。为符合当下 APP 观看视频流的习惯，特意设计上划动作切换视频巡课画面，减少巡课点击步骤，提升巡课员巡课兴趣。在 APP 端选择教室之后就进入直播详情页面，在 APP 端也支持对课堂进行评价。

3. 巡课分析报表

在巡课员对课程进行巡课评价后，系统会自动生成巡课报表，供各级巡课员、校领导和局领导参考。报表数据包括截图评价、视频评价、评价表评价、工作量统计和各个维度的巡课分数等。

二、教研应用

教研工作是学校教学中的一项主要工作，也是另一种的教学形式。教师往往限于自身的水平与能力，急需听一听别的老师优秀的课，向别的教师学习并借鉴其先进的经验、先进的理念、先进的教学方法以及高超的教学艺术以促进自己的专业成长。通过听一听、看一看、学一学，然后再反思反思，融入自己的教学中去，在教学实践中去改进自己的教学，形成自己的教学风格和教学特色。但是受制于地域、时间、资源等条件的限制，教师的教研一直存在问题，海康 AI 智研系统提供在线多种教研方式，为教师教研提供有效解决方案。

（一）在线听评课

在线听评课是指评课者突破场地的限制，在线对照课堂教学目标，对教师和学生在课堂教学中的活动以及由此所引起的变化进行价值的判断。评课的类型很多，有教师之间互相学习、共同研讨评课；有学校领导诊断、检查的评课；

有上级专家鉴定或评判的评课等。

系统可以很方便地组织起听评课的流程，只需要在平台上开启听评课（直播课或者录播视频皆可），选择听课者和被听课者，听课者就可在听课期间通过手机或者平台进行听评课，支持评论、教师评分与点评。系统初始化内置一线名校的评价模板，含4个维度、12个视角、30个观察点，学校也可以根据自己的实际情况自定义评价模板完成评价，评价结果结束，可视化呈现评价雷达图，以便直观了解任课教师的强弱点，实现共同学习和提升教学水平的目标。

（二）在线集体备课

在线集体备课是指教师以备课组为单位，线上组织教师开展集体研读大纲和教材、分析学情、制订学科教学计划、分解备课任务、审定教学设计、反馈教学实践信息等系列活动。平台内置各个学科的各个教材版本的目录，备案按章节备课，完全满足线下集备的基本条件。在线集体备课有如下优势：

（1）使备课任务管控更精准，做到定时间、定课题、定主备人；

（2）备课内容标准更统一，可涵盖目标要求、教学进度、教学内容等；

（3）组织形式更灵活，可以定人精备、集体研备、个人复备。

线上完成集体备课任务，在备课时间空间更灵活的优势下，还做到了备课过程全记录、备课成果全共享，完整输出和记录集体备课成果；同时教师工作成果可以实现量化统计，这也是提升教师信息化教研能力的重要手段。

（三）在线磨课

在线磨课也称为课例研究，是一种以学科教学内容为载体，以课堂教学为表现形式，以优化教师课堂教学质量为核心的螺旋上升式教学研究活动，注重对课堂教学全过程的设计、研究与分析，开展"三次备课、两次研讨、一次上课"。

系统依据磨课的形式，将课前集体备课、课中听评课、课后教学反思环节打通。通过任务式发起磨课活动，选择活动参与人，全流程线上完成，依据磨课实际情况按阶段进入相应环节，通过在一定时期内完成共同备课、共同研讨、实际上课，整个流程持续可按实际情况自行调整，对某一教学内容进行反复的、深入的学习、研究与实践，从而达到：

（1）有效的教学教研解决方案；

（2）提升教师教学设计和信息化教学能力；

（3）显著提高整个教研集体的教学质量；

（4）推动教师的专业发展和成长。

（四）智慧教研评价及反思

《论语》中，曾子曰"吾日三省吾身"。在工作和生活中，我们总是少不了反思，反思让我们及时发现问题，改正自己的态度和行为。教学中亦是如此，记录、回顾和思考课堂教学，也是教师自我观察和自我评估的过程。教师进行教学反思的传统方法在新的技术环境下正在面临挑战：第一，对教学过程缺乏全面的记录；第二，主观分析为主，缺少客观数据；第三，没有建立数据之间的关联；第四，没有验证教学反思后的效果。在进行教学反思的过程中，AI技术的应用能够在很大程度上解决上述问题，更有效地达成教学反思的最终目的——助推教师的专业发展，提升学校的教学质量。

1. 课例报告

系统利用 AI 技术对课堂进行记录，记录的信息更全面，包括教师、学生的课堂行为等。海康联合了华东师范大学、浙江师范大学、北京师范大学共同打造 AI 智研评价模型的 AI 评价指标，系统分析得到的课堂教学数据，每堂课结束后会自动生成课堂报告。整体 AI 报告会从教师教学活动评测、学生态度与情感评测、课堂交互度评测三个方面进行数据采集和评价，关注教师的教、学生的学和核心教学过程。

（1）教师教学活动评测

教师是整个课堂的纽带，是至关重要的角色，直接关系着课堂效果的好坏。过往都是通过人为的听评课，发现教师在课堂教学中的问题，但人为的观察往往会忽略细节的问题，所以通过 AI 来分析教师在课堂活动中的所讲所做，形成数据可视化图标，更有助于评价教师的课堂表现。在教师教学活动评测上，系统会通过行为算法和语音算法结合，分别从课堂讲授、课堂互动、口语表达、教学模型四个维度进行分析。

课堂讲授：可以从整体课堂中提取话语讲授和板书行为的占比；

课堂互动：可以实现教师走动轨迹热力图，完成教师提问、学生示范等互动性课堂数据的收集和分析。

口语表达：可以检测教师的高频词以及口头禅；

教学模型：S-T 分析方法是一种能够直观表现教学性格的教学分析方法，它可用于对教学过程进行定量和定性的分析和评价，判断课堂教学性格，获取具有共识的、客观的信息。S-T 分析法能够客观地描述分析教学过程，并以图形的方法直观地表现出教师的教学性格属于哪个类型（对话型、混合型、讲授型、练习型），有利于教师进行自我评价和反思。

(2) 学生态度与情感评测

在课堂中，仅关注教师是不够的。教师教的怎么样还是需要通过学生的实际学习情况来反馈，系统通过对教师和学生在课堂中的教学行为组合进行统计分析，展现课堂的不同环节学生的专注度，使其从主观感受变为客观数据成为可能，实现量化反馈和评价。

系统通过对教师和学生的行为判定课堂环节，并统计出相应环节的持续时间，实现课堂结构的划分，为教师课程设计提供依据。同时也通过对学生在各个环节下的正向行为和反向行为进行加权归一化计算，得出环节下的专注度，反映课堂真实表现，同时提供视频关联播放窗口，为教学反思提供依据。

(3) 课堂交互度评测

在课堂教学过程中，学生主动参与、师生互相交流是新课标的理念之一，而系统会针对课堂教学，从话语交互和行为交互进行分析研究，得出互动数据，为新课标提供指导意义和启示作用，有利于贯彻新课标的理念。目前课堂报告中不仅有对教师的分析，也有对学生的分析，而两者结合的课堂交互度更是反应课堂效率的重要指标。交互度友好，容易激发学习兴趣，而"兴趣是最好的老师"，学生一旦对学习的内容产生兴趣，就会积极主动地参与到课堂学习的全过程，从这一点看，教师在教学中要善于激发学生的兴趣。

在课堂交互的语音方面，会分别得出教师和学生的说话时长以及交流的模式，如讲授、问答、交流、讨论四类语言模式分析统计。通过言语分析，培养教师的言语风采，创设出一种独特的和谐的课堂教学氛围，那么就会有更多的学生被这种独特的教学氛围所吸引，从而参与到课堂学习中来。

在课堂交互的行为方面，会统计生生互动和师生互动的占比，以及各自类型下的行为次数，两者相结合得出课堂行为的交互指数，可以通过行为的分析，了解学生对课堂的反应，优化教师的教学环节。

(4) 精准教研

系统支持评课教师根据课堂教学情况，进行教师能力矩阵精准评课，生成AI+人工组合的更精准教研报告。精准教研具有三大优势：人工智能分析的课堂教情/学情数据（客观），教研员通过APP评价的课堂教学数据（主观），客观数据+主观数据合并生成课堂教研报告，有利于提高教研成果的有效性。

教师周期性画像报告

在知识经济时代，教师仅能恪守职责、有崇高的事业心已经不能满足了，时代呼唤具有更多专业特长的专家型优秀教师。教师职业的专业化是社会进步的必然要求，是教师教育发展的方向。任何一个国家的教育改革都包含许多方面，如教育体制的改革、课程的改革、教育观念的转变等，这些改革最终都要落实到教师的身上。教师的工作越来越成为高度复杂的创造性工作，成为具有独特职业特点的不可替代的专业化活动。那如何才能辅助教师完成这一转变，成为新技术应用的一大课题。随着 AI 算法、行为分析等技术的快速发展，利用这些技术进行课堂数据的"伴随式"和"即时式"采集越来越成为一种趋势，这些数据通过海康 AI 智研系统清晰分析，通过长时间的授课分析，得出教师周期性的画像报告，助力教师成长。

通过报告，可以有多种的应用：

①积累的周期性课例分析数据，可作为教师教学风格的客观量化依据。

②作为教师教学能力的提升发展评价，当数据积累到一定阶段，可以形成教师能力发展档案。

③教学优劣势分析，实现青年教师精准培养和引领，加快业务全面达标。

④激发中老年教师发展后劲，突破专业发展瓶颈。

课程比对分析报告

在输出 AI 课程报告的基础上，我们可以通过挖掘课堂数据，进行量化的比对，结合不同教学反思需求，灵活选择两位教师或者两个课例进行教学行为数据对比分析，可以开展同课同构、同课异构、异课同构等活动，从而做到找差距、找不同、求进步、求创新，充分发挥名优教师的示范引领作用，实现精准化的"研"，达成个性化的"修"，助力全体教师的个性发展。

开展"课程比对"活动有利于教师更好地理解课程标准，提高教学的有效性。如"同课异构"中的"异构"不是目的而是一种手段，是通过不同的教师或者是同一个教师用不同的设计上同一节课这样的手段来帮助教师更好地理解课程标准，更好地把握适合不同教学内容的教学方法，更好地了解适合不同学生特点的教学情景，发现平时教学中的一些低效甚至无效的教学方式等，来实现提高教学有效性的目的。而教学过程中的问题通过独自的思考很难得到透彻的理解并获得解决，但通过 AI 智研的课程比对，教师可以从客观数据上很快发现区别和差距，并尽快分析出问题的原因。教师之间的这种差异性数据在比对中得到了充分的利用。

教学常模分析报告

通过对长期教学大数据的统计和分析，系统按照不同学科建立教学、学习常模，形成教学测评和成果检验的标准，自主生成覆盖所有学段和学科的教学评测大数据资源体系。整体常模应用可以分为三步：

构建常模。构建具有"局/学校特色"优秀教师教学常模，开展教学课堂数据的深入分析和提升建议。

提炼标准。提炼形成"局/学校教学行为评价标准",有效促进学校所有教师的专业发展,提升学校的教学效果和水平。

学习标准。青年教师可以将自己上课的课例数据与标准常模对比,开展教学行为横向对比和深入点评,帮助教师个人提升教学实践能力。

三、教研资源中心建设

课堂是教学的主要阵地,教学的水平与课程学习吸收的效率息息相关。以前限于技术瓶颈,老师无法及时回顾当堂课教与学的情况,无法进行教学过程的"复盘",学生也没有合适的途径获取当堂课音视频。近几年来,技术发展日新月异,对于教学课程视频的需求逐渐浮出水面,主要表现如下:

教学经验的传承。优秀老师的授课经验是经过长时间的打磨、改进获得的,是学校的宝贵财富,需要被记录和传承,录制保存为系列课程,作为新进老师的模板。

老师课后反思的实际需要。当堂课的教学情况,需要及时"复盘"分析,借助音视频工具找出不足、不到位的地方,才能得到改进和提升。

(一)录直播资源

海康凭借在音视频领域领先的技术,在 AI 智研方案中充分发挥优势,融合了录播系统功能。相比传统精品录播系统,海康 AI 课堂设备集成度更高、视频跟踪前端更加自主化智能化、使用更加方便、安装更加便捷。同时系统追求常态化、易普及、强兼容以及经济性。

直播是系统的基础功能之一,受限于场地和时间,通过网络的方式进行课程的直播逐渐成为趋势。平台支持在电脑端、手机端参与直播,同时师生也可以在直播间进行讨论和留言,充分调动学生的主动性,教师也可以将直播课相关的课件等资料提前上传到直播间,让相关人进行提前学习和了解,直播结束后会自动生成录播资源。

平台不仅为学校的教师提供在线直播录课功能,同时也支持常态化录课,只需要通过平台导入课表,开启录播,系统即会自动依据课表开启结束录播,实现常态化自动录播。教师也可在 Web 端创建录课计划或者通过 APP 扫描空闲教室二维码,快速创建录课。

录课视频支持在平台上在线的二次编辑加工,同时支持按知识点、教材结构关联管理教学资源,形成学校的精品优质的教学视频资源。

（二）校本资源库

平台支持"立体式"资源整合。围绕课堂视频，用户可上传相应文档，类型如教案、课件、课程设计、案例文档和辅助图片等，格式支持 PDF、Office 和 JPG. 等，实现课堂资源包的共享方式，相关文档亦可如课堂视频一样，实现在线查看，通过立体式的资源包共享方式，解决用户全方位理解以及学习课程的需要。高质量的教学资源是在线学习质量的保障，通过长期的资源积累，为学校的可持续提升奠定基础。

通过对长期教学大数据的统计和分析，可以获得区域和学校等不同层级的教学风格和教学质量等综合性数据报表。以图表形式直观呈现，掌握辖区内各校实际教学情况，为不同角色的教育应用提供数据支持，教研部门可据此制定针对性教学质量提升措施，这也正是智慧教研的价值所在。

第九章

智慧教育保障制度建设

俗话说,"没有规矩不成方圆",在中小学智慧校园建设中更是如此,刚开始各方面工作肯定会面临这样那样的困难和问题,有很多来我们学校学习的人都说,看你们搞得这么好,为什么我们在做过程中就困难重重呢,我也笑着对他们说,困难我们肯定是有,并且也不少,但我们的智慧校园建设是一把手工程,校长是第一责任人,所以我们坚信不管什么困难,我们都要去做,都会去做,也都能去做,这样再大再多的困难我们都不怕了。

其实,在智慧校园建设和应用推进过程中,最有效的办法还是行政推进,学校对教师的绩效考核都绑定到智慧校园建设与应用当中了,推进工作自然也就受到老师们更多的关注和落实,再加上领导的检查与鼓励,那更是顺水推舟了。

第一节 电脑及平板使用管理制度

智慧校园建设初期,学校根据教育教学和管理工作的需要配发平板、电脑,以提高智慧教学及办公管理工作效率。为规范平板、电脑的使用与管理特制定本制度。

1. 学校所配发的平板、电脑属学校财产,根据工作需要配发给相关人员,持有者要按规范要求正确操作使用,注意保养和维护,防止损坏。禁止向非本单位人员出借。人为造成损坏及丢失的,要追究当事人的责任。

2. 学校所配发的平板、电脑仅供教学及办公管理之用,严禁在工作时间浏览与学校工作无关的网页、资料,严禁利用设备玩游戏、网上购物等与教学工作无关的活动,严禁利用设备播放违法和不健康内容。

3. 安装QQ、微信等软件,需遵守《教职工网络通信交流平台使用公约》,只能用于联系与工作有关的事宜,如文件的传输、相关单位和人员的沟通联系、信息的发布等，禁止利用该平板、电脑在工作时间使用此类软件做与工作无关的事情。

4. 严禁在该平板、电脑上私自安装其他聊天工具或游戏软件等与工作无关的软件。使用中出现软件系统故障应及时维修，如因私自安装教学无关软件造成系统损坏的，由持有人负责。

5. 严禁私自拆卸该平板、电脑的相关设备，调换配件等。设备的更新、维修和报废都须按程序由学校信息处人员负责。设备正常使用中出现软硬件故障需要维修的，及时与信息处联系。

6. 使用人因工作岗位变动的，不再具有使用权的，必须及时交回。

7. 出现丢失或损坏的按以下情况处理，如果使用人不执行相关规定的，学校有权收回配发的平板、电脑。（1）非人为损坏的，由学校负责维修，费用由学校承担。（2）人为非故意损坏的，维修总费用不超过总购买价50%的，由学校和个人各按50%共同承担，个人承担费用电脑不超过300元，平板不超过100元，超出部分由学校承担；维修总费用超过总购买价50%的，由学校和个人各按50%共同承担。（3）人为故意损坏、丢失或其他原因，造成资产消失或故障报废的，由个人全部承担。

8. 以上规定如有违反者将视情节轻重给予口头警告、通报批评、收回平板和电脑等处理。

第二节 智慧教学资源建设及教学评测考核方案

　　智慧校园建设初期，学校最缺的就是优质数字化教学资源，为此我们也投资外购了大量的国内知名数字化资源库等，但总有些学科反映有些章节的学习资源不适合本校学生。因此，用最短时间建立优质体系化的校本教学资源库是重中之重，我们出台了校本优质资源建设及教学评测考核方案。

　　为加强学校智慧教学资源建设及教学评测应用工作，尽快实现智慧教学资源的系统性、完整性、实用性，促进智慧课堂常态化开展，实现教学评测的高效精准，经学校研究决定，智慧教学资源建设及教学评测应用工作考核方案如下：

一、智慧教学资源建设考核

考核内容共两项：

(一) 教学平台数字化教育教学资源建设考核

考核标准：教学平台数字化资源（包括导学本、网络考试、网络作业和题库资源等）建设，每学期以年级学科教研组为考核对象，人均达 30 个及以上为合格，排名前 30%且合格的年级学科教研组颁发流动红旗。

(二) 智慧课堂录像课资源建设考核

考核标准：智慧课堂录像课资源建设，每学期以学科教师个人为考核对象，40 岁以下学科教师每人每学期录制智慧课堂录像课资源 1 节及以上为合格，在年级学科教研组内个人排名为前 30%且数量为 1 节以上的（包含 40 岁以上学科教师）颁发流动红旗。

二、智慧教学评测应用考核

考核内容共两项：

(一) 手阅系统使用考核

考核标准：能独立制作手阅卡，并能完成一次手阅练习。每学期以教研组为考核对象，组内教师人人都会的教研组颁发流动红旗。

(二) 教学质量评测系统应用考核

考核标准：考核数据由后台导出，手阅测验一次记 3 分（手阅测验的提交率要大于 60%才能记作一次），线上练习一次记 2 分（线上练习的提交率要大于 60%才能记作一次），网阅一次记 1 分（全校统一给组织，高三较多），三者总分为考核分。考核分前 1/3，为优秀，1/3~2/3，为良好，其他为合格，无考核分为不合格。

第三节　信息技术应用带头人培养对象评选实施办法

在推进智慧校园建设过程中，老师们参与度肯定不可能整齐划一，为了鼓励先进、鞭策后进，让大家都能在自己最大的能力范围内为学校智慧校园建设、智慧教育教学和管理等各方面，发挥各自特长和优势，做出各自应有的贡献。学校及时出台了信息技术应用带头人培养对象评选实施办法如下。

为进一步提高学校信息化应用水平，有效促进信息技术与教育教学深度融合，学校决定评选第一批信息技术应用带头人，培养对象 50 人并实施培养。现将有关事宜公布如下：

一、申报办法

采取个人申报与教研室推荐相结合的方式。

（一）教研室推荐名额

语文、数学、英语教研室各 8 人；物理、化学、生物、政治、历史、地理教研室各 4 人；音、体、美、通用技术和研究性学习、信息技术各 2 人。

（二）个人直接申报条件

近三年，在信息技术应用方面获得市级一等奖及以上荣誉的教师。

二、评选办法

（一）以教研室为单位，根据评委评分（主要依据教学平台、博校平台、智学测评系统等平台的应用情况）评选出 24 人。

各教研室名额分配如下：语文、数学、英语教研室各评选出 4 人；物理、化学、生物、政治、历史、地理教研室各评选出 2 人。

（二）其他参评人员按照评分从高到低的方式进行评选，不再以教研室为单位，评选人数不超过 50 人。

三、培养考察期限：一年

四、基本任务

信息技术应用学科带头人培养对象在培养考察期内需要完成下列任务：

（一）有效听评智慧课堂不少于 15 节。

（二）积极参加校级及以上的智慧课堂公开课或主题班会展示活动，完成一节校级及以上智慧课堂公开展示课，并在展示课后两周内上交一份"教学课例"，内容包括教学设计、课堂实录、教学课件、教学反思等。

（三）教学平台中录制作业辅导总时长不少于 240 分钟。

（四）带领本教研组内老师设计并制作完成本学科该年级数字化学习资源包，放到教学平台上供本学科教师常态应用。

五、考核与表彰

培养期结束后，学校将对培养对象进行考核，根据任务完成情况，认定两种结果，一是完成任务的认定为信息技术应用带头人，当年下半年表彰。二是未完成任务的延期与下一批带头人培养对象一并考核认定与表彰。

第四节　教师智慧课堂应用考核方案

智慧校园建设重要内容是教育教学，提升教师的信息技术应用能力，熟练驾驭智慧课堂，高质量完成智慧课堂教学，提高课堂教学质量是最终目标。因此，学校及时出台教师智慧课堂应用考核方案，督促老师们尽快学习和掌握智慧课堂功能。

为推动学校信息技术与教学融合创新发展，实现智慧课堂常态化深度应用，提升教师整体业务水平，经学校研究决定，学校智慧课堂应用考核方案如下：

一、智慧课堂日常应用考核

考核内容：智慧课堂系统、教学平台、教学用平板的日常使用频度和熟练程度。

考核方案：

1. 定期从管理后台中调取教师在"教师提问""屏幕广播""课堂练习""示范抢答"等方面的使用数据，以教研室为单位进行量化，排名前40%的计入考核成绩。

2. 定期组织学生对教师在智慧课堂系统、教学平台和教学平板等方面的应用效果进行问卷调查，问卷结果以教研室为单位进行量化，排名前40%的计入考核成绩。

二、智慧课堂教研氛围考核

考核内容：智慧课堂教学研究的数量和质量。

考核方案：

对外执教智慧课堂公开课的，凭执教证书以教研室为单位进行量化，排名前40%且数量大于均值的计入考核成绩。

1. 在校级及以上级别智慧课堂评优活动中荣获一等奖的，凭获奖证书以教研室为单位进行量化，排名前40%且数量大于均值的计入考核成绩。

2. 参与校级及以上智慧课堂相关课题研究的，凭教研论文或结题证书以教研室为单位进行量化，排名前40%且数量大于均值的计入考核成绩。

第五节　智慧课堂教学评优方案

为认真落实国家课程培养目标、《山东省教育厅关于深入开展"一师一优课"和"一课一名师"活动的意见》和《淄博市中小学德育课程一体化工作实施意见》精神，进一步聚焦学科核心素养，探索德育渗透课堂教学，推进智慧课堂的深度应用与研究，学校决定在全校教师中开展"智慧课堂"教学评优暨学科德育展示活动。

一、活动主题

聚焦核心素养，共探德育渗透。

二、推荐范围及名额

1. 教学工作满三年的教师。
2. 语文、数学、英语教研室各推荐2人，物理、化学、生物、政治、历史、地理、艺术、体育、信息技术、通用研究性学习教研室（中心）各推荐1人。

三、活动安排

1. 比赛时间：11月中下旬（具体时间以教务处统一安排的课表为准）。
2. 比赛地点：学校自动录播室。
3. 比赛材料：参赛教师请按照"一师一优课"要求将教学课件、教学设计、导学案等教学相关资源打包上传到"文件中转站/智慧课堂评优活动"文件夹中。
4. 评奖办法：学校组织评委（由学校党委班子成员、部分中层干部及骨干教师组成），按照评价标准进行现场打分，由高到低，分别评选出一等奖、二等奖。学校根据各教研室（中心）智慧课堂教学评优、青年教学新秀评优一等奖获奖比例评选出优秀组织奖5个，并统一颁授证书。

第六节　智慧教学名师工作室建设及评选方案

学校智慧教学中名师涌现，他们在学科建设、青年教师培训、教科研等方面发挥了积极作用。为进一步深化教师队伍专业建设，充分发挥名师的指导与辐射带动作用，经学校研究决定，拟成立第一批"智慧教学名师工作室"，现就具体事宜通知如下。

一、机构组成

名师工作室实行主持人制度，设主持人1名，以主持人姓名为工作室冠名，工作室成员若干。每学科可以根据实际情况组建多个名师工作室。

（一）工作室主持人的确定

齐鲁名师、淄博名师、省市特级教师、省市学科带头人、省市教学能手、市级骨干教师、教研室（中心）主任等均有资格申请作为主持人。申请时需提交一份工作室活动方案，由学校教学工作指导委员会推荐，学校党委研究确定。

（二）工作室成员的产生

近三年参加工作的青年教师必须加入某个工作室（有多个工作室的学科，青年教师均衡分配），其他工作室成员在自愿报名基础上由主持人选拔确定。

二、主要职责

（一）学科建设工作。名师工作室以主持人教育教学专长为基础，以教师学科专业发展团队为主要组织形式，以校内网"名师工作室"网页为依托，做好教学常规的落实工作，力争在课程开发、课堂改革、科研、题库建设、学生管理、人才培养等方面有显著成果，有效推动学科建设工作。

（二）教师培养工作。制订计划，完善措施，使青年教师在教学评优、班级管理、教育教学案例与反思等方面有明确目标与方向。工作室要通过组织示范课、专题讲座、教学研讨、名师讲堂等多种方式开展活动，帮助工作室成员迅速成长。工作室主持人每学期至少执教一节示范课，举办一次教师培训讲座，主持召开一次学科教学研讨会。

（三）协调指导工作。按照上级主管部门与学校的要求，开展教学研究工作；协助中层部门做好各年级教学工作的指导，发现典型，总结经验，查摆问题，督促整改。

三、保障措施

（一）经费保障。学校每年给每个工作室拨付活动经费3000元，使用权由各工作室根据工作需要支配。

（二）政策保障。学校协调相关部门积极为工作室创造良好的工作环境，聘请专家提供业务指导和专业引领，对工作室的成果进行宣传、表彰。

四、考核评价

（一）每年度两次接受考评委员会评议，学校根据年度评议情况增发活动经费用于工作室进一步发展。优秀率80%以上的增发2000元，优秀率70%以上的增发1000元。

（二）工作室每三年为一周期，三年总结鉴定一次，对成果显著的工作室颁发"优秀工作室"荣誉证书并组织举行教学思想研讨会。

第七节　智慧课堂教学评优评价指标

学科_____　授课教师_____　课题_____　听课人_____

评价内容		
教师的教学活动（共70分）		学生的学习活动（共30分）
1. 语言表达（10分）	1. 使用普通话 2. 语言准确、生动，富有激情和启迪性 3. 教态自然、亲切	活动一（15分）： 1. 课前准备充分，精神饱满，学习欲望强 2. 在教师的引导下积极思考，敢于提出问题并发表自己的见解，思维得到有效训练和提升 3. 积极参与小组合作学习，主动展示，并善于采纳别人好的建议，实现资源共享 4. 师生配合默契，情感交流充分，教师的要求得到较好落实 5. 养成认真、勤奋、好学的习惯，掌握良好的学习方法
2. 教学设计（20分）	1. 教学理念新颖。教学目标具体、明确、适当，操作性强，重点、难点突出 2. 对《课程标准》理解恰当、贯彻到位，教学设计体现学科核心素养，能够找准德育的渗透点，能提出符合学科特点的德育目标 3. 提出的问题具有层次性、探究性和独创性，符合学生的认知规律。为学生提供充足的探究、交流的时间与空间	
3. 课堂组织（10分）	1. 尊重学生，关注全体学生 2. 教学活动的内容、时间安排合理，课堂驾驭能力强 3. 正确处理预设与生成的关系，关注学生思维过程中的难点 4. 小组合作学习设计合理、有效	

续表

评价内容		
4. 智慧教育系统、电子书包等使用（30分）	1. 能够熟练运用教学平台和电子书包的基本功能，与学科教学融合度高 2. 能够很好借助平台与电子书包掌握每个学生的学习状况，并能根据学生掌握情况及时调整教学 3. 能够充分发挥平台的导学功能，在微课辅助教学方面有创新 4. 课后留给学生较丰富的学习资源	活动二（15分）： 1. 能够根据教师在课前发布的学习任务，借助平台完成预习任务 2. 能够高效、个性化地学习，及时通过平台向老师反馈学习成果 3. 积极运用所学知识解决实际问题，当堂检测效果好
教师活动得分： 1. _____ 2. _____ 3. _____ 4. _____		学生活动得分： 活动一：_____ 活动二：_____
合计得分：_____		

结语

智慧教育的未来发展

从 21 世纪初的智慧教育萌芽以来，发展到目前智慧教育综合运用互联网、物联网、大数据和人工智能等技术，统筹建设智能化教学、管理与服务一体化的智慧教育大平台，教育教学管理各方面都已经实现了数据伴随式收集、信息自动化分析、教学资源数字化可视化智慧化应用，可以说目前我们的智慧教育已经全面进入了 2.0 时代。

目前又逢 CHATGPT 大火，国内各大科技公司也纷纷跟进，如百度的"文心一言"、科大讯飞的"星火大模型"、阿里云的"通义大模型"等。目前百度的"文心一言"已经成为国内很多文职工作人员的必备工具，我试用了免费的 3.5 版，虽然不能说有多么完美，但经过合适的关键词引导，"文心一言"给出的答复，在考虑问题、解决问题的全面性和完善性上，是我们大部分普通人不能比的。

前些年就有网上传言，有人用谷歌等搜索引擎来进行学习，制造出了原子弹。在这种对话式大模型的发展技术支持下，会不会在不久的将来就会出现，没进过学校的孩童利用这种交互式对话大模型学习而成长成才成名的可能呢，也未可知！

那么未来智慧教育将如何发展，向哪些方向发展，基于我们的《基于电子书包的智慧课堂研究与实践》课题研究，基于十几年智慧教育学习和研究，基于我们多年的智慧教育实践，在此提出我的设想，请读者朋友们批评指正。

智慧教育未来发展方向，概括为以下几个方面：

数智化功能进一步加强。随着科技的发展，未来的智慧教育将更加依赖于数字化和智能化的技术。例如，人工智能的应用将会更加普遍，可能会涉及诸如个性化学习路径的规划、学习资源的推荐、学习效果的评估等多个方面。此外，云计算、大数据等技术的应用也将为智慧教育提供更多的可能性。

个性化学习进一步发展。未来智慧教育将更加注重学生的个性化需求和特点，通过数据分析和人工智能等技术，为每个学生提供定制化的学习资源和路径，提高学习效果和兴趣。

线上线下融合成为主流。未来智慧教育将不仅仅是线上的学习，而是会更加注重线上线下的融合。例如，线上平台可能会与实体学校、教室、教师等线下资源进行更加紧密的结合，形成一种线上线下相互补充、相互促进的教育模式。

混合式学习模式更受欢迎。未来智慧教育将结合线上线下的学习资源和学习方式，形成一种混合式的学习模式。这种模式将传统课堂学习和在线学习的优点相结合，使学习更加灵活、有趣、高效。

AI 教学助手应用更加普及。未来智慧教育将开发出更多的 AI 教学助手，这些智能教学助手可以通过自然语言处理等技术，自动回答学生的问题，提供学习建议和指导，帮助学生更好地理解和掌握知识，真正实现"一对一"教学模式。

VR 虚拟实验室和 AR 模拟实践在教学中成为常态。未来智慧教育将通过 VR 虚拟实验室和 AR 模拟实践等方式，为学生提供更加逼真的学习体验和实践机会。这些虚拟环境可以模拟真实世界中的各种情况，使学生能够在实践中学习和掌握知识。

教学评估与反馈更加高效准确。依赖人工智能和大数据等技术的发展，未来智慧教育将能够实现对学生学习过程的全面、及时、有效地智能评估和反馈，帮助教师更好地了解学生的学习情况和需求，从而提供更加精准的教学改进建议。

教育管理更加智能化。未来智慧教育将通过智能化管理，提高教育教学管理各方面工作的效率和质量。例如，通过智能化排课系统，可以自动安排课程表、教师和学生时间等；通过智能化考试系统，可以自动组卷、考试监控和成绩分析等。

教育公平得到进一步实现。未来智慧教育将进一步缩小地域和城乡之间的教育差距，使得优质的教育资源能够得到更加广泛的分布和应用，让更多人享受到优质的教育。

总之，智慧教育的未来发展将会更加注重学生的个性化需求和特点，更加注重线上线下融合，更加注重实践和应用，同时也会更加注重终身学习和公平教育。当然，智慧教育的未来发展将更加多元化和复杂化，会涉及更多的技术、理念和模式等方面的创新和应用。智慧教育需要依赖科学技术的发展，更需要我们教育工作者不断探索和实践，最终在全社会的共同努力下，实现智慧教育的全面推广和应用。

在以上智慧教育未来发展方向的基础上，我们来畅想一下智慧教育未来的具体实现和应用场景吧！

一、移动通信技术飞速发展，6G及更高技术实现，存储实现全面网络化。

移动通信技术的发展，主要体现在两个方面，一是移动通信速度和带宽，二是移动通信的稳定性，这两项技术完成突破后，所有使用存储电子设备不管是内存还是外存，将全部实现网络化，或者不再区分本地或云端，这样将把存储设备的共建、共享发挥到极致，比如，手机、平板、电脑，甚至是存储都不会再升级或换代了，它们的功能提升，只是根据它们本身的需求，合理分配完成。

这将大大减少本地存储资源不合理的浪费，例如，现在有的家用电脑买硬盘存储空间为2T，实际就安装了一个操作系统，只是几百兆而已，实际使用不到20%，并且可能会存在后期为了提升电脑的启动和使用速度又加了固态硬盘来安装系统，那么结果就是2T的硬盘基本是处于全部闲置的状态。

未来存储全面实现网络化，这种情况将完全改变。用户在任何位置、任何终端都可以随时使用个人存储资源，手机、平板、电脑等都是共用的，容量根据用户的需求是随时可调的，可增可减，并且像我们普通用户，如果对速度和稳定性没有过高的要求，这些资源将全部都由资源提供商免费提供的。

其中6G技术的实现，从实力和研发来看，我们还是推荐国内的华为公司，云存储资源提供商推荐国内的阿里云公司。

二、IPV6技术应用全面普及，所有电子设备直联互联网，不再有内网和外网区别。

电子设备直联互联网，将会解决许多当下的联网问题，但也带来更多的安全性和稳定性的担忧。IPV6实行后IP资源将变得非常充裕，有人举过一个例子，IPV6使用后，你家的狗，甚至一只老鼠，只要在它身上带上一个IPV6的标签，那么它在世界上所有的活动轨迹将是有迹可查的，它的一切数据都是可统计、可调用、可分析、可利用的，这才真正会实现"万物互联"。世上所有的事物实现了互联，将会带来海量的数据，管理使用好这些数据，就必须依靠人工智能来完成，而非人力所为，这所有的人工智能最终也会汇集到一起，由一个统一的数据结构来管理，但这种结构将不再是现行的"倒树"结构模型，因为这种"倒树"结构的数据模型，目前来看虽设计方便，但也有缺点，如安全性方面，将来的数据管理结构模型，会全面以区块链技术为标准设计。

万物互联同样也是一把双刃剑，其中挑战与机遇并存，如数据互联，可公布部分透明，依靠人工智能的管理，反而增加了安全性和易用性。举例来说，现在很多汽车公司都在研究自动驾驶技术，而如果所有汽车都实现了自动驾驶技术后，相比较人工驾驶，肯定安全性会大幅度提高，自动驾驶技术实现起来反而越容易。

目前IPV6还没有大面积推广使用，希望国内各大电子科技公司抓紧研发，建立成熟的设计方案，抢抓机遇，顺利由IPV4切换到IPV6，特别是目前国内芯片研发的相关电子科技公司等。

以上两项技术都是面向全社会的，各行各业都会遇到，当然在教育行业中也是如此。以下我们还是重点介绍教育行业所特有的。

三、未来电子书包国家标准出台，教育行业针对大中小学生及幼儿园出台相应电子书包规范，电子书包全面进入校园落地应用。

学生电子书包的需求分析：

1. 电子书包解决纸制教材印刷、运输、分发、使用等各环节的浪费；

2. 电子书包既是书又是包，还是一个学习终端和学习工具；

3. 电子书包的使用既要与学生个人绑定，又要与班级和教师绑定，学习是社会性的；

4. 电子书包的使用必须是在教师的管理与控制下的，包括外部非教育资源的使用；

5. 电子书包必须是专用的，要名如其实，不能像现在一般都是通用平板改造；

6. 电子书包既然是学习工具，其中相应的软件及资源必须有国家标准。

以上对电子书包的需求分析，希望能为国家相关教育决策部门以及华为等平板硬件生产商提供参考，因为电子书包这样一个项目关乎下一代，关乎国家的未来，必须尽快制定国家标准和规范，再进而试点、推广和实施，而不是机械照搬照抄国外的模式。

四、音视频处理技术升级换代，依靠视频识别与音频拾取的高阶处理，未来将全面进入无感智能时代。

首先来看视频处理技术，未来学校中会全部使用可识别摄像机带高清音频拾取处理能力。目前我们所常见的自动录播室将全部被淘汰，学校的所有教与学活动都由人工智能控制下的无感技术来实现，比如，老师的上课录像，不再需要提前预约录播室，而是在普通教室里，随着老师的一声上课，人工智能即时反应就会做出标记，接着高清音频拾取处理及时跟进，声音识别转换成文字后，人工智能自动对所录取的视频进行标记，课后或课中，自学阶段中的学生可以语音控制人工智能，根据学生个人的请求，使用电子书包重放学生需要的学习重点和难点，或者学生可以直接在教学智能助手的帮助下，交互问答式解决学习中的困难点，而非必须依赖老师，真正实现了个性化、智能化学习。

整节课的视频以及所有的视频都在高智能摄像机的采集处理下，借助于大数据智能平台的后期处理，完成了视频的全面智能分析处理，比如，讲课人和学习者的信息，课题及学习目标，课程的重难点，学习者的学习效果达成度等。

学习者后期在自学调用时，都可以根据语音提示或者文字提示，查找自己想学习的相关内容，并且同时也可以学习调用其他班级教师的视频讲解和分析，当然如果权限允许，将来教育大数据共享平台，学习者学习调用其他学校教师的视频讲解和分析，也同样会实现。

以上想法和实现希望国内如海康等科技公司加强研发，早日实现。当然从浩如烟海的教师讲课视频中确定相关讲课人、学习者及课程内容相关信息并不难，现在很多公司的智能识别系统已经可以完成，但对课程音视频做进一步的分析，如确定课程的重难点，教师讲授内容分析，学习者学习效果分析等都需要另外结合其他智能平台来完成，需要更多的音视频处理技术和分析手段，以及与功能更强大的学习平台相结合，才能得到更全面翔实准确的数据分析结果，我们期待这一天尽早到来，让智慧教育惠及全人类。

五、精准教学进入常态化，教学过程，教学相长，教师的发展，学生的培养和成长，都在精准教学的智能管理下完成。

教与学要实现精准，首先就是教师的备课要精准。我们一直在讲教师备课要做到了解学情，但要真正做到并不容易。第一是学生数量多，要准确了解到每一个学生的情况，针对每一个学生制定符合每一个学生的个性化学习方案，以前来看是不可能实现的，现在有了科大讯飞智学网之类的教学平台，使其变成现实。第二是学生的学习能力本身就是有波动、有变化，所以不能仅凭一个题或一个知识点来给学生的学习能力下结论，一定要结合学生全部学习的大数据综合分析，这对于一个普通老师来说也是可想而不可实现的，但现在有了智学助手，也让其变成现实了。

教师的讲课要精准，新知识新内容的学习对学生来说，从以上学习特点分析来看，不会是完全按预设的发展，总会有多多少少的内容不在预设的范围内，往往这些可能就是学习重难点和学习突破的关键点，而如果教师对此没有准确的把握，只是按照预设的内容和方法去讲解，就会让学习效果大打折扣。原来在课堂上，优秀的教师靠提问、举手、察言观色等手段收集学生的学习情况来调整讲解内容，完成生成式的课堂讲解。现在来看，这些也都是模糊化的数据，不够精准。现在借助于智学平台，可以准确收集学生的学习情况，可以精确到每一个学生的具体情况，让教师的生成式课堂讲解更有依据，更精确，更有针对性。

教师的课后作业要精准，原先布置课后作业是统一的，后来发展为分层作业，那也只是分为几层而已，无法真正实现个性化的作业。智学平台能够让每一个学生都有适合自己的能跳一跳够得着的课后巩固作业，还可以根据学生的完成情况，及时调整和推送，让学生就像在一个优秀的学伴陪伴下学习一样，及时得到最有效的学习指导和陪伴。

从以上要求和设想来看，如科大讯飞的智学网等智学平台，还需要进一步研发，比如要和第四条中高阶音视频处理技术相结合，才能完成在无感状态下把教师的讲解音视频存放到平台中，让学习有困难的学生能随时根据需要选择调用学习点，而不是自己去整节课的视频中查找而浪费时间。从观看后学生的学习效果反馈来看，记录反馈效果好的，也就自然优选出了优秀教师的知识点及重难点讲解视频，这样也可以推送给其他班需要的学生，而不仅限于让学生只能观看自己任课教师的视频。

以上设想，我们希望将来都能在智学平台下无感实现，这样的智慧教育平台建设和发展，对于教师的发展，学生的成长和培养，教学资源建设，以及参与公司等各方肯定都会是收获满满。

基于电子书包支持下的智慧课堂，虽然给学校发展带来了新的机遇，但是也带来了新的挑战。面对挑战，淄博一中师生携手同行，在探索电子书包的支持下的智慧教育已经走过了十个年头，期间取得了一些成绩，将淄博一中打造成了山东省首批教育信息化示范单位，学生整体素质水平有了显著提升，学校取得了新的发展。在"学生为主体，教师为主导"的教学理念指导下，学生个性化学习的需求得到了满足，教师也在智慧课堂授课的过程中得到了发展。在十年的时间里，学校构建了具有学校特色的基于电子书包支持下的智慧课堂，成功总结出了智慧课堂"三段十步"教学模式，虽然还存在有部分教师对电子书包和智慧课堂的认识不够准确，教育教学数据尚未形成大数据系统，数字化教学资源建设仍然面临"孤岛"窘境以及电子书包进校园还存在一定的阻力等问题，但是我们坚信，面对新的十年，随着国家教育信息化的发展，随着教育科技的不断进步，新的机遇和挑战并存，中小学的智慧教育必将不断前行！

致　谢

　　本书中所用智慧校园整体解决方案以及各具体智慧教育应用案例,从规划设计、建设施工到实践应用,再到后期运维,都得到了山东鑫诚信电子科技有限公司张纪涛先生及其技术团队的大力支持,尤其是书的结语部分,智慧教育未来发展方向的设想,张纪涛先生给出了建设性的建议,在此一并表示感谢!

孙林

2023 年 12 月

后记

我的教育信息化之路

"没有科学幻想，就没有科学发明"，这已经被无数的科学家和漫长的人类发展史验证过了，无需做过多的争论。确实如此，对我们现代人生活必备的常事，如飞机上天、高铁出行、潜艇下海、手机通信，其中任何一项对古人来说可能都是"巫术"。不止如此，即使缩短到一个人的一生也是如此，就我自己来说，1991年大学毕业后，因各种机缘巧合，在大学学习物理教育专业的我却转到了信息技术教育这个行业，而且一干就是三十多年。现在想来，其中的往事虽历历在目，但仍然觉得如此神奇与梦幻。以下带领读者一起回忆，感受近五十年来，普通山区中小学以及普通中小学教育发生的神奇变化。

一、对教育信息化的最初印象

1970年，我出生在一个鲁中山区南部偏远的小山村，从周边环境到家庭条件来看，可以说与信息化不会沾边。进入大学后，因为学习的是物理教育专业，也有机会在实验课上用到计算机，不过那时候的机房用机是长城0520，只能用来做BASIC程序，只有实验老师有一台IBM的高档计算机，我们学生是无缘使用的，只能看看。后来在选修课上，我还报了摄影选修，学会了自己在暗室配冲洗液、冲洗照片等。再后来又报了电视机板组装选修课程，板上的每一个电容、电阻、二极管、三极管等元件都是在实验老师的指导下，我们自己操作，用烙铁焊上的，我们非常认真地学习和焊接，完成后再接上实验老师给我们提供的电视机的其他器件，居然我们自己焊接的板子可以让电视出现图像，当时的成就感不亚于卫星上天。

二、与教育信息化结缘

1. 单机时代的教育信息化

大学毕业后来淄博第一中学工作，本来我学得是物理教育专业，因为缺计算机老师，学校领导认为物理和计算机相近，又因为我自己爱好，便转到了计算机这个行业上来了。1991年来学校时，学校只有五台长城0520计算机，并且其中有三台故障，只有两台能正常开机使用，但也只能运行BASIC程序。

1992年，市属学校大规模进行校舍改造工程，乘这个投资改造的东风，当年底市教育局为学校统一装配了30台286台式计算机,当时这是学校教学用机的最高档次,据说价格是3600元左右一台,虽然现在觉得不高,但那时我的月收入是一百多元,可想而知,这样的一台计算机对普通人和普通家庭来说就是天价。

那时候的电脑操作系统,还没有现在这种图文操作系统,没有鼠标,没有图形界面,只有美国IBM开发DOS系统,后来传到我国后被做了汉化处理,如UCDOS等。即使汉化处理也是关键的部分有一点汉字提示,核心系统还是英文,所以那时候用电脑,没有点英语基础也很困难。

1993年,学校购买了北京科利华电脑有限公司生产的CSC中学校长办公系统,其中内容包含学校办公与管理各个方面,有师生档案管理、教师备课与上课素材、学生成绩处理与分析、课表的排课与调整、后勤管理与固定资产管理等。后来科利华公司更改了公司的主业,专做教育教学素材与资源,也因此而改名为北京科利华教育电脑有限公司。为了更好地掌握和应用这个系统,学校领导让我来专门使用这个系统,这个系统安装在一台386电脑上,1993年的386相当于现在的几万元顶级豪华配置电脑了,配15寸彩色显示器,4M内存,256M硬盘。它配有大小两个软驱,既可以用大软盘,又可以用小软盘,办公系统运行起来后有图形界面,那时候的我被这么高档电脑和系统深深地吸引了,也因此把除了吃饭和睡觉的时间外,其他所有的时间都投入到了这个系统的学习和应用中了。

1993年6月,按照学校安排,我参加了北京科利华公司面向全国学校用户,在清华大学举办的为期一个月的培训,经过培训学习让我加深了对这个系统应用的了解程度,更好地辅助了学校的教育教学管理等各方面的信息化起步,对我本人来说,也是一次信息技术学习的巨大提高和进步。

学科教学层面,其中系统中的学科教师备课素材和资源,给学科教师提供了更多更好的案例。从时间上来看,科利华公司算是做国内教育教学资源较早的公司之一了,但比较遗憾的是它没有跟上网络时代的发展,没有从单机提供过渡到网络时代,后来就慢慢被很多新发展起来的网络教育资源公司取代了。

2. 网络时代的教育信息化

第一次接触网络时代的教育信息化大约是在1996年,学校首次办理了拨号上网业务,用的是电话线+14.4K的调制解调器拨号上网,调制解调器也就是20世纪常说的"网猫",现在这个概念已经远离我们的网络时代了,当时上网通信时要占用电话线,也就是说电话和上网不能共用。

使用拨号上网后,运行一款名为NETLITE的软件,可以与拨号上网的另一方点对点连接,联通后就可以互传文件,虽然传输速度特别慢,但相对于带着几张软盘,坐车来回跑报送文件,几分钟或哪怕十几分钟完成一个文件传送,是相当方便了。

后来就更换成了 ISDN 上网设备，这样上网和电话就可以同时进行了，再后来就是专用线路，不再使用拨号上网了，速度也是从几十 KB 到几十 M，再到现在的几百 M 或上 G，现在上网速度和网络都已经飞速发展了。

因为工作关系，与大部分学校教师相比较，我接触网络的时间是早的，其间有一些收获，但也有一些遗憾在此总结出来，以激励年青的读者们要勇敢地去接受挑战，工作勇于创新，在工作中锻炼，在工作中成长。

1998 年年初，我因为会操作计算机，并且有一定的编程能力，被市招办临时借调去参与中考招生阅卷统分和招生录取工作，那时候的招生阅卷统分和招生录取工作与学校的学生成绩处理工作一样，刚刚由人工转换成电脑，虽然使用电脑处理，但其中大部分程序和数据处理都需要操作者用手工命令来完成，没有编程基础的人是无法完成这项工作的。考试招生录取工作的数据处理是一种高强度、高要求的工作，对我来说是一种挑战，也是一种锻炼。经过了这样的历练后，再回到学校的工作中，就觉得更加的游刃有余了。

回到学校工作后，除了教育管理方面的信息化工作外，我还担负起了信息技术学科教学工作，与学生在一起，特别是和一些有思想爱思考的优秀学生在一起，让我坚定了自己的教育信息化之路。记得当年山东省实行过几年的高考标准分制度，曾经有个学生跟着我学习信息技术学科奥赛，虽然后来没有在信息技术奥赛中取得大奖，但影响了他的学习方法和学习态度，最后高考取得了标准分满分的骄人成绩，也就是我们所说的全省状元。为此在高考公布成绩后，他专门来我的办公室对我表示感谢，并且与我讨论大学要学习信息技术相关专业。

也是同一时期的另一名优秀学生，在高中跟着我学习信息技术奥赛期间，省里有一个小小科学家论文征文活动。当时该学生就突发奇想，多次与我讨论利用动态网站技术建立一个网上购物平台，为此我们还一起写了一个利用动态网站技术建立一个虚拟网上购物平台的文案，该论文报到省里参加了当年的小小科学家征文比赛，还获得了省级三等奖。我查了一下征文的获奖的年份是 2003 年，刚好这一年也是淘宝网诞生的年份，只是那时候的淘宝网没有现在这么出名，学生和我对淘宝网都一无所知，也就是说，学生和我的奇思妙想刚好与鼎鼎大名的马云先生重合了。

通过以上案例印证了一句中国的古语，"千里马常有，而伯乐不常有"。此段只为戏说，鼓励读者和青年朋友们去努力学习和奋斗，因为机会总会留给有准备的人，苹果只有砸在牛顿一类人的头上，才可能会有万有引力定律的发现。《易经》语：合抱之木，生于毫末；九层之台，起于累土；千里之行，始于足下。习近平总书记勉励我们"幸福都是奋斗出来的"。

三、教育信息化助我成长

我从一个刚大学毕业的物理教师，转变成一个信息技术教师，过程中流过汗水和泪水，也有过收获和喜悦，在此总结梳理一下自己的成长经历，也刚好总结一下学校教育信息化的发展过程。学校的教育信息化发展之路，也是我个人的教育信息化成长之路。在学校的平台下，在学校领导的支持下，我在信息技术专业方面，努力学习和认真工作，也获得了山东省信息技术优质课一等奖和山东省信息技术学科教学能手等省级学科教学最高荣誉。

1. 学生成绩分析处理系统

在20世纪90年代，我接手学校的学生成绩处理前，此项工作由财务科牵头来完成。为了提高学生成绩的分析处理速度，在我管理计算机后，学校领导就把这项工作转给了我，那时候的电脑没有任何像现在这样的数据表格处理软件，如EXCEL、WPS等，所以我只能自己学习编程处理，最初用的是DBASE3，当时这个软件还没有汉字支持，还必须安装UCDOS等汉化字库系统后再运行，为了尽快完成这项工作，可以说那时候的自己每天只是一心投入数据库学习和应用的编程中，用了半年多的时间就初步完成了一套简单的学生成绩处理系统，把原先需要多个人几天时间才能完成的工作变成了我自己独立一天左右时间就能完成。

再后来就是数据库编程语言的发展，由DBASE3发展到汉化的FOXBASE，再由FOXBASE发展到VFP，软件版本也是在不断变化和升级。我开发的成绩分析处理系统也是一样跟着不断升级改进，最初成绩必须由我自己输入，后来可以由多人共同分班分段输入，后期我再合并。再后来VFP支持网络数据库，可以同时由多人共同编辑一个数据表，完成分班分段分学科输入，再后来学校的办公条件和网络环境逐步升级，我们开发了统一的成绩录入客户端，完成试卷批阅后，各科教师在办公室多人共同在很短时间内就可以完成学科成绩的录入了。

2. 动态网页制作系统

最初学校的网站，都是我们用frontpage网页制作工具一页一页制作的，再后来就是使用更好用一些的Dreamweaver等。20世纪90年代末，网站制作系统开始流行动态网页制作系统，网站的前期搭建到后期的生成和维护都是动态的，这样就能把制作网站和后期维护工作的专业人员解放出来，让拥有一般文字处理能力的普通员工也可以完成后期的网页添加和发布，极大激发了网站专业人员的制作热情，提高了网站管理效率。

当时流行的动态网页系统非常多，支持的语言一般有ASP、PHP、JSP等几种，由于我熟悉BASIC语言，对于ASP更好入手，就选择了ASP，后来对PHP和JSP也有一些研究，但都不够精通。我们学校用了很多年ASP语言开发的学校网站管理系统，直到2017年因为系统免费版本的安全性问题，学校才更换了由专业电脑公司开发的付费版校园网站管理系统。

后来因为我对ASP学习和研究的不断深入，在本市教育系统也算有了一点点知名度，2001年市教育局教师进修站的领导找到我，说想开发一套网络版的教师师德教育学习和考试系统，要求：（1）系统必须是基于WEB的，不需要安装任何客户端；（2）平时教师用学习账号通过网络可以对其中内容进行多次重复练习；（3）考试时要在机房集中完成；（4）练习和考试的题目是从题库中抽取和随机组卷的，要有自动组卷功能；（5）练习和考试都是自动评卷、自动判分的；（6）大型考试自动评卷和判分后，得分数据是加密的，不可更改的。

基于以上要求，经过近一年的开发，完成了这个网络版的考试系统，为全市近三万人的中小学教师提供了一个教师师德学习和考试的平台。当时这个系统被使用了两年，后期因为教师继续教育学习和考试都收归市人事部门统一组织和管理了，这个系统也就没有再被使用。因为投入精力较大，直到现在，我还保存着当年开发的源代码和相关数据。

四、我的智慧教育梦之路

2000年前后，我感觉自己的信息技术专业水平有所欠缺，那个阶段可以说是疯狂学习，首先是学校提供了一个很好环境和平台，再就是年轻有活力，说是疯狂学习一点也不夸张，可以说2000到2015年这十五年中，我除了吃饭和睡觉，就是工作和学习了，所以想来那些年对家庭和孩子，还是有所亏欠的，在此也真心感谢家人为家庭的付出。

通过这一系列的专业培训和学习，让我的信息技术水平得到提高，不仅对我的工作和单位的教育信息化都起到了巨大的推动作用，为后来学校的智慧校园建设和发展也打下了坚实的基础，也铺就了我的智慧教育之路。

2013年，学校在市教育局领导的支持下开启智慧校园建设之路。当时在全国来说，中小学校做智慧校园建设的屈指可数，我与学校领导"走南闯北"，到北京、上海、广州等发达地区的中小学参观考察。上海地区中小学的考察给我们留下了很深的印象，很多学校建设了班级教室内的无线网络，学生在教室内使用平板，完成课前预习和课后教师布置的作业，并且学习完成情况和分析数据，教师可以及时从教学平台查看和获取，对于学习中的生生交流和师生交流都建立了一种高效快捷的通道，学生的每次预习和作业都在教学平台中可察，数据可用，便于学生自己回顾和复习巩固，也便于教师全面掌握班级内每一个学生的学习情况，为教学中的因材施教和个性化教与学提供了数据支持和平台。

回来后经过学校领导认真分析和讨论，向市教育局领导作了汇报，学校决定在2014年高一新生招生时设定两个智慧教育班，让学生和家长自愿选择。因为学校各方面都做了充分考虑，教学平台和网络基础设施全部由学校通过采购招标完成，数字化教学资源学校提前做了准备，一方面，让各学科各教研组根据新学期教学工作计划，利用当年暑假提前准备好，需要补充的以自己制作为主，结合学校统一采购的外部优质教学资源数据库，教师们可借鉴参考使用。另一方面，学生的平板可以自带，如需统一采购的，由学生家长委员会和商家统一协商谈判购买的品牌和价格。

经过以上统一安排和准备，结果自愿报名选择智慧教育班的学生完全超过了两个班额，并且接近了当年全部招生学生数的90%。为了满足大多数学生和家长的要求，我们又在新生中做了详细的宣传和说明，仍然是坚持自愿的原则，在学生和家长充分了解了学校设立智慧教育班的初衷，和学校为智慧教育班所做的筹备工作后，在家长的支持下，当年全部新生都报名参与了这项智慧教学实验改革。

教育信息化发展是非常快的，2014年10月，我们的高一新生开学后一个月，我们开始进行这项教学实验改革的时候，新的教学平台中已经研发出了基于电子书包的智慧课堂的试用版了，所以学校直接一步到位，开启了课前、课中、课后一体化的教学实验改革，同时也就需要学校管理者和教师去研究这项教学实验改革。因为当时我们的教学实验改革是与全国发达地区的中小学同步的，又因为我们后来上的版本更新更高，功能也更强大，在某种程度上来说，我们也是超前者和实验者，更是开拓者。

当时学校领导描述，我们基于电子书包进行的智慧教学实验改革工作，就是"摸着石头过河"，过程当中尽管我们"战战兢兢""如履薄冰"，前进的路上有过曲折和坎坷，但我们的目标一直没有变，那就是踏踏实实做好智慧教学实验改革，让智慧教育普惠到每一个学生，让我们的教育更加公平，更加优质。

我们始终坚信，我们的方向是对的，只要有学生、家长和上级领导的支持，我们一定会坚持走下去，也就有了后来的《基于电子书包的智慧课堂构建与实践》教学科研课题立项，在多年的智慧教育研究和实践中，我们收获了丰硕的教育教学成果，也成就了我个人的教育信息化之梦。在这个课题结题的总结过程中，加上自己在学校教育信息化工作中多年的积累，也就有了本书成书的基础。在此全面总结梳理了近些年来中小学智慧校园建设与智慧教育发展过程中的案例，呈现给读者，敬请大家批评指正。

山东省淄博第一中学　孙林
2023年12月

参考文献

一、期刊

[1] 李强. 基于AI智能卡的中小学智慧校园系统的构建与研究[J]. 软件, 2021, 42 (1).

[2] 马立. 中小学智慧校园建设矛盾分析与模型构建：以陕西师范大学附属中学为例[J]. 中国教育信息化, 2018 (17).

[3] 王勇宏, 左明章, 贺相春. 以"课程"为驱动：中小学智慧校园建设认知框架、基本原则与关键路径探析[J]. 现代教育技术, 2022, 32 (10).

[4] 薛枝梅, 郝晓芳. "互联网+"背景下中小学智慧校园建设策略[J]. 办公自动化, 2021, 26 (13).

[5] 万海鹏, 陈磊, 王琦. 推进中小学智慧校园建设 助力基础教育数字化转型升级[J]. 中小学校长, 2022 (11).

[6] 何智, 何爽, 孙可, 等. 中小学智慧校园建设规范文献比较分析[J]. 中国现代教育装备, 2022 (22).

[7] 梁为. 智慧校园的建设与应用研究：《深圳市中小学"智慧校园"建设与应用标准指引（试行）》解读[J]. 现代教育技术, 2016, 26 (4).

[8] 聂诚飞, 查波. 中小学智慧校园设计与探究[J]. 智能建筑电气技术, 2022, 16 (2).

[9] 王沛. 中小学智慧校园建设的研究与思考[J]. 电脑与信息技术, 2018, 26 (1).

[10] 高琪, 乜勇. 基于中小学智慧校园建设现状分析的智慧校园联动系统模型构建[J]. 中国医学教育技术, 2017, 31 (4).

[11] 张磊. 大数据技术在中小学智慧校园建设中的应用思考[J]. 华夏教师, 2023 (22).

[12] 贾东辉. 物联网技术在中小学智慧校园管理中的应用[J]. 科技创新导报, 2019, 16 (26).

[13] 颜鼎. 大数据背景下的中小学智慧校园建设探讨 [J]. 中国教育信息化, 2019 (23).

[14] 莫寿田. 论中小学智慧校园无线网的建设方案 [J]. 中国新通信, 2020, 22 (14).

[15] 李科峰, 李勇帆. 基于 QinQ 技术优化中小学智慧校园网的设计与应用 [J]. 网络安全技术与应用, 2019 (10).

[16] 徐洁, 李畅, 郑舒以, 等. 智能时代中小学智慧校园建设的意义、内容与路径 [J]. 黄冈师范学院学报, 2023, 43 (5).

[17] 刘卫明. 中小学智慧校园人工智能应用研究 [J]. 教学与管理, 2022 (18).

[18] 李鸿章. 教育信息化 2.0 视域下中小学智慧校园建设困境与智能化校园构想 [J]. 中国教育信息化, 2020 (23).

[19] 李军. 基于大数据的中小学智慧校园建设研究 [J]. 电脑知识与技术, 2021, 17 (8).

[20] 聂庭芳, 胡成. 中小学"智慧校园"建设视域下的智慧教学模式探索 [J]. 当代教育论坛, 2021 (3).

[21] 陈诗茵, 施依娴, 李婷枫. 可穿戴设备在中小学智慧校园建设中的应用研究 [J]. 软件导刊（教育技术）, 2019, 18 (11).

[22] 潘勇, 全丽莉. 中学智慧校园信息化学习系统的构建与实践研究：以华中师大一附中为例 [J]. 中国电化教育, 2015 (2).

[23] 郑建忠. 构建智慧校园 促进教育教学管理：以湛江一中培才学校为例 [J]. 电脑知识与技术, 2017, 13 (34).

[24] 冯晨, 王翠. 浅谈智慧校园建设 [J]. 中国新技术新产品, 2016 (24).

[25] 李辉波. 构建智慧"大脑" 促进学校数字化转型发展 [J]. 人民教育, 2022 (22).

[26] 王囡, 马婷. 智慧校园视角下网上阅卷系统的实践现状研究：以 K 地区 X 中学为例 [J]. 数字技术与应用, 2020, 38 (2).

[27] 潘勇. "互联网+"时代中学教师信息技术能力现状调查及提升策略研究 [J]. 软件导刊（教育技术）, 2018, 17 (2).

[28] 郝启强, 魏昕. 建设以支持学习为核心的智慧校园：南京市第十三中学红山分校智慧校园一期建设实践探索 [J]. 中国现代教育装备, 2018 (20).

[29] 张宇, 程筱添, 唐吉祯. 智慧学校理念驱动下中小学教室模数优选研

究［J］.工业建筑，2023，53（7）.

［30］何宇崧.物联网技术在创建节约型校园中的应用思考［J］.新经济，2021（3）.

［31］宁飞虎.不负韶华争朝夕 砥砺前行谱新篇：记郑州市第三十四中学［J］.河南教育（教师教育），2021（7）.

［32］付凯.以需求为依托 以应用为导向：华硕电脑服务成都普教智慧校园建设［J］.中国教育信息化，2014（14）.

二、论文

［33］曾飞云.深圳市中小学"智慧校园"建设状况研究［D］.深圳：深圳大学，2017.

［34］李春一.中小学智慧校园建设中的地方政府监管研究：以X市为例［D］.西安：西北大学，2022.

［35］张宇.大连市中小学智慧校园建设问题及对策研究［D］.大连：辽宁师范大学，2022.

［36］李娟.第三方企业代理智慧校园建设、评价与改进策略［D］.天津：天津大学，2020.

［37］张瑶.西安市中小学智慧教室建设与应用现状研究［D］.西安：陕西师范大学，2019.

［38］袁帅.基于低功耗蓝牙的智慧校园网关的设计与实现［D］.武汉：华中科技大学，2020.

［39］郑荣.智慧教育下中小学非正式学习空间建设与应用现状调查研究［D］.曲阜：曲阜师范大学，2020.

［40］李新.适应性学习系统中的差异化作业设计与应用［D］.南京：南京师范大学，2019.

［41］朱常琦.大数据背景下中小学移动教学平台的应用研究［D］.兰州：西北师范大学，2015.

［42］刘飞.基于混合云环境的智慧班牌系统设计与实现，［D］.镇江：江苏大学，2018.